BUZZ

© 2020 Buzz Editora

Copyright © Alex Soojung-Kim Pang
Tiítulo original: *Shorter: How Working Less Will Revolutionise the Way Your Company Gets Things Done*

Publisher ANDERSON CAVALCANTE
Editoras SIMONE PAULINO, LUISA TIEPPO
Assistente editorial JOÃO LUCAS Z. KOSCE
Preparação ELENA JUDENSNAIDER
Tradução BRUNO MATTOS
Projeto gráfico ESTÚDIO GRIFO
Assistente de design NATHALIA NAVARRO
Revisão MILENA VARALLO, THIAGO NETTO
Imagem de capa KERTLIS / ISTOCK

Dados Internacionais de Catalogação na Publicação (CIP)
de acordo com ISBD

P191t

Pang, Alex Soojung-Kim
Trabalhe menos, ganhe igual: como a redução da jornada de trabalho pode revolucionar sua vida e sua empresa / Alex Soojung-Kim Pang; tradução de Bruno Mattos.
São Paulo: Buzz, 2020.
256 pp.
Inclui apêndice e bibliografia.

ISBN 978-65-86077-35-3

1. Negócios. 2. Trabalho. 3. Sucesso. 4. Dinheiro. I. Mattos, Bruno. II. Título.

2020-1125   CDD 658.4012
                                                               CDU 65.011.4

Elaborado por Vagner Rodolfo da Silva, CRB 8/9410

Índices para catálogo sistemático:
1. Negócios 658.4012
2. Negócios 65.011.4

Todos os direitos reservados à:
Buzz Editora Ltda.
Av. Paulista, 726 – mezanino
CEP: 01310-100 São Paulo, SP

[55 11] 4171 2317
[55 11] 4171 2318
contato@buzzeditora.com.br
www.buzzeditora.com.br

Alex Soojung-Kim Pang

TRABALHE MENOS, GANHE IGUAL

Tradução de Bruno Mattos

"*Se os mestres ouvissem sempre os ditames da razão e do humanismo, teriam muitas ocasiões para moderar, e não incentivar, a dedicação de muitos de seus trabalhadores. Ainda descobriremos, creio eu, que em toda sorte de atividade o homem que trabalha de forma moderada, de modo a garantir a constância de seu trabalho, não apenas preserva sua saúde por mais tempo, mas também, ao longo do ano, executa uma quantidade maior de trabalho.*"
Adam Smith, *A riqueza das nações* (1776)

"*Toda a criação de riqueza se baseia na criação de tempo livre.*"
Karl Marx, *Grundrisse* (1858)

INTRODUÇÃO

MAIN STREET, HUNTINGTON BEACH, CALIFÓRNIA

Quando ouviu falar na jornada diária de cinco horas pela primeira vez, David Rhoads pensou: "Quero oferecer isso aos meus funcionários".

David é CEO da Blue Street Capital, empresa com sede em Huntington Beach, no estado americano da Califórnia, especializada em providenciar financiamento para empreendimentos ligados a sistemas de inteligência artificial. Ele também é um surfista apaixonado: Huntington Beach é uma das cidades do sul californiano que se tornaram icônicas no mundo do surf, e Rhoads passa "o maior tempo possível dentro d'água", conforme me disse. Por isso, quando leu um artigo explicando como a Tower Paddle Boards (empresa on-line que vende pranchas de *stand-up paddle* direto ao consumidor) havia migrado para uma jornada de trabalho diária de cinco horas, ele ficou intrigado.

Stephan Aarstol fundou a Tower em 2010. Uma participação no programa de TV *Shark Tank* lhe rendeu um investimento de Mark Cuban e permitiu que a empresa crescesse de forma constante desde então. Por ser uma empresa de comércio digital, a Tower sempre experimentou novas tecnologias e processos de negócio, e Stephan estava convencido de que poderia usar as mesmas tecnologias para mudar não só a forma como seus funcionários vendiam pranchas, mas também como executavam seu trabalho. Contanto que focassem em suas tarefas mais importantes, livrassem-se das distrações e utilizassem a tecnologia para automatizar tarefas rotineiras e facilitar o trabalho, ele pensou, a equipe poderia melhorar drasticamente o desempenho – o que lhe garantiria mais tempo para surfar.

Assim, em junho de 2015, Stephan propôs um acordo aos seus funcionários: se eles descobrissem uma forma de fazer o mesmo trabalho em menos tempo, poderiam manter o salário e ir embora à uma da tarde. Ele também implementou um plano de participação de lucros de 5%, elevando o valor pago por hora ao seu pessoal. Por fim, ele desviou o foco do crescimento das receitas e se concentrou em desenvolver a cultura empresarial.

Qual foi o resultado? No dia em que anunciou essa mudança em seu site, a Tower quebrou seu recorde de vendas diárias e ultrapassou pela primeira vez o valor de 50 mil dólares em encomendas. Isso se repetiu alguns dias depois, e outras três vezes nas duas semanas seguintes. Ao final do mês, eles haviam vendido o equivalente a 1,4 milhão de dólares em pranchas, ultrapassando em mais de 600 mil dólares o recorde de vendas anterior.

Na época em que David Rhoads leu sobre a jornada de cinco horas, a Tower Paddle Boards já vinha operando neste novo sistema havia quase 1 ano. Não havia sido uma tarefa fácil, mas seu sucesso era indiscutível: a empresa era uma das que mais crescia em San Diego, e os funcionários encaravam a jornada de cinco horas como uma expressão do estilo de vida praiano *"work hard, play hard"* (trabalhe pra valer, divirta-se pra valer). As receitas da empresa saltaram de 5 milhões para 7,2 milhões de dólares.

É difícil imaginar dois produtos mais distintos entre si que negócios financeiros personalizados para impulsionar investimentos em alta tecnologia e equipamentos de surf inspirados em navegantes polinésios, mas David começou a pensar em formas de também implementar uma semana de trabalho mais curta na Blue Street Capital. Ele administrava a Blue Street desde 2003 e, após enfrentar alguns trimestres "complicados", vinha buscando maneiras de aprimorar a empresa e levá-la a assumir novos desafios, em vez de se contentar em apenas reagir aos que surgissem. David tinha funcionários dedicados, mas "se nós cortássemos os intervalos, o horário de almoço e todas as besteiras [improdutivas] que fazíamos ao longo do dia", ele achava que seria possível comprimir a jornada de trabalho em cinco horas. Seria preciso descobrir uma forma de manter os clientes satisfeitos mesmo com uma jornada de trabalho mais curta – as empresas dependem da ajuda da Blue Street Capital para financiar expansões e *upgrades* fundamentais para seus objetivos, e, como cada negócio é um caso único, os funcionários da BSC passavam muito tempo ao telefone conversando com clientes. Mesmo assim, ele tinha certeza de que havia uma solução viável. "Sabíamos que isso seria uma ferramenta de produtividade muito importante para o nosso negócio", conta David, "mas também sabíamos que recuperaríamos parte de nossas vidas".

O gerente de desenvolvimento de negócios Alex Gafford relembra o anúncio da jornada de cinco horas em uma reunião com David e toda a equipe: "Naquele dia eu estava meio exausto. Foi depois do almoço, eu estava cansado e ainda ficaria no escritório até pelo menos cinco da tarde, enviando e-mails, fazendo ligações e resolvendo coisas. Aí o David disse: 'Beleza, quando essa reunião acabar, todo mundo pode ir para casa'. Nós olhamos uns para os outros sem entender nada. Foi... inesperado. E então o David disse: 'Esperem, deixem eu explicar o que a gente vai fazer. Nós vamos fazer uma experiência durante noventa dias'".

David contou a ideia, falou sobre a Tower Paddle Boards e explicou que gostaria de testar uma jornada de cinco horas.

"Quero que vocês levem o mesmo estilo de vida que eu", Alex se lembra de ouvi-lo dizer, "e acredito que, como resultado, vocês serão tão bem sucedidos quanto eu ou mais". David respondeu a algumas perguntas. Não, não haveria redução salarial. Não, a empresa não estava à beira da falência. Sim, a nova escala se tornaria permanente se, passados noventa dias, a produtividade estivesse no mesmo patamar de antes e os clientes não reclamassem. Como um dos principais gerentes de venda da empresa, Alex sabia que o verão era uma época mais parada na Blue Street, e, portanto, que aquele era um bom momento para começar um teste.

Durante o teste "não houve nenhuma outra instrução, na verdade", relembra Alex. "Nós tivemos que descobrir as coisas por conta própria". David tinha reunido alguns conselhos de especialistas em produtividade: evitar fazer muitas coisas ao mesmo tempo (*multitasking*), direcionar os esforços para as tarefas de maior valor, fazer intervalos rápidos e pragmáticos para esticar os músculos e fazer o sangue circular. No entanto, todos tiveram muita liberdade para desenvolver os próprios mecanismos.

Um trimestre não era tempo suficiente para testemunhar uma grande alteração nas receitas (ao contrário da Tower Paddle Boards, a Blue Street Capital tinha um ciclo de vendas de longo-prazo), mas, depois de três meses, David pôde medir o impacto da jornada de cinco horas em seu principal indicador-chave de performance (KPI, na sigla em inglês): o número de ligações por vendedor. Mais ligações indicam maior volume de negócios: operar os telefones, manter contato com os clientes e prospectar novos consumidores são fatores essenciais para que a equipe atinja suas metas de venda e a empresa cresça. O que ele descobriu? Ao cortar a duração da semana de trabalho em três oitavos, as ligações por vendedor... bem, elas dobraram.

Como isso foi possível? Alex afirma que não houve nada muito específico para ajudá-los a se tornarem mais eficientes. O aumento abrupto de produtividade foi criado com uma série de pequenos passos, e não com um grande salto. Algumas pessoas até pediram demissão porque, depois de anos cumprindo longas jornadas, não conseguiram abandonar a ideia de que trabalhar sessenta horas por semana era o preço do sucesso, tampouco gostavam de ser tão meticulosas com seu tempo de trabalho. "Foi uma mudança de cultura que atingiu todos os aspectos de nosso negócio", conta David.

Depois de três meses, no final de 2016, David tornou a nova escala permanente, e, desde então, a Blue Street funciona das 8 horas às 13 horas. O faturamento cresceu em todos os anos de lá para cá (30% no primeiro, 30% no segundo), e a equipe da empresa cresceu de nove para dezessete funcionários.

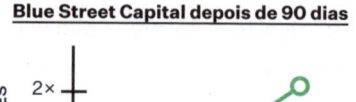

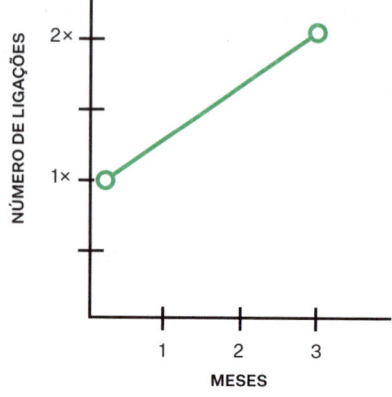

Depois de um período de testes de noventa dias, a Blue Street Capital havia reduzido três horas por dia da jornada de trabalho, mas o número de ligações por vendedor havia dobrado.

Poucas coisas soam tão tipicamente californianas quanto a frase "Vamos reduzir nossa jornada de trabalho para termos mais tempo para surfar!". Mas, e quanto a encurtar a jornada de trabalho para impulsionar a produtividade e aprimorar a empresa? A ideia é bem contraintuitiva. Quando você recebe um e-mail do chefe tarde da noite ou algum pedido urgente de um cliente, você não pensa "Já sei como resolver isso – vou folgar na sexta-feira". Sair mais cedo do trabalho não parece uma forma razoável de demonstrar dedicação ou paixão pela profissão. Vivemos em um mundo onde os negócios acontecem 24 horas por dia, sete dias por semana. A economia global nunca para, e a concorrência é impiedosa. E mesmo que você consiga ser produtivo o bastante para terminar suas tarefas mais cedo, os chefes e clientes ainda esperam que você esteja disponível o tempo todo.

Ainda assim, nos últimos anos, centenas de empresas em diversos ramos de atuação ao redor do mundo seguiram o mesmo caminho que a Tower Paddle Boards e a Blue Street Capital: encurtaram as semanas laborais sem cortar salários, reduzir a produtividade, prejudicar a qualidade ou afugentar clientes. Elas continuam resolvendo as urgências que surgem em seus negócios, não raro com resultados expressivos e surpreendentes. Além disso, estão consolidando um movimento que pode aprimorar a forma como todos trabalhamos e gerar um futuro mais radiante para o mundo do trabalho.

O PROBLEMA DO TRABALHO

E realmente precisamos melhorar o mundo do trabalho. Um século atrás, o filósofo Bertrand Russell e o economista John Maynard Keynes argumentaram que no ano 2000 (para eles, oito décadas no futuro; para nós, duas décadas no passado) todos poderíamos trabalhar apenas três ou quatro horas por dia. Durante a vida de Russell e Keynes, a tecnologia, as exigências dos sindicatos, a elevação dos padrões educacionais e a prosperidade crescente haviam reduzido a duração média da jornada de trabalho de catorze para oito horas diárias. Eles pensavam que, conforme a tecnologia avançasse durante o século XX, a produtividade poderia seguir aumentando, as economias poderiam continuar crescendo e as jornadas laborais poderiam cair ainda mais.

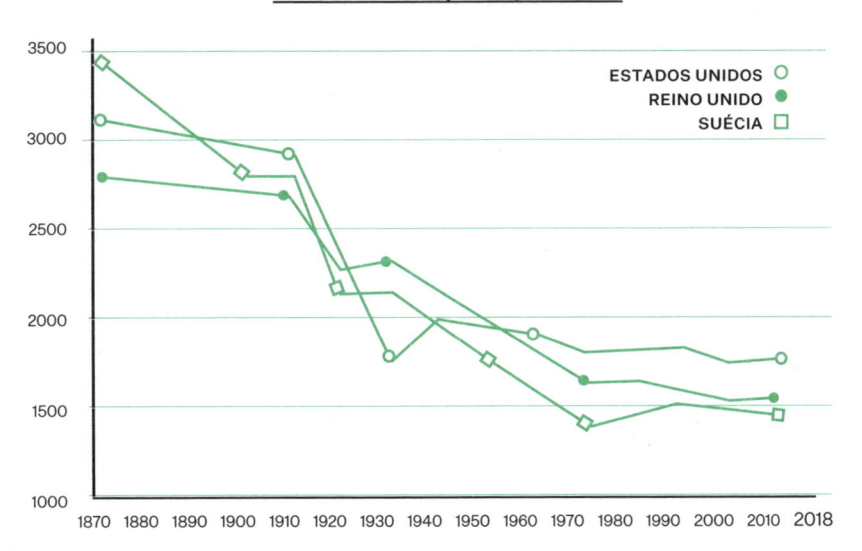

Horas trabalhadas por ano, 1870-2018

Número de horas trabalhadas entre 1870 e 2018 nos EUA, no Reino Unido e na Suécia. O número de horas caiu substancialmente entre 1870 e 1930, e essa redução fez com que Russell e Keynes acreditassem que ele poderia cair muito mais até 2000, estacionando em um índice próximo a mil horas anuais. Em vez disso, sobretudo a partir dos anos 1970, o número de horas trabalhadas se manteve relativamente estável ou apresentou apenas quedas tímidas.

Mas Russell também alertou que, ainda que "os métodos modernos de produção tenham propiciado conforto e segurança para todos", se os ganhos de lucro e produtividade fossem concentrados nos executivos, investidores e proprietários de fábrica, esses avanços poderiam ser utilizados para criar um mundo que ofereceria "excesso de trabalho para alguns e fome para outros". Essa não é uma forma ruim de descrever o ambiente do trabalho nos dias de hoje. Nos Estados Unidos, a quantidade de horas trabalhadas caiu timidamente desde a Segunda Guerra Mundial, apesar dos imensos ganhos de produtividade e da expansão econômica. O crescimento das economias ocidentais voltadas para o consumo em massa levou muitos trabalhadores a preferir o aumento contínuo de salários e de horas trabalhadas a uma semana mais enxuta. Quando o crescimento econômico perdeu força na década de 1970 e o poder dos sindicatos diminuiu, as empresas realocaram fábricas no exterior, terceirizaram trabalhos, substituíram funcionários fixos por colaboradores autônomos e exigiram jornadas mais longas de seus funcionários. O desenvolvimento de modelos sofisticados de previsão de dados referentes à demanda de trabalho e ao crescimento de plataformas on-line de trabalhadores *freelancers* acelerou a expansão da *gig economy* (termo usado para designar a economia baseada na informalidade do mercado de trabalho) nos países desenvolvidos e a precarização do trabalho.

O trabalho está sendo precarizado

PORCENTAGEM DA FORÇA DE TRABALHO EM VAGAS TEMPORÁRIAS OU SEM CONTRATO FIXO:

Estados Unidos	36%
Reino Unido	10%
Japão	17%
Coreia do Sul	2%

A porcentagem de trabalhadores com trabalhos temporários, integrados à *gig economy* ou sem contrato fixo cresceu dramaticamente nos EUA – tendência também verificada em outras economias desenvolvidas.

Os executivos descobriram que era possível aumentar os lucros reduzindo a força de trabalho, explorando as redes globais de manufatura e transporte ou utilizando "inovações revolucionárias" para levar empresas bem estabelecidas à falência. A ascensão do Vale do Silício nos anos 1980 trouxe consigo um novo modelo de trabalho e sucesso marcado pela glamourização das longas jornadas, transformação dos *workaholics* em heróis e conversão do excesso de trabalho em motivo de orgulho. Como resultado, vivemos hoje em um mundo instável e em rápido movimento, onde tal excesso é fonte de riqueza para alguns e questão de sobrevivência para outros.

Mas essa modalidade de trabalho cobra um preço alto de indivíduos, empresas e economias. O custo humano do excesso de trabalho e da exaustão (*burnout*) é imenso, em termos de perda de ganhos potenciais, felicidade ou criatividade. Pessoas exauridas pelo trabalho estão mais propensas a desenvolver doenças crônicas e depressão. O professor de administração de Stanford, Jeffrey Pfeffer, apontou recentemente que ambientes de trabalho mal projetados podem ser tão prejudiciais à saúde quanto o hábito de fumar.

O excesso de trabalho é um problema global

PORCENTAGEM DOS QUE TRABALHAM EM MÉDIA MAIS DE 50 HORAS SEMANAIS:

Turquia	32,6%
Coreia do Sul	25,2%
Japão	17,9%
Reino Unido	12,2%
Estados Unidos	11,1%
Média da OCDE	11,0%
Suécia	1,1%
Suíça	0,4%

O excesso de trabalho é comum em muitos países desenvolvidos.

O excesso de trabalho também é contraproducente para as empresas. Na prática, funcionários exaustos ou que sofrem de *burnout* são menos produtivos do que trabalhadores descansados. Eles também se envolvem menos com o trabalho, têm mais chance de se demitir e até mesmo apresentam maior tendência a agir de forma antiética ou roubar das empresas. Custa caro substituir alguém que larga um cargo promissor, sobretudo em áreas como medicina e advocacia, em que as longas jornadas, os altos padrões e a pressão intensa são comuns. Estima-se que as licenças médicas e a perda de produtividade causada pelo *burnout* custem 300 bilhões de dólares por ano à economia global.

Mesmo nos países onde a discriminação formal no ambiente de trabalho foi extinta há décadas, as longas jornadas tornam difícil para mulheres conciliar as exigências de seu chefe, sua profissão e sua família; também é um desafio manter a carreira depois da maternidade. Apesar das décadas de políticas institucionais para ampliar a licença-maternidade, viabilizar jornadas flexíveis e estimular o crescimento e a sistematização do tempo das mulheres em suas carreiras, equilibrar vida pessoal e profissional continua sendo um desafio. Nos Estados Unidos, as mães foram incorporadas ao mercado de trabalho de forma crescente entre 1970 e o final da década de 1990. Ao longo dos últimos 20 anos, contudo, esse índice permaneceu estável, sugerindo que as políticas de apoio à família não tiveram um impacto tão amplo quanto as pessoas que as elaboraram – e muitas das que se beneficiam delas – gostariam.

Índice de participação de mães no mercado de trabalho dos EUA de acordo com a idade do filho mais novo, 1975-2015

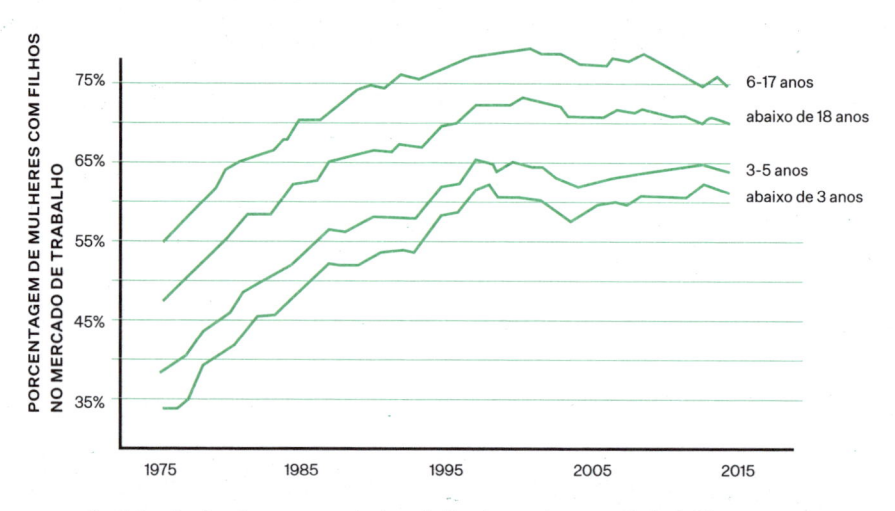

Participação de mães no mercado de trabalho de acordo com a idade do filho mais novo, 1975-2015. Os índices de participação cresceram de forma consistente durante a década de 1990, mas nos últimos 20 anos quase não avançou – em alguns casos, até caiu.

Em graus variados, nos Estados Unidos, no Reino Unido e no Japão, o índice de participação das mulheres em cargos em tempo integral cai muito depois do nascimento de seus filhos, e leva anos para que volte ao patamar anterior à maternidade; mesmo depois que elas retomam o trabalho em tempo integral, é comum que recebam menos que os homens (incluindo pais com crianças dependentes) e tenham menos ganhos acumulados ao longo de sua vida profissional. O desafio de conciliar trabalhos flexíveis ou de meio período com a maternidade impacta até mesmo a saúde das mulheres: um estudo recente que mediu bioindicadores de estresse (que propiciam uma forma mais objetiva de medir o estresse do que questionários) descobriu que mães que trabalham meio período ou cumprem jornadas flexíveis apresentam níveis mais baixos de estresse se comparadas a mulheres que trabalham em tempo integral.

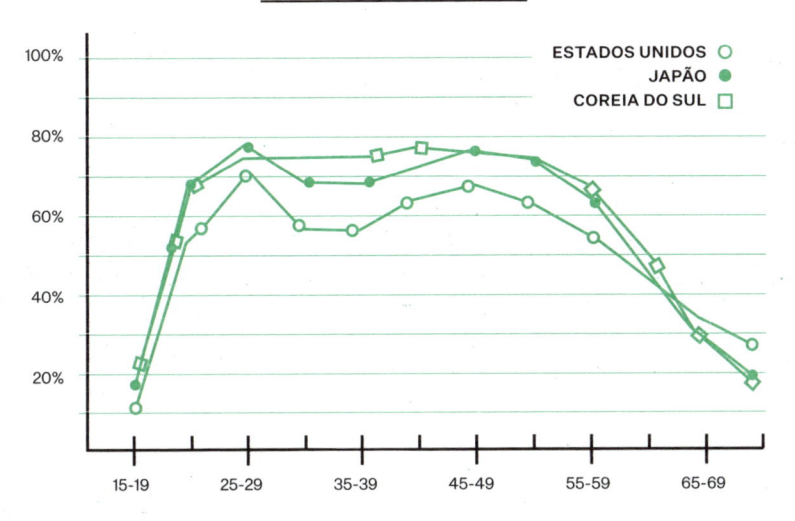

Porcentagem de mulheres no mercado de trabalho por idade, 2012

A "curva M" da ocupação de mulheres. Em muitos países, a participação das mulheres no mercado de trabalho aumenta continuamente até elas constituírem família. A partir daí, a participação cai e se mantém baixa por um tempo. O tamanho da curva varia de país para país: como mostra o gráfico acima, nos Estados Unidos ela é menos acentuada que na Coreia do Sul.

Nosso culto ao excesso de trabalho também cria problemas ligados a recrutamento e retenção de profissionais, equilíbrio entre vida pessoal e profissional, estabilidade financeira e profissional e *burnout*. Soluções parciais poderiam ajudar a resolver algum desses problemas, mas os demais permaneceriam. Na verdade, o fracasso parcial dos programas de estímulo à flexibilidade e ao bem-estar no ambiente de trabalho, somados às forças econômicas e tecnológicas que induzem ao excesso de trabalho, à intensidade das vozes favoráveis a esse excesso e a sua total onipresença são, todos, fatores que contribuem para a sensação de que jornadas longas são naturais e inevitáveis.

Ao mesmo tempo, o abismo crescente entre a parcela mais rica e a mais pobre da população e a sensação de que as economias modernas foram desenvolvidas para enriquecer as elites, em vez de para gerar prosperidade para todos, vêm servindo de combustível para níveis alarmantes de populismo, insatisfação e falta de confiança nas instituições políticas e econômicas. E a chegada iminente de inteligência artificial, robôs e outras novas tecnologias ameaça ampliar ainda mais esse abismo econômico, destruir empregos e esvaziar as indústrias e o futuro de bilhões de pessoas ao redor do mundo.

NÃO REMENDE, RECONSTRUA

Sendo assim, para muitas pessoas e muitos ramos da economia, suas funções não estão funcionando. A economia de hoje é capaz de grandes feitos, mas é insustentável; ela demanda tempo e lealdade de seus trabalhadores, mas acaba com sua segurança e ignora displicentemente a partilha dos benefícios do aumento de produtividade ou do uso de novas tecnologias que poderiam melhorar a vida de todos. Os trabalhadores estão presos entre um presente que parece insustentável e desequilibrado e um futuro cheio de incertezas, rupturas e desigualdades. Soluções de pequena escala para tais problemas já não são suficientes. Precisamos de abordagens mais amplas e holísticas, que possam ajudar a resolver as adversidades atuais e nos equipar com as ferramentas necessárias para construirmos um futuro melhor.

Correndo o risco de soar como uma daquelas propagandas de internet que prometem "um truque secreto que virou febre" para perder peso ou enriquecer, a semana reduzida de trabalho oferece uma solução para todos esses problemas: a cultura que exalta o excesso de trabalho, a desigualdade de gênero, a distribuição desigual de ganhos econômicos e os imensos custos indiretos do *burnout* e das carreiras abreviadas. Depois de 1 ano visitando e estudando empresas, constatei que uma semana de quatro dias com jornadas de cinco a seis horas ou outras versões de semanas mais curtas (você conhecerá diversas delas neste livro) ajudam as empresas a se manter mais focadas e produtivas. Isso atrai mais funcionários e reduz a evasão. Isso ajuda a tornar os trabalhadores de serviços mais engajados; os trabalhadores criativos mais imaginativos; os chefes e funcionários mais enérgicos; e os vendedores mais focados. Isso distribui os ganhos de produtividade, utilizando a única *commodity* que nem mesmo as pessoas mais ricas podem comprar: tempo. Isso ajuda a superar os obstáculos ocultos que provocam a evasão de mulheres do mercado de trabalho, levam os profissionais que atuam sob maior pressão à exaustão e sabotam o trabalho de funcionários valiosos. Isso ajuda as pessoas a dedicarem igual atenção à sua vida profissional e à familiar e a receber compensação por serem bons trabalhadores e excelentes pais.

Eu me convenci de que essa mudança estrutural era necessária quando estava divulgando meu último livro, *Rest: Why You Get More Done When You Work Less* [Descanso: Por que você faz mais quando trabalha menos]. Nele, argumentei que muitas das personalidades mais prolíficas e criativas da história, como cientistas agraciados com o Prêmio Nobel e escritores, pintores e compositores, trabalhavam muito menos horas do que imaginaríamos para produzir trabalhos de altíssima qualidade. Em vez de darem duro o dia inteiro, essas pessoas faziam jornadas intensas de quatro a cinco horas por dia e alternavam períodos de trabalho com longas caminhadas, exercícios físicos ou outras atividades. À primeira vista, isso parece um desperdício de tempo, mas pesquisas recentes no campo da neurociência e da psicologia da criatividade mostram que, na verdade, nosso cérebro continua se dedicando aos mesmos problemas quando voltamos nossa atenção para outras coisas, e que programar períodos de descanso depois do trabalho intensivo nos permite recarregar as baterias e, ao mesmo tempo, aceita que nosso subconsciente criativo continue buscando soluções para problemas que não fomos capazes de solucionar com esforços conscientes. No fim das contas, o descanso não é inimigo do trabalho, mas parceiro.

Enquanto fiz a divulgação do livro em programas de rádio ao vivo e podcasts, leituras públicas e palestras, foram poucos os que contestaram a ideia de que todos devemos descansar mais. Pelo contrário: quase sempre me perguntavam coisas como "Se eu trabalho nove horas por dia, de segunda a sexta, como posso convencer meu chefe de que o descanso é valioso?". Ou então "Você tem algumas dicas e truques para que mães que trabalham consigam descansar mais?".

É claro que eu tinha algumas respostas. A ciência demonstra claramente que o excesso de trabalho é contraproducente, eu dizia. Ela é estressante tanto para os trabalhadores como para a empresa, além de comprometer a produtividade e contribuir para a exaustão dos funcionários. Gerentes inteligentes reconhecerão a importância de deixar seus funcionários irem para casa no horário certo, não receberem e-mails à noite e aproveitarem seus dias de férias. É bom para as pessoas manter o controle de seu próprio tempo; não é uma tarefa fácil, mas isso a torna ainda mais recompensadora.

Mas, para ser sincero, nunca fiquei realmente satisfeito com essas respostas. A maioria de nós trabalha em ambientes em que não temos muito controle sobre nossas rotinas. Alguns de nós atuamos em profissões nas quais o excesso de trabalho é a regra. Para os gerentes e empreendedores acostumados a oferecer vantagens para segurar sua equipe, o descanso soa como sinônimo de perda de produtividade. Ainda acho importante que as pessoas percebam que têm maior controle sobre seu tempo do que pensam. Mas precisamos reconhecer que esse controle é restringido por expectativas sociais, exigências de chefes e organizações e pela economia como um todo. Soluções pessoais para equilibrar a vida pessoal e a profissional têm efeito limitado. Em outras palavras, o que eu deveria ter dito às pessoas que telefonavam para os programas de rádio era: "Mães que trabalham não precisam de dicas e truques. Elas precisam de um ambiente de trabalho e um modelo de carreira que não esperem que elas trabalhem como se não tivessem filhos, que criem seus filhos como se não trabalhassem e, sobretudo, que não exijam que façam as duas coisas ao mesmo tempo e ainda as culpem caso não consigam atingir um padrão inatingível e mal elaborado. Elas já têm todos os conselhos pessoais de que precisam. Agora, precisam de mudanças estruturais".

Por isso, fiquei intrigado ao saber que algumas empresas estavam colocando em prática as lições de *Rest* e migrando para semanas de quatro dias ou jornadas de seis horas, cortando entre 20% e 25% de seu tempo de trabalho sem reduzir salários, produtividade ou rentabilidade. Eram empresas de software em Tóquio e Nova York, agências de publicidade de Londres e Glasgow, firmas de serviços financeiros de Norwich e San Diego, produtores de cosméticos orgânicos de Melbourne e Los Angeles e até mesmo restaurantes com estrelas Michelin de Copenhagen e Palo Alto. Todas essas empresas são conduzidas por empreendedores cheios de ambições, mas que também se julgam capazes de corrigir falhas em seu segmento de mercado. Eles partilham da preocupação com os riscos à produtividade, prazos não atendidos, insatisfação de clientes e consumidores e o ceticismo de funcionários e investidores. Mas também encontraram formas parecidas de enfrentar o desafio de realizar o mesmo trabalho em menos tempo. E todos parecem colher benefícios semelhantes: maior lucro e produtividade, clientes felizes, melhorias no recrutamento e na manutenção de funcionários. A redução da semana de trabalho se tornou parte importante de muitas marcas. Em um mundo onde todos são jovens, determinados e famintos, encerrar a semana na quinta-feira mostra que você é mais eficiente do que a concorrência.

Como futurista, fui treinado para buscar "sinais sutis", eventos estranhos que podem ser a ponta de grandes mudanças econômicas e sociais. Para mim, essas empresas têm toda a aparência de sinais sutis. Elas são jovens e pequenas, abarcam diversos setores e estão espalhadas pelo mundo todo. Embora não soubessem da existência umas das outras, acabaram trilhando o mesmo caminho. Elas fazem parte de um movimento mais amplo – só ainda não descobriram que constituem um movimento.

SOBRE ESTE LIVRO

Este livro pretende apresentar esse movimento a você e mostrar como você pode se unir a ele.

Nestas páginas, você conhecerá líderes que guiaram suas empresas na jornada rumo à semana de quatro dias. Você verá como eles fizeram isso: como planejaram e esquematizaram períodos de teste, como recriaram a jornada de trabalho para priorizar o foco e a eficiência, como mudaram sua cultura e processo empresarial para realizar o mesmo trabalho em quatro dias em vez de em cinco e como convenceram seus clientes e consumidores a embarcar nessa com eles. Você aprenderá a conduzir reuniões eficientes, utilizar tecnologias de forma consciente e estimular uma mentalidade inovadora que ajudará a reduzir a jornada de trabalho. Você descobrirá os benefícios que uma semana de quatro dias pode trazer para empresas, funcionários e clientes, e como ela torna as empresas mais produtivas, as pessoas mais criativas, as carreiras mais sustentáveis e os clientes mais felizes e satisfeitos. Você descobrirá por que muitas empresas são bem-sucedidas ao migrar para semanas mais curtas, e por que algumas fracassam. Por fim, você verá como, ao tratar o tempo e o trabalho como elementos que podem ser redesenhados a partir das mesmas ferramentas que as empresas de ponta usam para criar produtos e serviços de altíssima qualidade, é possível melhorar o trabalho de todos, tornar nosso ambiente profissional mais feliz e próspero e garantir um futuro mais promissor para o trabalho.

Além de ir contra tudo o que nossos instintos dizem sobre o trabalho e o sucesso, reduzir as horas de trabalho implica desafiar as normas profissionais e ignorar as expectativas sociais. Mesmo assim, pode dar certo. Encurtar a semana laboral pode ajudar empresas a funcionar melhor, estimular os líderes e funcionários a desenvolver novas habilidades, aumentar o foco e o espírito de colaboração, tornar o trabalho mais sustentável e melhorar o equilíbrio entre a vida pessoal e a profissional. Pode até ajudar o meio ambiente, reduzindo o tráfego e os congestionamentos, e tornar as pessoas mais saudáveis.

No mundo de hoje, globalmente conectado, sempre ligado 24 horas por dia, sete dias por semana, é fácil pensar que o excesso de trabalho é algo inevitável e inescapável. As empresas que você está prestes a conhecer provam que não é o caso. Elas são exemplos de como é possível reinventar a forma como seu negócio funciona ainda hoje, agora mesmo.

Vamos começar.

1

IMERSÃO

SOWOL-RO, SEUL, COREIA DO SUL

"Talvez se deva à minha formação em design, ou quem sabe seja uma característica pessoal, mas eu gosto muito de detectar padrões e subvertê-los, ou alterá-los, e refletir sobre por que as coisas são como são", conta-me Bong-Jin Kim, CEO da desenvolvedora de aplicativos móveis Woowa Brothers. Estamos sentados em um restaurante japonês em Seul enquanto uma sucessão de deliciosos pratos *kaiseki* passa à nossa frente. Depois de diversas noites de inverno perambulando pelo mundo vibrante da comida de rua de Seul e seguindo uma dieta estrita de espetinhos grelhados em churrasqueiras ao ar livre, o tatame na sala privada do Millennium Hilton foi uma agradável mudança. O silêncio também tornou mais fácil escutar os dois intérpretes que nos acompanhavam.

A Coreia do Sul é um laboratório improvável para experimentos envolvendo a redução da semana de trabalho. Em 1953, depois de décadas de governo colonial japonês, da Segunda Guerra e da devastação causada pela Guerra da Coreia, a Coreia do Sul era um dos países mais pobres do mundo. Quase 70 anos mais tarde, sua economia cresceu espantosas 31 mil vezes, e hoje ela é um dos quinze países do mundo com PIB anual superior a um trilhão de dólares. Empresas ambiciosíssimas de alta tecnologia como Hyundai, Samsung e LG ajudaram a transformar o pequeno país devastado e carente de recursos em uma potência global econômica e cultural. Mas isso teve um preço: hoje os coreanos trabalham mais horas por ano do que em praticamente qualquer outro país do mundo (só os mexicanos trabalham mais). Os índices de suicídio triplicaram desde os anos 1990. O idioma coreano agora tem seu próprio termo para o ato de "trabalhar até a morte": *gwarosa*.

Ainda assim, apesar (ou por causa) desse histórico, algumas empresas coreanas vêm experimentando formas de reduzir sua carga horária. Em 2018, em um esforço para aliviar a pressão causada pelo excesso de horas, o governo coreano aprovou uma lei limitando a jornada a 48 horas semanais. Empresas que lutam para encontrar e manter profissionais qualificados estão oferecendo a eles a opção de trabalhar quatro dias com jornada de 10 horas. Algumas estão indo além e adotando semanas de quatro dias com 35 horas. Provavelmente, a mais conhecida delas é a Woowa Brothers.

Bong-Jin é um dos empreendedores do ramo de tecnologia mais conhecidos no país, uma estrela do que os coreanos chamam de O2O (comércio on-line-off-line) e uma das figuras mais populares do mundo de negócios coreano, que costuma ter um caráter mais reservado. Depois do que uma biografia chamou eufemisticamente de "adolescência atribulada", Bong-Jin estudou design de interiores no Instituto de Artes de Seul, e então fez mestrado em tipografia na pós-graduação da Escola de Design da Universidade de Kookmin. Após uma breve empreitada na indústria de móveis, ele trabalhou como web designer e diretor de arte para a Nike da Coreia e para a operadora de cartão de crédito Hyundai Card, até se tornar um dos fundadores da Woowa Brothers em 2010. Baedal Minjok, o aplicativo de entrega de alimentos da Woowa Brothers, foi o primeiro aplicativo de smartphone coreano a atingir a marca de dez milhões de downloads, e hoje é a versão coreana do iFood ou da Rappi. A jovem empresa atraiu financiamento de grandes investidores coreanos, assim como de estrangeiros. Em 2015, a Woowa Brothers havia ido de start-up de fundo de quintal para empresa de quinhentos funcionários citada na lista da revista *Fortune* coreana como um dos cinquenta melhores lugares para se trabalhar, além de ter colocado Bong-Jin na lista de top CEOs da Coreia.

Mas então Bong-Jin fez algo inesperado: decidiu encurtar a semana de trabalho dos seus funcionários. Os coreanos têm uma das maiores cargas horárias do mundo, e a Woowa Brothers não era exceção. Ele implementou uma semana de 37,5 horas em 2015 e, mais tarde, em março de 2017, reduziu-a ainda mais para chegar a 35 horas semanais – tudo isso sem reduzir salários. "Não fizemos isso para apertar o cinto", ele disse ao repórter Sam Kim, da *Bloomberg*, em 2019. "Meu objetivo era criar um ambiente de trabalho em que pudéssemos nos concentrar melhor. Devemos pensar sempre em meios para mudar como trabalhamos e, por consequência, como vivemos."

Peço a Bong-Jin que me conte por que decidiu abreviar a semana de trabalho na Woowa Brothers. Nos primeiros anos, a empresa fez o mesmo que qualquer start-up de sorte: cresceu depressa, queimou recursos e virou madrugadas. "Eu percebi que dedicar mais horas ao trabalho não elevava a produtividade", ele relembra. "Para uma empresa como a nossa, uma empresa criativa de TI, mais horas de trabalho não servem de muita coisa." Logicamente, se "a relação entre tempo e produtividade era questionável", prossegue ele, a empresa não deveria tentar maximizar as horas de trabalho, mas, em vez disso, procurar "promover um trabalho mais eficiente, para lembrar os trabalhadores do tipo de pessoas que somos e o tipo de trabalho que estamos desempenhando".

Além disso, "eu estava curioso para entender por que encaramos a jornada de quarenta horas semanais como um pressuposto", diz Bong-Jin. Ele descobriu que as primeiras leis de trabalho a estabelecerem uma semana de quarenta horas foram aprovadas na Europa no final do século XIX, depois de décadas de mobilização dos trabalhadores e negociações políticas. Mas então ele se perguntou: "Por que 40, e não 45 ou 35?" A ideia de "oito horas de trabalho, oito horas de descanso, oito horas para fazermos o que quisermos" havia sido uma bandeira dos sindicatos durante o século XIX, mas por que as coisas não poderiam ser diferentes hoje? O que impedia a Woowa Brothers de tentar algo diferente? São as perguntas que ele se fez.

Questiono se seus investidores apresentaram alguma resistência. "Não", diz Bong-Jin, porque "eu simplesmente fui lá e fiz. Relatei minha decisão em uma postagem no Facebook, e esse foi o primeiro aviso aos investidores". Por ser CEO e um fundador cheio de carisma, ele tinha recursos para arcar com as consequências dessa mudança. Por sorte, acrescenta ele, "eles deram '*like*'".

Eles devem mesmo gostar da decisão. A Woowa Brothers tem apresentado crescimento anual de receita entre 70% e 90% desde 2015, quando a redução da semana de trabalho entrou em vigor. Em julho de 2019, sua base de usuários havia crescido de três para onze milhões, e os pedidos mensais saltaram de cinco para 35 milhões.

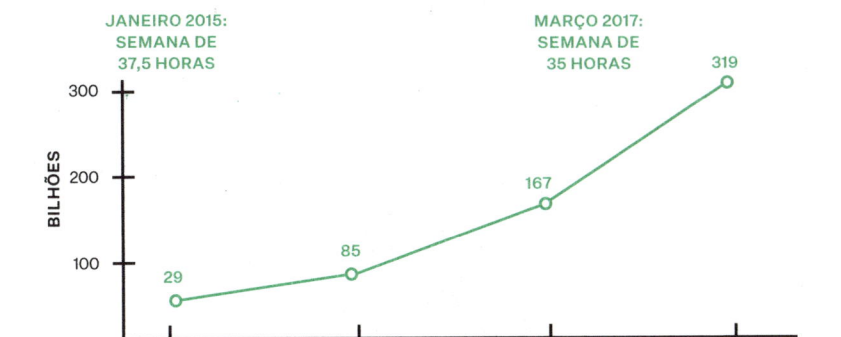

Faturamento da Woowa Brothers, 2015-2018

Em 2019, o valor da empresa era estimado em 2,6 bilhões de dólares, garantindo seu lugar no seleto clube de elite internacional dos "unicórnios" da tecnologia – start-ups que valem mais de um bilhão de dólares. Eles se mudaram para um novo escritório, de frente para o Parque Olímpico de Seul, e hoje empregam mais de mil pessoas. Embora tenham triplicado de tamanho nos últimos 5 anos, indo de 400 para 1.300 funcionários, eles passaram a contratar de forma mais seletiva e hoje são capazes de competir com gigantes como a Samsung e a LG. Começar a semana somente às tardes de segunda-feira não tornou a empresa menos inovadora: hoje ela colabora com gigantes da tecnologia no desenvolvimento de inteligência artificial, drones e robôs de entrega e interfaces conversacionais, além de oferecer um novo serviço de ajuda para que pequenos empreendimentos tradicionais façam vendas on-line. Seus aplicativos extravagantes continuam sendo divertidos e fáceis de usar, servindo de exemplo para o amor das empresas coreanas pelo design de qualidade.

Algumas outras start-ups O2O adotaram semanas de trabalho mais curtas e tiveram nível semelhante de sucesso. A decisão de reduzir o número de horas, portanto, tem dado resultado para essas empresas. Ainda assim, sinto que devemos compreender outros elementos do pensamento de Bong-Jin. O que permitiu que ele vislumbrasse essa oportunidade?

DESIGN THINKING

"A maioria das empresas observa o que as outras empresas estão fazendo e depois seguem pelo mesmo caminho", Bong-Jin afirma. Mas "se todo mundo faz as coisas de uma mesma forma, talvez devamos fazer diferente". Ele atribuiu essa maneira de pensar à sua formação em design. O design o ensinou a mergulhar mais fundo nas questões, a fazer perguntas que desafiem o pensamento convencional e a olhar com cuidado para coisas que nos parecem naturais. De fato, Bong-Jin nunca escondeu sua identidade de designer. "As pessoas dizem que sou um CEO", ele falou a um jornalista certa vez, "mas continuo sendo designer e trabalho com isso até hoje".

A formação em design não proporcionou a Bong-Jin uma inspiração misteriosa para que repensasse a jornada de trabalho, e a questão não se resumiu a reorganizar a escala de trabalho ou alterar as tarefas de um dia normal. "As pessoas costumam achar que o design emprega a parte direita de seu cérebro, ou que é uma atividade de caráter mais emocional, mas na verdade o design é bastante lógico", ele afirma. A intuição e os sentimentos são importantes, mas eles se escoram em fundamentos oriundos do lado esquerdo do cérebro. Por isso, quando estavam planejando reduzir a semana de trabalho, "meus diretores e eu passamos muito tempo pensando em que tipo de empresa nós somos, que tipo de trabalho fazemos e em como transformar o mercado, coisas desse tipo", Bong-Jin conta. Mas eles não ficaram apenas divagando sobre especulações filosóficas. Eles levantaram as perguntas básicas que surgem quando se começa a reimaginar um produto ou redesenhar um serviço.

Bong-Jin não foi o único CEO a falar sobre a redução da semana de trabalho nesses termos. Em muitas das empresas que visitei, os líderes falaram em protótipos para a redução da semana. Os funcionários ajudaram a inventar novas formas de trabalhar em grupo. As empresas testavam coisas novas o tempo todo, avaliando suas experiências e utilizando as lições aprendidas para aprimorar suas práticas.

Percebi que, de forma explícita ou não, todas essas empresas estavam aplicando a mesma abordagem para descobrir formas de reduzir a jornada de trabalho. Elas estavam tratando a questão como um exercício de *design thinking*.

A disciplina conhecida como *design thinking* foi criada no Vale do Silício nos anos 1970 e 1980, quando os designers industriais que trabalharam na primeira geração de computadores pessoais buscavam transformar tecnologias de ponta, que eram quase sempre difíceis de usar (como computadores, mouses e impressoras laser), em produtos que pudessem ser usados por qualquer pessoa. Para engenheiros acostumados a dominar tecnologias difíceis, a complexidade significava poder, e não um problema, mas a maioria dos usuários não estava disposta a integrar uma ordem monástica para melhorar seu controle de estoque ou escrever artigos.

Alguns designers perceberam que, para tornar a tecnologia dos computadores mais acessível, era preciso entender o que os usuários queriam fazer. Para tanto, era preciso estudar como as pessoas trabalhavam para, então, desenvolver produtos que atendessem às suas necessidades. Eles precisavam de um método com base técnica, mas que também tivesse grande potencial para observar e produzir novas ideias, e que dialogasse com várias disciplinas, da engenharia e da psicologia à ciência de materiais e antropologia. Mas o *design thinking* também precisava de um conjunto de práticas que servisse a clientes ambiciosos em um ambiente muito dinâmico. (Steve Jobs esteve entre os primeiros apoiadores – e os clientes mais exigentes – do *design thinking*.) Com o tempo, o *design thinking* evoluiu para um conjunto formal de procedimentos. Em uma versão desenvolvida pelo IDEOU, a escola on-line do estúdio de *design thinking* IDEO, ele foi dividido em seis etapas.

O processo de *design thinking*.

- **Imersão** O primeiro procedimento consiste em refletir sobre o problema que você precisa resolver e as formas de fazer isso. Para as empresas, essa é uma fase importante, porque pode ampliar o escopo de raciocínios e resultar em produtos melhores. É possível começar essa etapa fazendo a pergunta "Como podemos atualizar esse produto que costumava render tanto dinheiro?", mas acabar identificando uma oportunidade maior – por exemplo, usar o produto como plataforma para oferecer um serviço contínuo (e muito mais lucrativo!).
- **Inspiração** Essa etapa implica entender melhor as necessidades dos usuários. Dependendo da empresa, pode ser interessante analisar dados quantitativos ou questionários, escutar grupos focais, conversar sobre as experiências dos clientes com o produto ou enviar pesquisadores a escritórios ou salas de operação para ver como as pessoas empregam o produto em sua prática profissional. Muitas vezes, essa fase pode detectar demandas não atendidas ou saídas criativas que os usuários criaram para adaptar produtos existentes, e tudo isso serve de informação para seu design.

- **Ideação** Nessa fase, você utiliza o que observou para começar a criar ideias de produtos ou design. Muitas vezes isso inclui sessões de *brainstorm*, salas cheias de post-its, listas de especificações ou protótipos e rascunhos grosseiros.
- **Prototipagem** Hora de construir! A prototipagem é uma prática determinante para o *design thinking*, pois estamos falando de uma disciplina e um exercício de ordem intelectual, e não apenas manual. A prototipagem pode ajudar a identificar problemas técnicos de design, lacunas na concepção do produto ou ideias que eram boas, mas simplesmente se revelam pouco práticas. O ato de construir alguma coisa também pode revelar novas oportunidades de melhorar um produto antes de levá-lo ao público consumidor. Mas a etapa de prototipagem também é essencial porque, para testar suas ideias, você deve criar algo que as pessoas possam utilizar e a que possam reagir, e você precisa observar essas interações. As pessoas são complicadas, e não raro o mundo se mostra um lugar confuso e imprevisível. A maioria dos trabalhos é mais complexa do que pensamos; a melhor forma de apreciar e entender essa complexidade – para entender quais peças desse sistema complexo exigem atenção, e quais podem ser ignoradas – é a prototipagem.
- **Teste** Nessa etapa, o protótipo fica cara a cara com os usuários. Você analisa o que eles fazem com o protótipo, o que lhes agrada e o que consideram um problema. É aqui que as ideias abstratas começam a ser confrontadas com a realidade; essa fase pode ser reveladora, desafiadora ou inspiradora. Seu aspecto preferido do produto pode cair por terra. Um aspecto incluído por mero capricho pode se mostrar incrivelmente útil. Ou um protótipo rústico pode dar origem a ideias e usos que você nunca havia cogitado.
- **Compartilhamento** Na última etapa, você compartilha seu trabalho: o produto em si, é claro, mas também a história por trás dele. Pode parecer um detalhe, mas as histórias podem ajudar a moldar a forma como os usuários usam e pensam sobre seus produtos, e a narrativa em si é uma ferramenta poderosa para atrair novos clientes. (Pense em quantas embalagens trazem hoje em dia histórias sobre a inspiração para o produto ou as origens da empresa.) No caso de outros designers ou colegas, as histórias podem ajudar a iluminar questões nas quais eles vêm trabalhando e indicar soluções melhores.

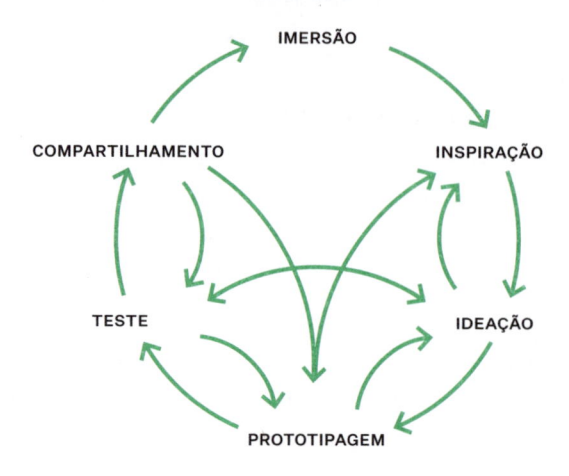

Design thinking

O processo de *design thinking* em ação. Na maioria dos casos, há muito *feedback* entre os diferentes estágios, pois o trabalho conceitual, a prototipagem e o teste por usuários se influenciam mutuamente.

Descrevi essas etapas como passos separados, mas na realidade os designers voltam e pulam esses estágios o tempo todo. Os testes geram retornos dos usuários que servem de inspiração para novos protótipos, que geram mais respostas dos usuários, o que pode levar a uma mudança de concepção do design e a uma nova rodada de prototipagem. Assim, o que antes parecia ser um ciclo acaba se assemelhando ao modelo medieval do sistema solar, repleto de epiciclos.

Como em qualquer prática profissional, estúdios e designers diferentes terão suas próprias versões do processo. Mas é a unânime a importância de ter empatia, focar nos usuários, explorar ideias através da prototipagem, aprender com a experiência e incorporar as sugestões dos usuários. Não importa como você o organiza, o processo de *design thinking* é sempre "contínuo, de mente aberta e interativo", como aponta Tim Brown em seu livro *Change by Design* [Mudança por meio do design].

O *design thinking* levou à criação de alguns dos produtos mais conhecidos do mundo. O mouse da Apple foi desenhado por uma equipe de jovens que acabaria dando origem ao IDEO, hoje o escritório de *design thinking* mais conhecido do mundo. O IDEO teve papel importante no desenvolvimento de produtos variados, como o PalmPilot, o Swiffer e a *coaster bike*. Hoje, o *design thinking* vai além do âmbito físico. "Na Coreia, usamos o termo "*design* de gerenciamento" ou "*design gyeong-yeong*", em 'coringlês'", explica Jin Ryu, vice-presidente de relações públicas da Woowa Brothers. "É a aplicação do *design thinking* no gerenciamento." Bong-Jin diz que "Você pode desenhar um produto, mas também pode desenhar a forma como as pessoas se comportam. Os designers podem usar o gerenciamento como ferramenta para moldar o comportamento das pessoas". (Se você apostou que as empresas coreanas levam o design muito a sério, acertou em cheio.)

Os futuristas usam o *design thinking* para ajudar seus clientes a detectar problemas e oportunidades emergentes de novas maneiras. Bancos, companhias aéreas e governos empregam a técnica para fornecer serviços mais eficientes. A escola do meu filho organiza seu currículo a partir do *design thinking*. Um médico de cuidados paliativos utiliza-o para ajudar seus pacientes a pensar em questões referentes ao fim de sua vida. E, como demonstram as empresas que reduziram sua jornada, é possível utilizar o *design thinking* para redesenhar o tempo.

Talvez não pareça tão óbvio que as mesmas técnicas empregadas por designers na criação de produtos possam ser utilizadas para pensar os seus prazos, suas reuniões e seus fluxos de trabalho. O tempo, assim como o dinheiro e o amor, é algo que todos desejamos acumular e conservar (e normalmente queremos mais dele), mas parece escapar ao nosso controle, sobretudo nos dias de hoje. Para adotar a semana de quatro dias ou as jornadas de seis horas, não basta que as empresas cortem alguns compromissos ou inaugurem um novo programa de RH, tampouco é suficiente pedir que os funcionários "não trabalhem mais, e sim de forma mais eficaz". É preciso abordar o problema de forma mais holística.

A ideia de que é possível utilizar o *design thinking* para redesenhar a jornada de trabalho, trazer à tona pressuposições tácitas sobre o modo como trabalhamos, substituí-las por princípios de nossa escolha, pensar de forma mais clara sobre o que importa de verdade para o nosso trabalho, construir experimentos e protótipos que ajudem a tornar nosso dia de trabalho mais feliz e produtivo e renovar e aprimorar nosso estilo de trabalho... Todas essas são questões com as quais você se deparará muitas vezes nas próximas páginas.

Conforme conhecermos empresas que estão redesenhando a semana de trabalho, termos contato com as histórias dos líderes que estão guiando essas mudanças e acompanharmos os trabalhadores que a estão colocando em prática, o *design thinking* poderá nos ajudar a perceber a lógica por trás de escolhas específicas e a inferir princípios demonstrados aqui em casos concretos e específicos. Nosso objetivo ao analisar esses estudos de caso e histórias não é descobrir quem devemos copiar. Não se trata de "observar o que as outras empresas estão fazendo e depois seguir pelo mesmo caminho", como disse Bong-Jin, mas de estimular reflexões sobre "o tipo de empresa que somos" e "o tipo de trabalho que fazemos".

Visto que me deparo o tempo todo com o *design thinking* nas empresas que estudo, decidi aplicar o modelo de seis etapas à organização deste livro, embora eu também lance mão de certa licença poética. Já começamos nossa "Imersão" no problema central, explorando a ideia de que várias coisas que costumamos ver como não relacionadas – o equilíbrio entre vida pessoal e profissional, o *burnout*, o desenvolvimento de carreira, a desigualdade, o futuro do ambiente de trabalho em um contexto de alta tecnologia – podem ser abordadas e administradas de forma mais holística. A "Inspiração" discute o que leva os líderes a embarcar na arriscada aventura de encurtar a semana de trabalho, e apresenta as empresas e indústrias onde o movimento está ganhando força. A "Ideação" explica como as empresas começam o processo: como as pessoas reagem à ideia de reduzir a semana de trabalho, o que as empresas fazem ao se preparar para os testes e como elas lidam com as incertezas e possíveis problemas. A "Prototipagem" se refere aos passos práticos que as empresas dão ao redesenhar a jornada de trabalho: como alteram sua rotina, suas reuniões e suas regras corporativas; como exploram a tecnologia; e como as pessoas aprendem a administrar e cooperar de novas maneiras. O "Teste" apresenta os resultados: como menos horas de trabalho afetam recrutamento, retenção, produtividade e rentabilidade, seu impacto sobre o equilíbrio entre vida pessoal e profissional e a criatividade e as reações de clientes e consumidores. Por fim, o "Compartilhamento" explica como semanas mais curtas poderiam mudar o futuro do trabalho, ajudar-nos a lidar com níveis elevados de estresse e *burnout*, criar novas formas de resolver problemas impostos pela automação e pela inteligência artificial e até mesmo contribuir para o combate à desigualdade e às mudanças climáticas.

A utilização do *design thinking* como referência estratégica também nos mantêm focados na pergunta "Como posso fazer isso?". Não quero apenas apresentar um resumo ou esboçar uma defesa moral da semana de trabalho mais curta; outras pessoas, como o historiador Rutger Bregman e a Fundação New Economics, de Londres, já estão fazendo isso. De minha parte, pretendo mostrar como as empresas estão realizando o processo na prática e indicar como você poderia redesenhar a rotina de seu próprio empreendimento. Se você é gerente ou proprietário de uma empresa, este livro apresentará os passos que você pode seguir para implementar uma semana de quatro dias ou jornadas de seis horas, elaborar um período de testes, vender a ideia aos seus clientes e investidores, engajar seus funcionários na causa, repensar as reuniões, a tecnologia e a própria jornada de trabalho para garantir maior foco, eficácia e produtividade e medir os resultados. Se você é funcionário de uma empresa que está tentando implementar essas mudanças, este livro irá ajudá-lo a lidar com a transição apontando armadilhas, destacando oportunidades e documentando os benefícios da migração para uma semana mais curta. Se você deseja convencer seu gerente de que uma semana mais curta seria boa para sua equipe ou seu departamento, este livro irá auxiliá-lo a argumentar a favor disso. E mesmo se você for um trabalhador autônomo, este livro pode ajudá-lo a encontrar estratégias para trabalhar de forma mais eficiente e sustentável.

NESTA ETAPA...

As experiências da Blue Street Capital, da Tower Paddle Boards e da Woowa Brothers podem ter levado você a pensar que vale a pena experimentar uma semana mais curta. Elas destacam dois fenômenos em particular:

- As empresas e os líderes de hoje se deparam com muitos desafios e estão acostumados a enfrentá-los lançando mão de esforços e políticas sob medida: programas de recrutamento de novos talentos e de grande divulgação, licença-maternidade para melhorar a relação entre a vida pessoal e profissional, aulas de *mindfulness* e exercícios para combater o estresse, opções flexíveis de trabalho para aumentar a retenção e produtividade. Muitos líderes não veem essas questões como particularidades de seus funcionários, problemas pessoais, mas como desafios sistêmicos e interconectados, portanto, consideram que enfrentar e administrar esses problemas de forma holística traria soluções mais estáveis e duradouras.
- O *design thinking* é útil para entendermos esses problemas, pensar sobre suas causas subjacentes e construir novas soluções sem sucumbirmos diante de sua complexidade. Ele representa uma forma de bolar novas ideias através de uma análise ampla e transversal da empresa e seus problemas, uma disciplina para desafiar as convenções e explorar alternativas e um processo para gerar entendimentos que resultem em ações concretas. E, no caso de líderes que correm o risco de sofrer um *burnout* devido ao cansaço imposto por pela tomada de decisões e estão fartos de lidar com os mesmos problemas o tempo todo mas, ainda assim, precisam de alguma margem para pensar de forma estratégica, a abordagem proposta pelo *design thinking* representa um método mais eficiente para lidar com a complexidade e impulsionar a sustentabilidade pessoal e organizacional.

Todos queremos mais tempo, mas, para a maioria das organizações, dar mais tempo aos funcionários é um jogo de soma zero: ou os trabalhadores arcam com um corte de salários, ou a empresa passa a arcar com novos gastos. Ao abordar esse problema a partir do *design thinking* e redesenhar o dia de trabalho, é possível reduzir a jornada sem perder clientes ou dinheiro.

Está pronto para se inspirar?

2

INSPIRAÇÃO

Na etapa de inspiração do processo de *design thinking*, você vai explorar todos os lados do problema, esforçando-se para refinar a questão e, ao mesmo tempo, manter contato com uma ampla gama de ideias e disciplinas. Se sua ideia é desenvolver uma sala de espera hospitalar, você conversará com médicos, enfermeiros, pacientes e suas famílias sobre esse espaço, o processo de admissão e as preocupações e angústias que as pessoas vivenciam ao entrar em um hospital. Você também pode passar algum tempo em salas de revista de aeroportos, lojas de departamentos ou igrejas para ver como diferentes espaços lidam com questões de segurança, organizam as pessoas de forma eficiente e transmitem empatia e tranquilidade.

Neste capítulo, nossa inspiração virá de empresas que já migraram para semanas de quatro dias, jornadas de seis horas ou outras formas de abreviar o tempo de trabalho.

RUA ST. LEONARD, EDIMBURGO, ESCÓCIA

"Desde muito jovem, lá pelos 16 anos, eu já trabalhava cinquenta horas por semana", conta Stuart Ralston. É perto da hora do almoço e estamos no Aizle, o restaurante que Stuart possui em sociedade com sua esposa, Krystal Goff. Estamos sentados diante de uma mesa imaculada, no canto oposto ao balcão do bar e, embora as coisas ainda estejam calmas, a equipe de funcionários está chegando. O Aizle é um dos restaurantes mais conhecidos da cidade desde que abriu as portas em 2014, e as coisas só melhoraram desde que passou a abrir apenas quatro dias por semana em 2018. Quero entender o que levou Stuart a tomar essa decisão e como o Aizle se manteve em alta, mesmo abrindo um dia a menos.

Como muitos outros chefs, Stuart começou lavando pratos quando era adolescente. Ele foi galgando posições mais altas em restaurantes ingleses e escoceses até ser contratado por Gordon Ramsay para seu restaurante em Nova York. Stuart aprendeu muitas coisas ali, mas trabalhava um número insano de horas: ele ficava no serviço "das sete da manhã até uma ou duas da madrugada, seis dias por semana, cobrindo férias de colegas. Quando eles saíam de férias, trabalhava dez dias seguidos". Seus pais e seu irmão mais velho são chefs de cozinha e, embora o trabalho em Nova York fosse exaustivo, também era motivo de orgulho. São poucos os que sequer têm a chance de trabalhar em um restaurante com estrela Michelin, e ainda menos os que se mostram capazes de aguentar o tranco. Sobreviver a essa provação garante um espaço na elite.

Após trabalhar para Gordon Ramsay durante 2 anos, Stuart se tornou chef executivo e *chef de partie* em resorts na Inglaterra e em Barbados. Mas ele sempre quis ser seu próprio chefe, e acabou voltando para Edimburgo ao lado de Krystal. Os dois encontraram um espaço na rua St. Leonard, na região de Newington, próximo à universidade, e abriram o Aizle. Eles lixaram o piso, colocaram papel de parede e instalaram as prateleiras e eletrodomésticos com as próprias mãos. "Nas nossas primeiras sete semanas aqui, não tirei nenhum dia de folga", relembra. "É uma loucura pensar no número de dias consecutivos que passei trabalhando das oito da manhã à meia noite. E não me dei conta do que implicaria ser ao mesmo tempo o chef principal e o administrador de um negócio."

Com a ênfase em ingredientes sazonais, um menu de preço fixo e o faro de Stuart para combinações atípicas de temperos e culinárias, o Aizle recebeu de saída algumas críticas positivas e logo caiu também no gosto dos fregueses; dos mais de 1.800 restaurantes de Edimburgo registrados no site do TripAdvisor, ele figura quase sempre na primeira ou segunda posição. Krystal parou de trabalhar no bar após o nascimento do primeiro filho do casal, mas Stuart continuou lá. "A base de nosso negócio sou eu trabalhando em minha cozinha", ele explica, e "nós estávamos tentando fazer diversas coisas, tentando conquistar diversos elogios e prêmios, ao mesmo tempo em que cuidávamos da parte administrativa". Qualquer proprietário de pequeno negócio prefere o excesso à escassez de trabalho, mas Stuart estava passando até dezesseis horas por dia no restaurante. "Então eu chegava em casa e lá havia um pequeno bebê que passava a noite em claro." Durante 2 anos, os três sobreviveram com poucas horas de sono interrupto por noite. "Acho que foi ali que começamos a perceber que o número de horas que eu trabalhava não era benéfico para nossa situação familiar", diz com franqueza.

Depois de 3 anos trabalhando de oitenta a noventa horas semanais, "eu estava com sobrepeso, estressado, cansado e bebendo demais. Eu estava sempre supercansado, perdia a cabeça fácil com as pessoas e não conseguia segurar ninguém em minha equipe por muito tempo". Enquanto isso, em casa, "eu não sentia que estava estabelecendo laços fortes com meu filho. Eu praticamente perdi os primeiros anos de sua vida." No entanto, enquanto pai e proprietário de um negócio, "você tem responsabilidades não só com sua família, mas também com as dez pessoas que trabalham ali e dependem de você para pagar o aluguel". Como acontece com frequência, o sucesso do negócio cobrou um preço alto do ponto de vista pessoal. "Embora o restaurante estivesse se saindo muito bem e tivéssemos muito serviço, não havia nada de bom a se extrair daquilo. Eu sentia que estava preso em uma espiral sombria."

No ramo dos restaurantes, a pressão pelo sucesso é imensa. Os chefs sentem isso todas as noites, a cada prato preparado, ao fechar as contas a cada semana, ou quando tentam criar pratos e aperfeiçoar suas habilidades. Estamos falando de um ramo que se orgulha de abrigar desajustados e pessoas com histórias pregressas excêntricas ou duvidosas, mas que também precisa lidar com altos níveis de rotatividade, estresse intenso e longas jornadas mal remuneradas. Uso abusivo de drogas e álcool são problemas comuns, e muitos chefs lutam contra a depressão.

O sucesso traz seus próprios riscos. O brilho dos holofotes, a sensação de que você não pode recusar nenhuma oportunidade, a preocupação de que você possa perder tudo... Todos esses fatores levam a novas fontes de ansiedade. Como aponta Kat Kinsman, escritora de culinária e fundadora do projeto de saúde mental *Chefs With Issues* [Chefs com Problemas], até mesmo chefs que construíram restaurantes rentáveis e aclamados pela crítica podem sentir uma pressão imensa para manter essa reputação.

No final de 2017, Stuart percebeu com clareza que precisava fazer uma escolha. Ele podia mudar a forma como tocava o Aizle e correr o risco de fracassar, ou seguir fazendo as coisas da forma como vinha fazendo e ter o fracasso garantido. "Àquela altura, eu sentia que já não tinha nada a perder, porque estava perdendo muito de mim e do tempo que tinha com minha família", ele me conta. "Então, em janeiro de 2018, decidimos que não dava mais, algo precisava mudar". O Aizle não podia contratar outro chef para a equipe: era um estabelecimento muito pequeno, e que refletia muito a visão singular de Stuart. "A única forma de lidar com aquilo", ele percebeu, "era fechar as portas. Não havia por que seguir com um negócio que não valia a pena. Isso nos forçou a tirar um dia de folga".

Stuart tomou duas grandes decisões. Em primeiro lugar, decidiu fechar o Aizle três dias por semana e manter as portas abertas de quarta-feira a sábado. "Sempre lotávamos aos domingos", ele conta, "mas eu queria tirar esse dia de folga porque, no futuro, meu filho iria ao colégio e estaria de folga aos domingos". Para cobrir a possível perda de receitas, eles reformaram o refeitório, acrescentando mais seis assentos, o que lhes permitia servir em média doze pessoas a mais por noite, ou 48 por semana – quase o suficiente para compensar o fato de não abrirem aos domingos. Stuart comprou um fogão maior, o que lhe permitiu trabalhar de forma mais eficiente. E, caso necessário, poderiam retomar a rotina de cinco dias semanais durante o festival Edinburgh Fringe, em agosto, quando mais de dois milhões de visitantes desembarcam na cidade, e em dezembro, durante as movimentadas férias de fim de ano.

Em segundo lugar, Stuart decretou que o restaurante fecharia seis semanas por ano para que todos tirassem férias coletivas. Assim, ninguém precisaria se estrebuchar para cobrir as pessoas de folga. Certa vez, ele havia trabalhado vinte horas diárias durante três semanas para cobrir outros chefs. "Não acho que isso seja saudável", ele diz, de forma um tanto eufemística, "e [agora] aos 35 anos de idade, acho que não tenho mais a energia necessária". O sistema também garante a ele tempo para passar com a família. Como ele declarou a um jornalista em 2018, "cresci em um mundo onde o tempo familiar era sacrificado em prol dos negócios. Decidi que não quero mais fazer isso".

E como as coisas se saíram? Após quase 1 ano, "a equipe está mais feliz", relata Stuart, "e trabalha com mais vontade em quatro dias que em cinco. Assim, o espaço está mais limpo, mais organizado, e estamos dando conta das coisas". A gerente Jade Johnston concorda. "Tenho mais energia e estou mais feliz. Quando chego no trabalho, não penso em nada além do trabalho. Consigo trabalhar melhor e em ritmo mais acelerado – nada vai passar batido, vou cuidar direitinho de todos os clientes e zelar pelo empreendimento."

E a comida? "Ao trabalhar quatro dias por semana, encontrei tempo para pesquisar mais e desenvolver novos produtos", diz Stuart. "Sem dúvidas, estou dedicando mais tempo para elaborar os pratos, tenho mais tempo para a equipe e os pratos. Por isso, eu diria que nos últimos dez meses o nosso padrão tem sido muito melhor do que jamais foi. Basta ver o retorno dos clientes. Estamos lotados – não temos nenhum lugar livre nos sábados dos próximos dois meses". Na verdade, os negócios vão tão bem que Stuart pôde expandi-lo: em meados de 2019, ele abriu um segundo restaurante em Edimburgo, um local mais casual chamado Noto.

Antes de abrir o Aizle, Stuart havia trabalhado como chef de cozinha em um resort no Caribe, e as habilidades que adquiriu ali se mostraram decisivas para o sucesso da semana de quatro dias. Ao contrário de muitos chefs, "eu estava acostumado a gerenciar pedidos, pessoal e números". Assim, quando começou a cogitar a semana de quatro dias, ele pôde examinar as finanças do restaurante e o fluxo de caixa, "olhar para os números e dizer: é, pode ser que dê certo". Mas isso não significa apenas ter uma poupança no banco caso o movimento caia. "Estamos aqui há 4 anos e meio, somos populares e já ganhamos um bom dinheiro, que reinvestimos." Talvez as pessoas pensem que seria mais fácil implementar a semana de quatro dias em um negócio novo, mas a história do Aizle sugere que um negócio amadurecido, com infraestrutura consolidada, raízes estabelecidas e equipe constituída pode encarar melhor os desafios de uma nova rotina de trabalho.

O Aizle é um dos muitos restaurantes que reduziram sua semana de trabalho nos últimos anos. Trata-se de uma tendência perceptível, pois chefs de primeira linha personificam o melhor e o pior da vida criativa. Eles estão sempre em busca de novas ideias, novos ingredientes e novas inspirações, para então transformar arroubos criativos em produtos viáveis, que possam ser preparados em série por outros chefs, noite após noite. É um trabalho sem fim: a busca por novos pratos, ingredientes e formas de preparo nunca termina. É quase um exemplo de manual para a criatividade de alto nível.

Também é um dos ofícios que atuam sob maior pressão e com maior intensidade que se pode encontrar. Cozinhar requer perfeição, minuto após minuto, dia após dia. É exaustivo do ponto de vista físico e mental; o trabalho se dá em uma atmosfera de estresse elevado. O ramo deposita muito poder na mão de chefs visionários, e alguns deles são muito imaginativos, inquisitivos, curiosos e perfeccionistas; outros se revelam pessoas difíceis, exigentes e até abusivas. Também é uma área com níveis consideráveis de *burnout*, abuso de substâncias e outros problemas.

Agora, alguns dos restaurantes mais conhecidos e criticamente aclamados do mundo todo estão abrindo menos noites. Em Palo Alto, na Califórnia, o Baumé aderiu à semana de quatro dias pouco tempo depois de conquistar sua segunda estrela Michelin; no sul, em Los Angeles, o restaurante *Kaiseki N/Naka* (outro detentor de duas estrelas Michelin) também funciona quatro dias por semana. Em Melbourne, na Austrália, o Attica adotou um limite de 48 horas semanais para sua equipe em 2017. Dois dos centros mais famosos da "nova cozinha nórdica" fizeram suas próprias experiências com jornadas mais curtas. Quando reabriu, em 2017, o Noma, de Copenhagen, decidiu funcionar quatro noites por semana. Como explica a empresa, "o ponto forte do Noma é sua equipe; tomamos essa decisão como parte de nossos esforços para dar a seus integrantes mais qualidade de vida, tanto no trabalho como fora dele". Em Oslo, na Noruega, o Maaemo foi ainda mais longe: colocou sua equipe em uma escala de quatro dias semanais em 2016 e, no ano seguinte, permitiu que todos trabalhassem três dias por semana. Dar mais tempo aos chefs e funcionários reduz o estresse, ajuda-os a continuar inovando e aumenta a probabilidade de que sigam na cozinha.

A história de Stuart e Aizle também ilustra de forma mais ampla o modo como os líderes abreviam as semanas de trabalho em suas empresas. Sua motivação é, em grande parte, de ordem pessoal: eles querem vidas melhores, formas de lidar com os problemas que todos confrontamos, como estresse e o equilíbrio entre sua vida pessoal e profissional. Também existe uma série de considerações práticas a serem feitas: não importa o ramo de atuação, todos enfrentam desafios de recrutamento, problemas de rotatividade, necessidade de competir com empresas maiores e mais ricas e exigência de ser moderno e inovador o tempo todo. Eles também querem reagir a tendências negativas de seu ramo, aliviar as pressões que afastam trabalhadores dedicados e mostrar como criar negócios que viabilizem carreiras e vidas mais sustentáveis. Por fim, tenham eles desenvolvido suas carreiras nos Estados Unidos, na Europa ou na Ásia, eles têm a experiência e os conhecimentos profissionais necessários para readequar suas empresas e traçar um novo caminho para seus setores.

AS EMPRESAS

Você provavelmente já ouviu falar em algumas poucas empresas que experimentaram jornadas ou semanas de trabalho mais curtas. Seja em jornais, seja na imprensa especializada em negócios, há boas chances de você ter lido sobre a Tower Paddle Boards, de San Diego, nos Estados Unidos, a desenvolvedora de software norte-americana Wildbit, da Filadélfia, a corretora de investimentos Perpetual Guardian, da Nova Zelândia, ou a empresa de relações públicas Radioactive, do Reino Unido. Na verdade, o movimento para encurtar as semanas de trabalho é amplo, global e diversificado. Pesquisei, visitei e entrevistei líderes e funcionários de mais de uma centena de empresas que reduziram suas jornadas de trabalhos, muitos dos quais receberam pouca ou nenhuma atenção da imprensa de língua inglesa. Para entender melhor o movimento em prol de menos horas, vamos analisar essas empresas em conjunto, seus setores de atuação e as partes do mundo onde estão instaladas.

A maioria das empresas compartilha três características que possibilitam inovações de vanguarda. Em primeiro lugar, costumam ser negócios de pequena ou média escala, nos quais é mais fácil implementar mudanças culturais ou administrativas de impacto considerável. Em segundo, a maioria ainda é conduzida por seus fundadores, cujo cargo formal e autoridade moral lhes confere o poder para empreender grandes mudanças. Em terceiro, muitas empresas já têm a reputação de serem criativas e inovadoras e, por isso, podem vender esses experimentos como expressão dessas características. Isso explica por que essas empresas aderiram cedo à tendência, mas, de modo geral, a diversidade de empresas, setores e localidades sugere um movimento que está apenas começando.

No apêndice, você encontrará uma lista com todas as empresas discutidas neste livro, os países onde estão situadas, seu ramo de atuação e o tipo de escala horária que elas adotaram. Repare que não estou focando em empresas que oferecem jornadas reduzidas aos funcionários em troca de salários menores (como a Amazon fez com alguns de seus funcionários) e, com apenas umas poucas e interessantes exceções, também não estou incluindo empresas (como a 7-Eleven, no Japão) que migraram de cinco para quatro dias semanais, mas aumentaram a jornada diária para dez horas a fim de manter a mesma carga horária. Essas empresas estão ajudando a normalizar a ideia de uma semana de quatro dias, mas no geral não precisaram alterar seus procedimentos internos nem sua cultura empresarial.

Também menciono apenas de passagem as agências governamentais ou escolas públicas que migraram para as semanas de quatro dias, embora valha a pena observar que existe um movimento nos âmbitos da educação e da administração pública para experimentar alternativas à semana tradicional de cinco dias. No estado de Utah, nos Estados Unidos, o governo adotou a semana de quatro dias com dez horas diárias entre 2008 e 2011, algo replicado pela prefeitura de El Paso entre 2009 e 2018. Outras prefeituras também testaram semanas de quatro dias. Entre 1996 e 1998, o governo da Finlândia patrocinou um programa que permitiu às prefeituras reduzir as horas de trabalho dos seus funcionários. Na Islândia, a cidade de Reykjavík começou a testar uma semana mais curta em 2015; em

2018, a iniciativa foi expandida para incluir mais de dois mil trabalhadores, passando a englobar um quarto da força de trabalho da cidade. Em 2019, três outros municípios islandeses implementaram seus próprios testes de redução da carga horária.

Nos Estados Unidos, escolas públicas também vêm experimentando semanas de quatro dias. Em 2019, 25 estados tinham distritos onde as escolas funcionavam quatro dias por semana, e, no estado do Colorado, mais da metade dos distritos operam hoje nesse sistema. Muitos distritos encurtam a semana escolar quando estão com problemas orçamentários, mas alguns distritos rurais estão adotando a semana de quatro dias em um esforço para reduzir o tempo dispendido pelas crianças nos longos deslocamentos de ônibus e facilitar a contratação e manutenção dos professores.

Em vez disso, para este projeto, decidi focar nas empresas que fizeram três coisas ao mesmo tempo: reduziram o total de horas trabalhadas, mantiveram os salários e conservaram seus níveis de produtividade, rentabilidade e atenção ao cliente.

Não se trata de uma lista final, pois novas empresas ao redor do mundo vêm experimentando as semanas de quatro dias o tempo todo. Tash Walker, fundadora da "agência de comportamento humano" The Mix, me contou que dezenas de empresas a contataram pedindo conselhos sobre como migrar para uma semana de quatro dias depois que a The Mix publicou um relatório descrevendo seu próprio processo no início de 2019. Da mesma forma, Andrew Barnes, da Perpetual Guardian – uma firma neozelandesa que recebeu atenção internacional ao migrar para a semana de quatro dias em 2018 – diz que ouviu falar de empresas do mundo todo que estão interessadas em lançar seus próprios testes.

A primeira coisa a observar é que, enquanto os países da Europa Ocidental e da Escandinávia são conhecidos por terem menor carga horária devido a uma combinação de leis, contratos sindicais e estímulo ao trabalho flexível ou de meio período, o movimento em prol da semana de quatro dias e da jornada de seis horas é, na realidade, bastante difuso. Das empresas que estudei, 35 são do Reino Unido, e 24 estão sediadas na Europa. Há 24 nos Estados Unidos e no Canadá e nove na Austrália e Nova Zelândia. Essas empresas não se concentram apenas no Ocidente: catorze são da Coreia do Sul e cinco do Japão, ambos países conhecidos pelas grandes cargas horárias.

Da mesma forma, as empresas se espalham por diversos setores: 24 empresas são restaurantes, que vão de estabelecimentos mundialmente conhecidos, como o Noma, até redes de comida simples, como a Shake Shack; 25 são firmas de software ou comércio digital; 27 são estabelecimentos criativos de diversos tipos: agências digitais, firmas de marketing, publicidade e relações públicas, empresas de produção de vídeos e escritórios de design; nove trabalham com seguros, consultoria ou serviços financeiros, oito atuam em manutenção ou manufatura, e vão desde uma fabricante japonesa de moinhos de arroz até uma oficina mecânica de automóveis; seis produzem produtos de beleza e saúde; três são casas de repouso, e três são *call centers*.

Restaurantes, agências criativas e firmas de software têm uma representatividade maior porque lidam todos com problemas sistêmicos de saúde mental, estresse e exaustão.

O ramo dos restaurantes luta há muito tempo contra a baixa remuneração, as longas jornadas e as condições de trabalho desafiadoras; não raro, também enfrentam comportamentos abusivos e sexistas no ambiente de trabalho. Em uma pesquisa realizada em 2015, 17% dos trabalhadores de restaurante em tempo integral admitiram ter problemas com abuso de substâncias. Outra enquete realizada 3 anos depois descobriu que o estresse laboral havia provocado comportamentos prejudiciais à saúde em 43% dos trabalhadores de restaurantes e afetava a vida familiar de 50%.

As coisas são um pouco melhores no ramo da publicidade, talvez porque ali os incêndios a serem apagados são apenas metafóricos. Em uma pesquisa realizada nos Estados Unidos em 2019, 33% dos profissionais da indústria de propaganda estavam preocupados com sua saúde mental; entre as pessoas que trabalhavam mais de cinquenta horas semanais ou ganhavam menos de 50 mil dólares anuais (em outras palavras, a maioria dos jovens profissionais), os índices eram superiores a 40%. No mesmo ano, uma pesquisa na Austrália com profissionais de marketing e propaganda descobriu que 56% deles exibiam sintomas de depressão. Um estudo de 2018 feito no Reino Unido constatou que 64% dos trabalhadores pensavam em largar o trabalho, 60% achavam que ele tinha um impacto negativo em sua saúde mental, 36% descreviam sua saúde mental como "precária" e 26% alegavam sofrer de problemas em longo prazo, como estresse crônico ou depressão. Não é de surpreender que o setor como um todo tenha rotatividade de 30%, tampouco que metade das pessoas que largam seus empregos simplesmente deixem de atuar no ramo.

A indústria da tecnologia também tem seus problemas. Em 2018, uma pesquisa com 12.500 trabalhadores da indústria de software revelou que 39% deles se diziam deprimidos e 57% relatavam estar exaustos. Em grande parte, isso se deve a ambientes de trabalho hostis: 48% diziam que seu local de trabalho contribuía para a precariedade de sua saúde mental, e 91% disseram que o *burnout* era um problema em suas empresas. Uma enquete aplicada pela Stack Overflow em 2019 descobriu que 30% dos designers de software enfrentavam problemas de saúde mental, como transtorno de déficit de atenção com hiperatividade, distúrbios emocionais e ansiedade, ou não se consideravam neurotípicos.

Enquanto quase dois terços das empresas citadas neste livro provêm desses três setores, o outro terço é bastante variado. Ele inclui manufaturas de máquinas para moer arroz e de peças de metal prensado feitas sob medida, empresas de cosméticos orgânicos, casas de repouso, uma oficina automobilística, empresas financeiras e seguradoras, hotéis, editoras on-line e impressas e *call centers*. Duas delas, a empresa japonesa de comércio digital Zozo e a sul-coreana O2O Woowa Brothers, têm mais de mil funcionários. A maior parte é muito menor do que isso e conta com menos de cem pessoas em sua folha de pagamento. Algumas reduziram suas horas de trabalho fechando as portas um dia a mais por semana, enquanto outras mantiveram, ou até mesmo ampliaram, seu horário de funcionamento, ao passo que reduziram as escalas individuais de cada funcionário. Elas operam com diferentes perspectivas temporais: algumas têm projetos com um mês de duração, outras servem seus clientes todas as noites, e há também aquelas que ficam abertas 24 horas por dia, sete dias por semana. Há empresas que avaliam seus indicadores financeiros e de performance trimestralmente, enquanto outras conseguem visualizar em tempo real o desempenho de seus funcionários em um determinado dia.

Em outras palavras, não se trata de um movimento formado apenas por empresas ricas e felizes em determinados segmentos de mercado. A migração para uma semana menor exige que as firmas repensem todo o seu funcionamento, as pessoas que contratam, os incentivos que dão aos funcionários, o modo como delegam trabalho e autoridade, as métricas de desempenho e a maneira de distribuir os benefícios das novas tecnologias e da maior produtividade. Reduzir a carga horária não significa trabalhar menos. Significa trabalhar melhor – melhor em termos econômicos, mas também éticos. Essas empresas tampouco pertencem a ramos destacados pela igualdade de gênero ou pelo equilíbrio entre a vida profissional e pessoal. Pelo contrário, são nichos com uma reputação merecida de resistência a mudanças, onde há problemas relativos a disparidade de gênero, recrutamento, rotatividade e *burnout*, e cujos líderes consideram o excesso de trabalho um sinal de sucesso.

Para essas empresas, a diminuição da carga horária não é um sinal de preguiça. É um ato de resistência.

TIPOS DE REDUÇÃO DA CARGA HORÁRIA

A resistência assume muitas formas. A mais popular é a semana de quatro dias: cerca de dois terços das empresas que estudei adotam alguma variante da semana de quatro dias. Dessas, muitas trabalham com semanas de 32 horas distribuídas ao longo de quatro dias, enquanto umas poucas testaram (ou adotaram e depois abandonaram) a semana de quatro dias. Algumas combinam a semana de quatro dias com trabalho flexível ou remoto. A empresa japonesa de software Cybozu oferece a seus funcionários a semana de quatro dias como parte de uma política de trabalho flexível chamada "100 estilos para 100 pessoas".

Outras empresas desenvolveram escalas inspiradas pelo modelo de 20% da Google, em que os funcionários trabalham quatro dias semanais nos projetos da empresa e então gozam de um dia para seus projetos pessoais. Na desenvolvedora de aplicativos thoughtbot e na empresa de software nova-iorquina Cockroach Labs, por exemplo, os contratados trabalham nos produtos da empresa ou atendem os clientes durante quatro dias; no quinto, eles têm o que a thoughtbot chama de "tempo de investimento", quando podem fazer cursos, aprender novas linguagens de programação, cultivar outras habilidades ou fazer algo que amplie seus horizontes intelectuais. Na consultoria de design londrina ELSE, as sextas-feiras alternam entre "dias de oba-oba", totalmente livres, e dias de "diversão" para o autodesenvolvimento. Alguns restaurantes adotaram a semana de quatro dias; suas jornadas ainda são longas, e os chefs e a equipe podem trabalhar até cinquenta horas semanais. Mas é uma grande redução se comparada às semanas de setenta ou oitenta horas que seus colegas enfrentam em restaurantes convencionais.

Algumas empresas mantiveram a semana de cinco dias, mas encurtaram a jornada diária. Na Coreia do Sul, a semana de 35 horas, da qual a Woowa Brothers foi pioneira, tornou-se popular. Outras empresas trabalham trinta horas por semana, com jornadas diárias de seis horas. Por fim, algumas poucas trabalham cinco horas por dia durante o verão ou, em certos casos, durante o ano inteiro.

Para outras empresas, o mero fato de restringir a carga horária semanal a quarenta horas é um grande avanço. O escritório londrino da agência internacional de publicidade Wieden+Kennedy lançou em 2016 a política de limitar o trabalho semanal a quarenta horas. Para uma agência conhecida por prazos apertados e um ambiente cheio de pressão (ela até recebeu o apelido "Weekend and Kennedy", "Fim de semana e Kennedy" em inglês), retomar a jornada de trabalho padrão foi uma medida significativa. A Clyde Group, agência de comunicação estratégica com sede em Washington, nos Estados Unidos, estabeleceu o limite de quarenta horas semanais depois de perder metade de seu quadro de funcionários em um único ano devido à exaustão. A Skift, de Nova York, desestimula seus funcionários a trabalhar mais de quarenta horas. Em Denver, a Never Settle IT chega a punir quem trabalha demais: aqueles que ultrapassam oitenta horas ao longo de duas semanas consecutivas perdem horas de férias.

Há um bom número de empresas, prefeituras e até mesmo estados que oferecem aos seus funcionários a opção de trabalhar quatro dias por semana, dez horas por dia. Esses programas remontam aos anos 1960 e ao início dos anos 1970, quando fábricas estadunidenses testaram semanas de quatro dias com jornadas de dez horas em uma tentativa de reduzir custos energéticos e a ineficiência. Nos anos 2000 e 2010, grandes empresas, como a General Motors e a Amazon, alguns departamentos públicos do estado americano de Utah, secretarias municipais da cidade também americana de El Paso e escolas rurais de distritos dos Estados Unidos experimentaram semanas de quatro dias. Hoje, algumas empresas japonesas – incluindo algumas bem grandes, como Uniqlo, 7-Eleven e KFC – oferecem aos seus funcionários a opção de trabalhar dez horas por dia, quatro dias por semana. Algumas empresas americanas, incluindo a Amazon e a agência de publicidade nova-iorquina Grey, também ofereceram aos seus funcionários a opção de trabalhar quatro dias por semana com redução salarial. Mas elas não estão redesenhando os fundamentos da semana de trabalho – essas empresas estão apenas usando outras combinações da semana de quarenta horas.

OS LÍDERES

Vamos analisar mais de perto os líderes dessas empresas e o que os levou a dar esse salto. Experimentos com semanas de trabalho mais curtas começam pelo topo da hierarquia, de modo que é importante entender a história e as motivações desses líderes e o que os fez acreditar que menos horas de trabalho melhorariam suas empresas.

Quando entrevistados, quase todos os fundadores relatam como o começo de suas carreiras havia sido marcado por longas jornadas e um péssimo equilíbrio entre vida pessoal e profissional. Muitos chegaram perto de alguma situação de *burnout*. "Todos nos descrevemos como *workaholics* em reabilitação", diz Marei Wollersberger, diretora de gerenciamento e uma das fundadoras do estúdio de *design* londrino Normally. As pessoas que figuram neste livro têm experiências prévias em empresas de alta tecnologia (incluindo Facebook, Google e outras organizações bastante exigentes), restaurantes, consultorias e agências de publicidade. Muitos também eram empreendedores em série. A decisão de migrar para uma jornada menor se baseou em suas próprias experiências com culturas empresariais excessivamente competitivas, marcadas por longas jornadas de trabalho e, por vezes, pelo *burnout*.

Todos os que adaptaram suas empresas à semana de quatro dias compararam seu próprio histórico e suas experiências com o tipo de ambiente e escala que hoje desejam criar em suas empresas. Spencer Kimball, Peter Mattis e Ben Darnell, fundadores da start-up Cockroach Labs, que fornece bases de dados SQL em nuvem, são Xooglers (como os ex-integrantes da Google são chamados no Vale do Silício). Kimball e Mattis foram, respectivamente, fundador e engenheiro-sênior da empresa de pagamentos Square.

Antes de fundarem a Never Settle IT, Shaul Hagen e Andrew Lundquist trabalhavam oitenta horas por semana em "start-ups tecnológicas de imenso crescimento" e se encontravam "profundamente imersos na cultura do Vale do Silício". John Peebles, CEO da Administrate, empresa de treinamento em softwares SaaS de Edimburgo, na Escócia, "trabalhava literalmente todos os minutos em que estava acordado" na construção de sua primeira start-up. Quando deixou sua segunda empresa, "eu já tinha muito dinheiro e havia aprendido bastante, mas não lembrava de nada dos 7 ou 8 anos anteriores. Eu tinha um branco em minha mente. Isso me pareceu bem problemático".

Os veteranos da indústria de software não são os únicos com histórias assim. Annie Tevelin fundou a empresa de produtos orgânicos de *skincare* SkinOwl em 2013 depois de uma fase trabalhando catorze horas por dia como maquiadora em Hollywood. Anna Ross fundou a empresa de esmaltes de unha naturais Kester Black após abandonar um emprego de oitenta horas semanais no ramo da moda. "Eu chorava o tempo todo, comia mal e vivia muito estressada", ela contou à BBC em 2016, "e decidi que não queria que ninguém jamais precisasse suportar um ambiente de trabalho daqueles". Depois de 10 anos trabalhando com publicidade e "muitas madrugadas de trabalho e, em alguns casos, muitas noites em claro", Michael Honey percebeu ao fundar a agência digital interativa Icelab que "queria trabalhar quarenta horas numa boa, em vez de cinquenta horas feito um louco".

O interessante é que eles não passaram por locais como a Universidade da Pensilvânia (onde estudei) ou a Universidade de Stanford (onde lecionei) – instituições que se autocongratulam por formar alguns dos revolucionários inovadores e empresários visionários mais proeminentes do mundo. Na Coreia do Sul, onde muitos executivos corporativos provêm de universidades de elite como a Nacional de Seoul e a KAIST (Instituto Coreano Avançado de Ciência e Tecnologia), Bong-Jin Kim estudou design gráfico. Yusaku Maezawa, o excêntrico fundador e CEO da Zozo, largou a Universidade de Waseda sem concluir seu curso. Nos Estados Unidos, no Reino Unido, na Austrália e na Nova Zelândia, com exceção de alguns engenheiros de software formados em Berkeley, nenhum dos fundadores que adotaram a semana de quatro horas em suas empresas é de Oxbridge ou das universidades da Ivy League. Eles provêm de instituições respeitáveis, mas que não são consideradas de elite, como as Universidades do Arizona, de Southampton e da Tasmânia, a Universidade de Temple da Filadélfia, a Escola de Artes de Glasgow e a Politécnica de Otago.

O QUE MOTIVA LÍDERES A TESTAR A SEMANA DE QUATRO DIAS

Em algum ponto de suas carreiras, esses líderes atingiram um limite: eles ainda amavam seu trabalho, mas estavam desiludidos com as formas convencionais de trabalhar.

Ryan Carson havia trabalhado para um estúdio de design em Londres antes de fundar a provedora de educação on-line Treehouse, e a privação de sono levou-o a "delirar regularmente devido à exaustão" e a se sentir "frustrado com sua produção", de acordo com uma matéria. Trabalhar muitas horas é um "pico de adrenalina" quando você é jovem, Kenn Kelly me disse, "mas não é sustentável a longo prazo. Você percebe isso pelo desgaste e pelo *burnout*". Ninguém nega que, no caso de trabalhadores jovens, períodos de trabalho duro podem aprimorar a confiança, ajudar a construir uma identidade profissional, fortalecer a coesão de grupo e acelerar o aprendizado, mas o excesso crônico de trabalho oferece riscos à saúde, aumenta a chance do *burnout* e, por fim, dificulta a realização de um bom trabalho. Quando trabalhava catorze horas por dia em sua primeira start-up, Spencer Kimball descobriu que "há um certo ponto, depois de umas dez horas, em que você simplesmente se torna imprestável. Você já não pensa de forma criativa e não consegue mais resolver problemas que deveria ser capaz de solucionar".

Eles também perceberam que, em ramos criativos ou que exigem muitos conhecimentos específicos, o trabalho nunca termina, por mais horas que se dedique a ele. O excesso de trabalho não é uma fonte sustentável de vantagem competitiva. Marek Krîž, um dos fundadores da empresa tcheca Devx, afirma que "odiamos a narrativa de que, ao criar uma start-up, você precisa crescer depressa, trabalhar um número inacreditável de horas e espremer cada gota de energia que houver em seu corpo". Os fundadores das empresas sempre têm um *pitch* a fazer, um cliente a prospectar, novas ideias para explorar ou novos produtos para desenvolver. Por isso, pode ser um desafio aceitar o fato de que o trabalho nunca vai ter fim, mas, quando conseguem fazer isso, eles ficam livres para repensar o modo como suas empresas devem funcionar.

***

Spencer Kimball, CEO da Cockroach Labs, sobre o excesso de horas
Parte do que me levou a erradicar as jornadas intermináveis nessa empresa sempre que possível foi o fato de que, mesmo na primeira start-up que criei assim que saí da faculdade, eu lembro que trabalhava dezoito horas por dia. Eu me sentia magnífico, sabe, pensava "uau, estou virando muitas noites, estamos trabalhando pra caramba, isso é muito produtivo". Contudo, ao passar das catorze horas de trabalho, eu, mais de uma vez, passava as quatro horas seguintes olhando para a tela sem fazer nada. E, sério, eram tra-

balhos de rotina, e não o tipo de coisa que fazemos hoje. Aqui nós criamos um produto complexo que parece estar se tornando ainda mais complexo com o tempo. E, sabe, ao lidar com esse tipo de produto é melhor ter uma equipe que esteja bem descansada.

Ao virar noites, mesmo quando jovem, se você ultrapassa a barreira de doze horas, está apenas se enganando. Por isso, doze horas é o meu limite, mesmo quando estou fazendo apenas tarefas de rotina. Mas, quando se trata do tipo de coisa que fazemos aqui no Cockroach Labs... Dada a complexidade de alguns dos problemas e das muitas peças em constante movimento que compõem nosso sistema, se você estiver estressado, trabalhar demais ou não dormir o bastante, não há como ser eficiente.

***

Às vezes, as jornadas menores são motivadas por questões de saúde. Na Islândia, Margeir Steinar Ingólfsson e Þórarinn Friðjónsson decidiram testar em 2016 uma jornada diária de seis horas em sua consultoria de marketing digital, a Hugsmiðjan, que contava com 20 anos de experiência e 24 funcionários. Ingólfsson se interessou pelas jornadas laborais mais curtas depois de ter enfrentado problemas crônicos de saúde e ter passado por uma experiência espiritual reveladora. Friðjónsson reavaliou suas prioridades após sofrer ferimentos graves em um acidente de esqui. Eles também queriam criar um ambiente de trabalho mais amigável para pais e mães e evitar o "presenteísmo" (fenômeno em que funcionários trabalham mesmo quando estão doentes ou muito cansados) que, Ingólfsson sentia, estava se tornando comum no cenário islandês.

O presenteísmo e o excesso de trabalho são especialmente prejudiciais em setores criativos, pois ambos reduzem as oportunidades de aprendizado constante e exposição a novas ideias que possam alimentar a criatividade. Lutar contra isso implica aprender a respeitar o valor de experiências diversas e o tempo aparentemente "improdutivo". "Os clientes nos procuram por quem somos, pela perspectiva que oferecemos e porque desejam aplicar nossa experiência a seus problemas", diz Warren Hutchinson, CEO da consultoria de design ELSE. Isso requer a contratação de pessoas inteligentes a quem delegar trabalhos interessantes, mas também implica dar tempo a elas para que vivam outras experiências. "Se não fizer nada além do trabalho que delegam a você, a sua experiência se limita a isso e seu aprendizado também acaba sendo determinado por isso." Os clientes querem experiência, mas também inspiração e novidades, e não podemos oferecer isso se passarmos as noites no escritório.

Muitos líderes descobrem que podem gerir seu tempo de forma bem mais eficiente quando se tornam pais. O nascimento da primeira filha fez com que Marei Wollersberger repensasse suas ideias sobre o excesso de trabalho. Ao voltar para o escritório depois a licença-maternidade, "eu estava muito mais produtiva do que jamais havia sido", ela afirma, porque precisava focar mais, trabalhar mais rápido e tomar decisões mais depressa. "A ideia de que eu precisava ficar sentada ali até as dez da noite para que as coisas funcionassem era um grande mito." Os CEOs da firma de serviços financeiros australiana Collins SBA e da firma de TI alemã Rheingans Digital Enabler migraram para jornadas de cinco horas motivados por suas experiências com o trabalho de meio período após o nascimento de seus filhos, quando perceberam que era possível produzir o mesmo que em turnos integrais. Ter filhos tornou Ryan Carson mais ciente de como temos pouco tempo para coisas importantes, como ser pai. "Depois que seus filhos nascem, você percebe que tem uma janela de 18 anos, e depois já era", diz. "Não temos tanto tempo assim para passar com as pessoas que amamos".

No entanto, desiludir-se com as formas convencionais de trabalho não basta: é preciso acreditar que outras formas mais sustentáveis de trabalho são possíveis.

Algumas pessoas se inspiram com a história de experimentos em outras empresas. Quando Warren Hutchinson ouviu falar na semana de quatro dias da Normally, ele pensou: "Bom, por que não fazer a mesma coisa na ELSE?". Hutchinson e Chris Downs, um dos fundadores da Normally, haviam passado pelas mesmas grandes firmas de Londres antes de abrir suas próprias agências. Assim como Downs, Hutchinson agora era pai, um veterano do ramo que se preocupava com as jornadas que seguiam noite adentro e com o grau de exaustão em sua agência e no ramo em geral, e percebeu imediatamente as vantagens da semana de quatro dias.

Outros encontram estímulos na ciência. O diretor executivo de criação da Weiden+Kennedy em Londres, Iain Tait, foi convencido a experimentar jornadas mais curtas depois de ler o livro *Wired to Create* [Conectado para criar], de Scott Barry Kaufman e Carolyn Gregoire, e alguns ensaios sobre a importância cognitiva do silêncio. A obra *Rápido e devagar*, de Daniel Kahneman, convenceu um dos fundadores da IIH Nordic, Henrik

Stenmann, de que trabalhar menos horas estimularia a produtividade. "Se queremos transformar nossos hábitos, se queremos ser mais criativos", ele percebeu, "precisamos descansar mais".

Diversos líderes que entrevistei tratam a jornada de oito horas ou a semana de cinco dias como artefatos da Era Industrial, algo inadequado aos ambientes de trabalho do século XXI. Eles entendem que a jornada de trabalho foi moldada pela história, e agora mudanças tecnológicas e alterações no ambiente de trabalho podem torná-lo obsoleto. Alguns deles viveram essas mudanças na própria pele. Quando John Peebles se mudou com seus pais para a China em 1985, as empresas de lá funcionavam seis dias por semana. Nos anos de juventude, ele amava isso, pois podia visitar o parque de diversões aos sábados sem enfrentar filas. Longas jornadas de trabalho foram a norma na China durante muitas décadas, enquanto o país trabalhava para elevar seu padrão de vida; no entanto, quando agentes oficiais e legisladores intensificaram suas visitas ao exterior a partir dos anos 1980 e início dos 1990, eles começaram a pensar em como implementar na China a semana de cinco dias. Em 1995, o país adotou-a oficialmente sem que isso prejudicasse seu crescimento vertiginoso. As filas no parque de diversões aumentaram, mas Peebles tinha mais alunos nas aulas de inglês que ele dava na adolescência – reflexo de um crescimento drástico nos gastos com bens de consumo, turismo e educação dos chineses, que o governo atribuiu ao maior tempo livre. Peebles lembrou dessa experiência 20 anos mais tarde, quando adotou a semana de quatro dias na Administrate.

Mas essa não é uma história de heróis solitários que moldam a realidade ao seu bel prazer. Em muitas empresas, os principais agentes de mudança são pequenos grupos, muitas vezes compostos de um dos fundadores e algum gerente de operações. Em muitos casos, são um homem e uma mulher, o que pode dar ao processo uma perspectiva um pouco mais ampla: alguns estudos indicam que mulheres no mercado de trabalho (sobretudo mães) tendem a apresentar uma postura mais pragmática na hora de gastar seu tempo e experimentar formas de conciliar os dois papéis. Elas são, afinal, profissionais e mães em um mundo que exige que as mulheres sejam as duas coisas e ao mesmo tempo as penaliza por isso.

Embora muitas vezes a motivação para reduzir a carga horária seja atrair novos talentos, muitas empresas bem-sucedidas na adoção da semana de quatro dias são conduzidas por equipes executivas que já sabem bem como trabalhar juntas. Os fundadores da IIH Nordic Henrik Stenmann e Steen Rasmussen já haviam trabalhado juntos antes na agência de marketing digital Deducta Search. Os fundadores da Pursuit Marketing eram todos veteranos do mundo de *call centers* de Glasgow, e vinham atuando juntos – ou competindo – havia muitos anos. Essas equipes são mais competentes na hora de lidar com os desafios da reestruturação da jornada laboral, quando é preciso aprender a trabalhar com maior intensidade e ter mais consciência das tarefas e prioridades.

RECRUTAMENTO E RETENÇÃO

Pressões externas também levam empresas a experimentar a semana de quatro dias. Para muitas, o recrutamento e a retenção da força de trabalho é a grande força por trás da semana de quatro dias. Para a empresa de software Administrate, de Edimburgo, a semana de quatro dias foi uma boa forma "de nos diferenciarmos um pouco e oferecermos algo que chamaria a atenção de candidatos em uma época na qual o mercado de Edimburgo estava muito aquecido", relembra a gerente de operações Jen Anderson. A cena tecnológica da cidade cresceu rapidamente nos anos recentes, e start-ups locais, como a Administrate, competem hoje com gigantes da tecnologia, como a Adobe e a Amazon, na hora de contratar. Existe uma "epidemia em todo o setor" de pessoas deixando empregos em tempo integral para se tornarem *freelancers*, diz Ffyona Dawber, fundadora e CEO da empresa de comunicação médica Synergy Vision. Ela espera que a semana de quatro dias possa ajudar a manter mais pessoas no mercado de trabalho. Restaurantes que adotaram as semanas de quatro dias fazem isso, em parte, para reduzir o índice de rotatividade anual, que no setor é de 70%. Programas para reduzir turnos de enfermeiras em hospitais e casas de repouso são motivados em parte pelo desejo de manter uma equipe qualificada.

No Japão, a disputa por novos trabalhadores e a necessidade de manter pessoas mais velhas integradas ao mercado de trabalho está induzindo diversas empresas a testarem jornadas mais curtas. "Quero competir com a Google e a Microsoft no mercado global", diz Yoshihisa Aono, CEO da Cybozu, "mas não conseguimos recrutar bons engenheiros de Stanford, como a Google, nem competir com eles em termos técnicos". Mas ele pode virar o jogo ao criar "uma empresa incrível, onde os funcionários trabalhem apenas três dias por semana e as mães possam fazer todas suas tarefas sem sair de casa". Em 2016, o Yahoo Japão anunciou um plano para implementar a semana de quatro dias ao longo de 7 anos, permitindo em um primeiro momento que a equipe remanejasse os feriados para trabalhar apenas quatro dias e, mais tarde, reduzindo formalmente a semana de trabalho. Em 2017, a equipe de fretes Sagawa, a rede de lojas de conveniência FamilyMart, a varejista Uniqlo e a administradora de casas de repouso Uchiyama Holdings adotaram a semana de quatro dias, exigindo que seus funcionários empreendessem jornadas de dez horas, ou mesmo de oito (com cortes salariais).

A maioria das empresas alega que essas políticas surgiram a partir da necessidade de aprimorar o recrutamento de jovens trabalhadores, acentuar a retenção de trabalhadores mais experientes com pais idosos ou ampliar o número de mulheres em cargos de gerenciamento. O ministro do trabalho japonês estima que 6,9% das empresas com mais de trinta funcionários oferecem alguma modalidade de semana de quatro dias, contra 3,1% uma década atrás.

De forma semelhante, empresas na Coreia do Sul começaram a testar jornadas de trabalho menores devido, sobretudo, a preocupações com recrutamento e retenção. A Enesti, uma produtora de cosméticos da cidade de Cheongju, começou suas experiências com a semana de quatro dias em 2010, depois que funcionárias com filhos exigiram mudanças em sua tabela de horários. A nova escala foi um sucesso tão grande que a Enesti acabou tornando-a padrão para todos os funcionários. A empresa, por sua vez, inspirou outras firmas da efervescente indústria de cosméticos coreana a tentar suas próprias versões da semana mais curta – em parte para evitar a perda de funcionários para a Enesti.

EMPRESAS E CARREIRAS SUSTENTÁVEIS

Em um mundo de start-ups que valorizam ritmos suicidas de trabalho, esperam níveis estratosféricos de crescimento e mantêm sempre um olho na porta de saída, os fundadores que abreviam as semanas de trabalho têm por objetivo criar empresas longevas. "Minha motivação é ter uma vida boa, uma vida confortável, um empreendimento que esteja sob meu controle, que não esteja crescendo demais", diz Annie Tevelin. "Prefiro que essa empresa seja muito especial daqui a 10 anos a que ela valha dez milhões de dólares daqui a dois." A IIH Nordic almeja criar um ambiente onde as "pessoas se sintam seguras trabalhando conosco", afirma Henrik Stenmann, mesmo quando precisarem desenvolver novas habilidades ou executar jornadas de trabalho mais eficientes. Trabalhar menos horas é um instrumento para construir empresas que não serão compradas por uma corporação maior e mais rica, mas, em vez disso, serão estáveis e duradouras.

Embora corram o risco de perder oportunidades para empresas mais convencionais em curto prazo, os fundadores apostam que a restrição das horas de trabalho e uma rotina mais focada ajudarão suas empresas a serem mais produtivas e inovadoras em longo prazo. Para Chad Pytel, CEO da consultoria de design e desenvolvimento de produtos thoughtbot, desenvolver formas sustentáveis de trabalho na indústria dos softwares é sinal ao mesmo tempo de experiência e de desejo por mais estabilidade. "Trabalhamos com isso há 15 anos, não planejamos mudar de setor. Planejamos fazer isso por mais quinze", ele me conta. E a sustentabilidade não precisa vir em detrimento de grandes trabalhos. "Os resultados falam por si", diz Chad. "Se você comparar nosso trabalho, nosso portfólio, nosso histórico e nossa equipe com qualquer outra, verá que nossa produtividade é equivalente, se não maior." O senso comum diz que softwares são escritos às pressas e descartados em seguida, mas não é assim que as coisas funcionam. Os códigos podem durar anos, até mesmo décadas. As primeiras versões clássicas do Microsoft Word, como o Word 5.1 para Macintosh, surgiram 7 anos depois de seu lançamento original, e o legado dos códigos pode sobreviver em videogames mesmo quando os consoles se tornarem mais rápidos e poderosos. Em um cenário como esse, é importante para as empresas de software sobreviver tempo suficiente para que seus produtos possam crescer e amadurecer.

Em outras palavras, esses líderes tratam a empresa como um fim em si, e não como mero trampolim para a fama e a riqueza. Em entrevistas, eles relatam o desejo de construir algo que se distinga e perdure após sua saída, e a cultura empresarial é um meio para que isso ocorra. Quando você abre uma empresa com a perspectiva de acumular dinheiro nos primeiros anos antes que ela implode ou se torne obsoleta, é bem provável que você desenvolva uma cultura que se adeque às premissas dos grandes investidores, tenha a aparência certa e exija de seus funcionários quantidades sobre-humanas de horas. Já os fundadores que migram para jornadas e semanas mais curtas jogam um jogo em longo prazo e tentam construir uma empresa que seja duradoura – a última que eles criarão em sua carreira.

A linguagem da sustentabilidade também se aplica a outras carreiras. Os chefs de cozinha falam há anos em comida sustentável, e agora estão começando a aplicar essas ideias em conversas sobre a melhoria das condições de vida dos trabalhadores de restaurantes. "É meio doido que nós, cozinheiros, foquemos tanto na sustentabilidade, mas nos esqueçamos de criar um ambiente sustentável para nós mesmos", disse em 2017 Esben Holmboe Bang, chef do Maaemo. Para ele, a semana mais curta foi um experimento para "ver se conseguíamos tornar esse negócio sustentável" e "oferecer uma vida mais sustentável aos nossos cozinheiros, garçons, valetes e lavadores de louça". Mas quase todo mundo que experimenta jornadas mais breves quer construir empresas sustentáveis que possam servir de base para carreiras sustentáveis.

***

Perfil da empresa
Pursuit Marketing: como usar a semana de quatro dias para melhorar o recrutamento

A Pursuit Marketing, com base em Glasgow, na Escócia, "não é um *call center* onde todos ficam com a bunda grudada na cadeira, onde só importam os números e a atividade se resume ao comércio de *commodities*", conforme a diretora de operações, Lorraine Gray, faz questão de me informar. Essa é uma das primeiras coisas que ela diz ao nos encontrarmos, em companhia do CEO Patrick Byrne, nos escritórios da Pursuit no bairro de Finnieston, região da cidade que está em alta. Fundada em 2011 por Gray, por Byrne e pelo diretor administrativo Robert Copeland, a Pursuit foi construída segundo um modelo de contratos com as principais empresas de tecnologia para vender seus produtos a outros grandes empreendimentos – nada a ver com provedoras de TV a cabo que tentam empurrar combos de internet e telefone para aposentados. Sua atividade requer treinar – e manter – operadores de telemarketing muito habilidosos. "Você pode acabar conversando com o chefe de finanças de uma das maiores empresas britânicas sobre seus planos para o ano seguinte e, portanto, precisa ser capaz de transmitir confiança e saber vender", diz Lorraine, um desempenho que exige "muito treinamento logo de início para que a equipe fique afinada".

Também exige funcionários que entendam os aspectos econômicos do ramo melhor do que o operador de telemarketing médio. Os funcionários de uma empresa comum acham que "se você trabalha muitas horas, fez um bom trabalho", explica Lorraine, "mas, na verdade, se você passar doze horas por dia conversando com secretárias eletrônicas, isso não serve de nada. Para nós, o sucesso envolve um engajamento significativo e resultados positivos. Se uma pessoa precisa de trinta ligações para obter cinco resultados positivos, ou 150 para obter dois, preferimos o menor volume de chamadas e com mais resultados positivos. A qualidade do trabalho importa mais que o tempo. Esse é o aspecto central de nosso treinamento. Para nós, o crucial é conhecer o produto, conhecer a marca, conhecer a área de atuação e se preparar para desempenhá-la de forma correta, de modo a conseguir mais engajamento significativo. Essa é a chave".

Glasgow é a capital europeia dos *call centers* e abriga uma "cultura em que profissionais pipocam de um trabalho ao outro". As pessoas estão sempre mudando de empresa em busca de salários e bônus mais altos. Lorraine percebeu que "se queremos investir em treinamento, não podemos perder o funcionário seis meses depois". No início de 2016, eles contavam com uma equipe de cinquenta pessoas e ofereciam a ela diversas vantagens: aulas de ginástica, café da manhã de graça, um *coach* de bem-estar e um *personal trainer*, além de férias coletivas em Tenerife durante o ápice do inverno escocês. Mas a lenta recuperação econômica no Reino Unido e as incertezas geradas pelo Brexit e o referendo escocês começaram a debilitar a empresa.

Se reagisse a isso com cortes de gastos, a Pursuit correria o risco de virar mais um *call center* qualquer: seu desempenho entraria em queda livre, os funcionários se tornariam menos leais e surgiria uma brecha para que a concorrência passasse a "roubar" os funcionários de melhor performance. Isso estava se tornando uma grande preocupação. "Algumas vendedoras de TI de maior porte haviam se mudado para Glasgow e, como a cidade era novidade para eles, ofereciam salários altos para atrair talentos", diz Lorraine. "Nós sabíamos muito bem que a nossa equipe estaria no topo da lista, porque nossos funcionários são treinados para produtos não apenas da Microsoft, mas também da Oracle, Sage e todas as outras marcas. Em termos de cenário competitivo, eles são os profissionais mais bem treinados para o funcionamento do mercado, e sabíamos que a demanda seria alta. Por isso, tivemos que fazer algumas mudanças radicais. Precisávamos proteger nossas vendas, crescer e conquistar o que queríamos. Tivemos que garantir a felicidade de nossa equipe, para que ninguém se sentisse tentado a mudar para a concorrência."

Em vez de reagir às pressões com corte de gastos ou arrocho salarial, eles seguiram na direção inversa. Em setembro de 2016, a firma anunciou que adotaria a semana de quatro dias e manteria todos os salários no mesmo patamar. Os cabeças da empresa calcularam que uma semana mais curta iria "mudar de fato o nosso negócio e transformá-lo", em vez de servir apenas como "gesto simbólico", afirma Patrick Byrne. Ele também queria tomar uma medida que demonstrasse coragem e confiança para o mundo. Para ele, medidas de austeridade – como aquelas que o governo do Reino Unido havia implementado no cenário de recessão – parecem sensatas em curto prazo, mas são uma loucura a longo prazo. "Quanto mais você investe", ele me diz, "seja em seu negócio, seja em sua economia ou seu país, mais valor há; quanto mais você valoriza as pessoas, mais produtivas elas se tornam; quanto mais produtivo você for, mais retorno gerará na forma de impostos. Em uma escala muito pequena, foi o que pensamos ao dizermos: 'precisamos fazer algo para que nosso negócio decole. Cortes irão sufocá-lo, investimentos irão estruturá-lo'. Então, foi o que fizemos."

Dois fatores específicos convenceram eles de que essa transição poderia ser exitosa. A primeira foi um estudo que revelou que 90% dos funcionários atingiam suas metas de vendas semanais até o fim da tarde de quinta-feira; aqueles que não o faziam até ali tinham pouca probabilidade de conseguir fazer isso na sexta-feira. A segunda foi analisar as receitas geradas pelas mães da equipe, que já atuavam em semanas de três ou quatro dias, e constatar que "na verdade, elas produziam o mesmo, ou até mais, que as pessoas que cumpriam a semana convencional de 38 horas", diz Lorraine.

Como seus salários são mais altos que a média do setor, a Pursuit já era "um alvo" e "a marca favorita dos profissionais", afirma Lorraine, mas, mesmo assim, eles observaram um salto imediato no interesse por suas vagas de trabalho depois do anúncio da semana de quatro dias. "O envio espontâneo de currículos subiu 500% após o início do projeto, e recebíamos todas as semanas uma pilha de currículos através de nosso site." O índice de manutenção anual de funcionários foi para as nuvens, atingindo 98%, reduzindo as turbulências no funcionamento e gerando uma bela economia nas taxas pagas aos *headhunters*. Um sem-número de prêmios do setor (o Scottish Business Awards em 2016, o Family Friendly Working Scotland em 2017, o Working Families em 2018 e diversos outros) também vieram como resultado.

Apesar de pagar salários mais altos por apenas quatro dias semanais, a empresa continuou lucrativa. "Somos mais eficientes, damos mais retorno aos nossos clientes e estamos ganhando mais dinheiro", diz Lorraine. As pessoas têm mais tempo para ir ao médico, fazer exercício ou simplesmente se recuperar do cansaço da semana. As licenças médicas caíram para "praticamente zero, algo inédito no mundo dos *call centers*."

Os clientes não ofereceram nenhuma objeção. Muitos deles também têm seus próprios sistemas de trabalho remoto ou flexível e entenderam a necessidade de experimentar cargas horárias alternativas para maximizar a produtividade e conciliar o trabalho e a vida pessoal dos funcionários. Eles tampouco teriam motivos para reclamar: Patrick estima que os esforços da Pursuit geraram 2,1 bilhões de dólares em vendas para seus clientes em 2018, com vendas consolidadas em 34 países.

A semana de quatro dias não reduziu o ritmo de crescimento da Pursuit. No final de 2019, a empresa havia expandido suas operações na Europa e aberto um escritório com cinquenta pessoas em Málaga, na Espanha, e estudava a criação de um escritório na América do Norte. Eles se juntaram à Fierce Digital, de Glasgow, e à consultoria londrina Software Advisory Service para formar um novo empreendimento de marketing e vendas atreladas a bancos de dados, o 4icg Group. Essas empresas também adotaram a semana de quatro horas e constataram melhorias semelhantes: a produtividade da Software Advisory Service deu um salto de 30%, enquanto o número de horas trabalhadas caiu 22%.

Perguntei a Lorraine que conselho ela daria às empresas interessadas em testar a semana de quatro dias. "É importante ter dados próprios", ela diz. "Nosso lema é: 'Se não há como medir, não há como melhorar'. Portanto, uma vez que você já mede sua performance atualmente, já sabe o que dá certo trabalhando cinco dias e quais seriam suas expectativas para quatro dias, o que faria para alcançar isso? Esse deve ser o ponto de partida."

Talvez ninguém imaginasse que uma empresa movida a números e voltada para as vendas fosse capaz de integrar a semana de quatro dias ao seu DNA, mas o mero fato de que a Pursuit Marketing combina métricas cristalinas, foco no engajamento significativo em detrimento do volume bruto e uma cultura de constante aprimoramento fez com que "todos se concentrassem no foco e na performance", diz Lorraine, "pois sabiam que poderiam ir para casa às quintas com a certeza de terem cumprido uma boa semana de trabalho".

***

INEFICIÊNCIA

Diversos fundadores de empresas se mobilizam para atacar a ineficácia do ambiente de trabalho tradicional e se sentem motivados a experimentar semanas mais curtas porque desejam otimizar a sua jornada de trabalho (e a de seus funcionários). "Em todos os escritórios onde trabalhei, havia uma ou duas horas diárias pouco produtivas", observa Annie Tevelin. "A maioria das pessoas conseguiria fazer o que se espera dela, ou até mais, em cinco ou seis horas." Para esses fundadores, o excesso de trabalho não é ruim apenas porque consome a vida das pessoas, mas também porque é desnecessário e pode ser evitado.

Para os desenvolvedores, a face mais visível dessa ineficiência são os obstáculos e as distrações que o trabalho moderno coloca no caminho daqueles que tentam se concentrar. "Perdi a conta de quantos entrevistados já me disseram coisas como 'meu horário mais produtivo é à noite'", conta Natalie Nagele, uma das fundadoras da firma de software Wildbit, da Filadélfia. "As pessoas são mais produtivas à noite porque não encontram espaços adequados para trabalhar bem durante o dia, não é? Para desenvolver softwares, aqueles que querem dar o seu melhor precisam atingir um nível alto de concentração, manter o foco e contar com longos períodos sem interrupções para realizar seu trabalho. Qualquer distração tomará horas de seu dia, e isso é muito frustrante e desmotivador." Para as empresas de software, o interesse na semana de quatro dias provém do fato de que ela estimula as equipes a se concentrar, eliminar distrações e permitir que as pessoas se foquem para alcançar um bom ritmo de trabalho.

Às vezes, experimentos de produtividade pessoal (especialmente populares entre desenvolvedores de software) desencadeiam a faísca necessária para mudanças corporativas. Jan Schulz-Hofen, fundador da empresa berlinense de software Planio, começou "um experimento no início de

2017 para deixar de trabalhar às sextas-feiras, sem olhar para o notebook ou conferir muito meu e-mail", ele conta. A Planio produz softwares em nuvem de colaboração e produtividade, e por isso pensa muito na forma como trabalhamos e em maneiras de aprimorar a rotina. Schulz-Hofen logo percebeu "que isso estava me ajudando bastante a manter o foco e recarregar as baterias, além de me tornar muito mais eficiente no trabalho de segunda a quinta-feira. Por isso, sugeri que toda a empresa ingressasse em um experimento para cortarmos um dia da semana".

EQUILÍBRIO ENTRE VIDA PESSOAL E PROFISSIONAL

Alguns líderes também buscam uma forma de trabalho mais equilibrada, que não explore tanto os funcionários. Para alguns, isso significa ir contra convenções culturais que priorizam o trabalho ao descanso, os negócios ao ócio, e nos incitam a definharmos em prol da produtividade econômica. "Todos dispomos de ferramentas que aumentam a produtividade, mas não as utilizamos para garantir mais tempo livre de que possamos desfrutar", diz Jan Schulz-Hofen. Em vez disso, no mundo laboral de hoje, "preenchemos esse tempo com ainda mais tarefas. Eu queria encontrar outra maneira de fazer as coisas".

Descobrir como utilizar a tecnologia de forma mais inteligente é parte importante dessa busca. Rich Leigh, fundador da Radioactive RP, situada em Gloucester, na Inglaterra, argumenta que "a tecnologia deveria ter melhorado o equilíbrio entre vida pessoal e profissional, mas talvez tenha piorado ainda mais a situação. Quando você percebe, já são onze da noite e você continua respondendo e-mails. Essa é a nossa triste realidade. A semana de quatro dias nos ajudou a catapultar uma mudança". Todos estamos familiarizados com esse paradoxo. Os dispositivos móveis deveriam nos permitir trabalhar de qualquer lugar e aumentar nossa flexibilidade em vez de gerar a expectativa de que trabalhemos em todos os lugares. Em 2017, uma pesquisa da Gallup descobriu que 47% dos profissionais americanos consultavam de vez em quando – ou com frequência – os e-mails de trabalho nas horas de folga. Outra pesquisa descobriu que 46% conferiam seus e-mails antes de sair da cama. Isso contribuiu para um mundo onde, nas palavras de William Becker, professor da Virginia Tech, "'os locais flexíveis de trabalho' acabam se transformando em 'trabalho de todos os locais'". Ao estimular suas empresas a aplicar a tecnologia para aumentar a produtividade e propiciar mais tempo livre, os líderes que migram para a semana de quatro dias tentam romper com esse padrão e extirpar os hábitos inconscientes que se escondem por trás dele.

Você viu que uma ampla gama de empresas foi bem sucedida adotando semanas de trabalho mais curtas. Nos próximos capítulos, exploraremos em detalhes como elas fizeram isso e os custos e benefícios relatados. Nesta etapa, espero que você veja como vale a pena explorar uma semana de quatro dias se você enfrenta uma ou mais das seguintes questões:

- **Burnout.** Para líderes e fundadores, a semana de quatro dias propicia tempo para descansar e recarregar as energias, além de estimular a disciplina institucional e dar a todos um motivo para que desenvolvam práticas que possam reduzir o estresse que leva ao burnout.
- **Recrutamento e retenção.** Há empresas que adotaram jornadas menores em resposta a problemas (que acometem toda a indústria), como retenção de funcionários, concorrência com os maiores rivais por profissionais talentosos e atração de profissionais mais experientes.
- **Equilíbrio entre vida profissional e pessoal.** Depois de décadas de experimentos, ficou claro que existem limites bem definidos para aquilo que mesmo os programas corporativos mais bem intencionados podem fazer para melhorar o equilíbrio entre a vida pessoal e privada. A maioria das empresas espera que as pessoas, sobretudo as mulheres, trabalhem como se não tivessem família e cuidem de sua família como se não tivessem trabalho, culpando-as quando não conseguem fazer as duas coisas à perfeição e punindo-as quando utilizam recursos que deveriam lhes proporcionar mais tempo com os filhos. A semana de trabalho mais curta é um jeito mais simples e radical de melhorar esse equilíbrio.
- **Sustentabilidade corporativa.** Muitos líderes começam a cogitar a redução da carga horária porque eles mesmos precisam evitar o burnout. Outros querem construir empresas em que funcionários de alto desempenho tenham menor probabilidade de sofrer com o problema e deixar seus postos; a sustentabilidade lhes permite acumular um grande estoque de sabedoria coletiva e paciência para trabalhar com produtos que exigem muitos anos para a maturação.
- **Criatividade.** Ter tempo livre longe do escritório, expor-se a novas ideias ou experiências ou simplesmente deixar que o subconsciente incube ideias pode ser importante para estimular e manter a criatividade. As empresas podem tratar a criatividade como um produto

bruto, extraindo-a de seus funcionários e colocando-os de lado quando chegam à exaustão, ou tratá-la como um recurso sustentável, desenvolvendo estratégias que permitam às pessoas criativas tomar um pouco de ar fresco e desenvolver novas ideias.

Se você, sua empresa ou seus funcionários e colegas enfrentam esses problemas, a semana de trabalho mais curta pode ser uma boa ideia.

Embora a maioria das empresas que já migraram para a semana de quatro dias ou jornadas laborais mais curtas esteja concentrada em alguns poucos setores de atuação, não pense "isso não serve para o meu negócio". Alguns anos atrás, nenhum restaurante no mundo abria só quatro dias por semana, nenhuma produtora de cosméticos, nenhuma firma de serviços financeiros e nenhum *call center* fazia isso. Alguém precisou ser o primeiro. Muitas das empresas que já fizeram essa transição não tinham modelos nos quais se inspirar: elas foram as pioneiras em seus ramos, ou em seus países, ou para uma firma de seu porte. E, como veremos, o *design thinking* pode ajudá-lo a criar um modelo de menor carga horária reduzindo os riscos iniciais, a aprender depressa com erros e acertos e a replicar o que dá certo, se adaptando a diferentes situações.

Pronto para dar esse salto? É hora de traçar um plano e aparecer na manchete dos jornais.

3
IDEAÇÃO

Na fase de ideação do processo de *design thinking*, os designers começam a explorar o modo como um produto ou uma organização pode ser redesenhado. Eles já fizeram uma imersão no problema, pesquisaram o suficiente para ter uma ideia de como proceder e formaram uma noção geral das características do novo produto, de quais serão seus traços principais e das emoções que ele deverá suscitar. Agora, é hora de começar a esboçar alguns conceitos.

No caso das empresas que desejam adotar cargas horárias menores, esta é a fase de começar a pensar seriamente nos primeiros passos que seriam necessários a fim de migrar para a semana de quatro dias. É aqui que todos começam a buscar ineficiências no modo como a empresa funciona, pensar a forma como emprega o tempo de seus funcionários, identificar tarefas que possam ser automatizadas e outras que possam ser eliminadas. É aqui que todos se reúnem para refletir sobre os problemas com que a empresa poderá se deparar. É aqui que se começa a pensar nos traços culturais e nas mudanças comportamentais que devem ser cultivados para que a menor carga horária floresça.

Talvez o mais importante de tudo seja que, nesta fase, as reflexões sobre todos os aspectos citados devem ser disseminadas a partir do pequeno círculo de tomadores de decisões para toda a corporação. Promover sessões de debate e deliberação é essencial neste ponto do processo. A empresa precisa pensar em questões muito práticas e mundanas, como formas de manejar as chamadas telefônicas e cumprir prazos, mas também em coisas muito profundas, como o compartilhamento dos benefícios de um aumento de produtividade, e é preciso que líderes e funcionários pensem nessas questões juntos.

Os líderes tomam a decisão de experimentar a semana de quatro dias, mas todos precisam desempenhar seu papel na hora de pensar em colocar isso em prática. Para tanto, é fundamental que todos se reúnam e estudem formas de começar.

RUA TANNER, LONDRES, INGLATERRA

"Abri a The Mix em 2012 para entender o comportamento humano, e desde o início sabíamos que queríamos tocar nosso negócio de tal modo que fosse possível fazer muitos experimentos, testar coisas novas, fazer as coisas diferente", diz Tash Walker. Estamos sentados na sala de reuniões do escritório da The Mix em Bermondsey, bairro no sudeste de Londres, cujos depósitos e armazéns da era vitoriana abrigam hoje profissionais do ramo criativo. "O ponto de partida para o nosso negócio é 'como entender melhor as pessoas?'. Se você se interessa por economia comportamental, como é o nosso caso" – eu olho para a parede e vejo uma foto do economista Daniel Kahneman, de Princeton, alterado no Photoshop para simular um ícone religioso –, "você acaba fascinado por perguntas como 'Por que as pessoas fazem determinadas coisas? O que elas fazem ao entrar em um estabelecimento comercial?' A alma do nosso negócio é entender as pessoas, mas também encontrar novas formas de fazer isso, para que possamos explorar os limites do que significa ser uma pessoa no mundo de hoje", ela prossegue. "E por isso, enquanto empresa, nós sempre tivemos as pessoas como foco principal, porque no mundo dos negócios às vezes essa perspectiva acaba se perdendo. E isso nos leva a pensar o que nós fazemos na The Mix, como nós, internamente, somos enquanto pessoas. Então, acho que sempre tivemos esse viés de encorajar as pessoas aqui a experimentar e encontrar formas de trabalhar que expressem sua humanidade."

Tash passou quase 7 anos no ramo da publicidade antes de fundar a The Mix em 2012. A empresa constituiu uma carteira de clientes impressionante, que inclui marcas como Purina, Nescafé, Smirnoff e Polo. Mas "tocar um negócio é um trabalho duro", ela diz. "É estressante. Li uma vez que a probabilidade de empreendedores sofrerem com surtos mentais é excessivamente alta. E senti isso na pele 1 ano e meio atrás, na época em que havia passado quase quatro ou cinco anos montando um negócio, cansada. E quanto mais você fala sobre isso com outras pessoas, mais percebe como conciliar todos os aspectos de nossa vida nos dias de hoje requer um malabarismo árduo. Eu acho difícil, eu vejo isso no escritório, vejo isso em nossos clientes e em nossos consumidores."

"Mas eu sou proprietária da empresa, nós podemos testar coisas novas, e não há por que seguir tateando no escuro e trabalhando cada vez mais, se isso não traz nenhum retorno pessoal." Tash, sua colega fundadora Austin Ellwood e a diretora administrativa Gemma Mitchell começaram a perguntar sobre sua própria empresa as mesmas coisas que costumavam perguntar em suas pesquisas. "E assim acabamos tendo uma conversa do tipo 'espera um pouquinho, como queremos que as coisas funcionem por aqui? Talvez exista outra maneira, talvez possamos encontrar outra forma de trabalhar'. Afinal, se um de nossos valores é sermos humanos, conservar nossa própria humanidade, então não podemos trabalhar cinquenta ou sessenta horas por semana e, ao mesmo tempo, dizer que somos muito boas no que fazemos." Elas passaram diversos meses analisando outros modelos possíveis: tirar meio período de folga de vez em quando, trabalhar de casa, adotar horários de trabalho flexíveis.

Ao final do processo, "acabamos com três opções", ela me conta. "Uma delas era simplesmente dar mais flexibilidade para as pessoas; outra era cortar um período nas sextas-feiras; e a terceira era a semana de quatro dias. E eu fiquei nervosa, fiquei muito nervosa, porque pensei 'bom, uma semana de quatro dias é radical demais para os negócios'. Sabe, tenho uma empresa e quero que ela tenha sucesso comercial. E esse era um risco, esse era um grande risco. Mas, à exceção da semana de quatro dias, todas as possibilidades que contemplamos pareciam insuficientes, como fazer algo pela metade. Embora fosse arriscado, decidimos que a semana de quatro dias era o caminho a trilhar, que o risco valia a pena, porque a medida era radical o bastante. E isso foi importante para mim: tinha que ser algo inovador o suficiente para que não seguíssemos a mesma rotina em menos tempo. Foi então que decidimos pensar novas formas de fazer as coisas e embarcar no processo de dizer 'Tá, vamos levar isso a sério, vamos fazer as coisas direito, nada de mudanças pela metade'."

Elas apresentaram a ideia na mesa diretora, e o teste da semana de quatro dias foi aprovado. Então Tash convocou a empresa inteira para uma reunião.

"A semana de quatro dias foi anunciada durante uma conversa em que falamos sobre nossas diferentes ideias de projeto e sobre o que funcionava e o que não funcionava", relembra o designer David Scott.

"Nós não sabíamos como seria a recepção dos funcionários", conta Gemma Mitchell, "e por isso fizemos o anúncio à equipe um mês antes de colocarmos as mudanças em prática".

"Para ser bem honesta, eu esperava gritinhos de entusiasmo" em reação à notícia, "ou gente comemorando e, sabe, certa empolgação genuína", confessa Tash. "Não foi o que aconteceu."

"Havia muito ceticismo", diz David.

"Eu acho", conta Tash, "que as pessoas ficaram meio 'espera um pouquinho, preciso de um tempo para digerir se isso é sério mesmo, e o que significa na prática'".

PRIMEIRAS IMPRESSÕES

Na verdade, a descrença e o ceticismo são reações bem comuns quando os funcionários ouvem pela primeira vez a notícia de que suas empresas testarão a semana de quatro dias. Algumas reportagens relatam o entusiasmo eufórico quando as empresas anunciam a redução da jornada, mas na maioria dos lugares as primeiras reações são mais discretas ou desconfiadas.

Duas semanas depois de assumir a diretoria da firma de estratégia digital Rheingans Digital Enabler, localizada na cidade alemã de Bielefeld, Lasse Rheingans anunciou em uma reunião com todos os funcionários que a empresa testaria jornadas diárias de cinco horas. "Eles acharam que talvez eu estivesse tirando sarro", ele relembra. "Houve um momento de silêncio constrangedor, em que eles não sabiam se riam, choravam ou ficavam felizes. Mas eu estava falando bem sério, e disse a eles 'não, é sério, estou disposto a fazer um experimento: todos trabalharemos cinco horas por dia sem que nada mude. Vocês receberão o mesmo salário, os dias de folga continuarão os mesmos. Vamos só fazer um teste durante alguns meses, como um experimento'". Isso quebrou o gelo. "Acho que todo mundo lê a respeito de ideias malucas para transformar o ambiente de trabalho etc., e eles ficaram felizes de ter um novo chefe doido o suficiente para tentar esse tipo de coisa."

Na Radioactive PR, Rich Leigh anunciou o teste de quatro dias através de um memorando entregue à equipe. "Sempre acho que é melhor escrever as coisas", ele diz, e isso deu a ele a chance de explicar suas ideias e responder a algumas dúvidas básicas. Depois de finalizar o documento, ele mandou um e-mail para a equipe:

De: Rich Leigh
Enviado: 14 de junho 2018 15:22
Para: Equipe
Assunto: Algo um pouco diferente

Blzz, leiam o anexo quando tiverem um segundinho e depois pfvr me encontrem na sala de reunião do térreo quando puderem, para discutirmos a questão. Tenho a sensação de que vcs vão querer...

Rich desceu para o térreo e, alguns minutos mais tarde, todos já estavam reunidos ali. Ele conta que "a primeira pergunta foi 'tá de sacanagem?'. E eu disse 'não. Mais alguma coisa?'".

Na flocc, agência de marketing e design de Norwich, na Inglaterra, o diretor Mark Merrywest anunciou durante um retiro para a equipe inteira que a empresa experimentaria a jornada de seis horas. (A empresa foi fundada como Made e mudou de nome em 2019.) Durante um exercício em que as pessoas sugeriram mudanças no funcionamento da empresa, conforme relembra, ele escreveu na lousa: *Vamos trabalhar seis horas, aqui estão os horários.*

"Houve uma certa descrença na sala. Todos ficaram em silêncio, tudo ficou calmo, e eles ficaram encarando a lousa, o olhar fixo", ele conta.

"Qual é o problema?", Mark perguntou às pessoas na sala. "O que vocês acham?"

Alguém levantou a mão. "É brincadeira, né?"

Mark respondeu: "Não. Por quê? Qual é o problema? Alguém não gostaria de fazer isso?"

Em outras empresas, as pessoas perguntam se os salários serão reduzidos na mesma proporção que o número de horas, ou se a redução é um indício de que a empresa está em apuros. Como os funcionários partem direto para essas questões, "é muito importante ser transparente quanto à semana de quatro dias, porque ela gera suas próprias pressões e expectativas", aconselha Tash Walker. "Por isso, tivemos que ser muito sinceros já de cara. Explicamos a todos que não se tratava de, por exemplo, uma redução salarial. Não era uma medida de corte de gastos. As pessoas continuarão recebendo o mesmo, isso é muito importante."

Emily West, diretora de desenvolvimento de negócios da flocc, explica que "havia certo receio de que não conseguíssemos produzir o suficiente, de que os clientes ficassem irritados, de que a equipe se estressasse por não ter tempo suficiente, mas nada disso aconteceu". Por outro lado, as pessoas também estavam curiosas, diz Mark, e queriam saber "como podemos fazer isso? Como devemos proceder? O que precisamos fazer juntos para conseguirmos conquistar isso?".

O pé atrás dos funcionários levou a outra questão: muitos deles extraem sentido de seu trabalho ou têm amigos no trabalho, enquanto desempregados e aposentados têm maior propensão à depressão. Assim, ao cortar a semana de trabalho em 20% ou 25%, não se corre o risco de reduzir a felicidade em 20% ou 25%? Não há dúvidas de que o desemprego é ruim para a saúde e o bolso das pessoas, e indivíduos com empregos de meio período ou sem contrato mínimo de horas tendem a ser mais estressados que os trabalhadores de tempo integral. As pessoas sem trabalho não passam os dias despreocupadas, dedicando-se ao lazer: elas tendem a dormir mais e assistir muita TV, além de ficarem mais suscetíveis aos sintomas da depressão. Até alguns aposentados acham que deixar de trabalhar tem aspectos negativos: eles sentem falta de uma vida sem rotina, do contato frequente com outras pessoas e da sensação de propósito que o trabalho pode gerar.

Mas existe uma relação direta entre o bem-estar, a sensação de ser importante e o número de horas trabalhadas? Felizmente, um grupo da Universidade de Cambridge andou estudando exatamente essa questão. Trabalhando com dados da UK Household Longitudinal Study, eles averiguaram a relação entre horas trabalhadas e o nível de felicidade e bem-estar. Como o estudo abarcou mais de 70 mil pessoas durante 10 anos, ele incluiu pessoas trabalhando em tempo integral ou em meio período, indivíduos que seguiram no mesmo emprego durante todo o intervalo e outros que arranjaram ou perderam o cargo ao longo do estudo.

Os pesquisadores descobriram que a felicidade e o bem-estar atingem seu ápice em torno das oito horas de emprego por semana, e a partir daí não respondem mais a aumentos da carga horária. Ter um trabalho reduz o risco de enfermidades mentais, mas quem trabalha quarenta horas não tem o dobro de felicidade daqueles que trabalham vinte (os dados contam com uma análise de controle que leva em consideração o bem-estar decorrente do nível de renda). Por isso, reduzir a semana para 30 ou 32 horas não oferece risco considerável de queda da felicidade.

Depois da reunião inicial com o anúncio da semana de quatro dias, os líderes da The Mix estipularam o prazo de um mês para definir os detalhes do processo. Gemma Mitchell presidiu uma série de reuniões para pensar em formas de colocar o projeto em prática, o que também deu às pessoas uma chance de expor suas preocupações relativas à transição. "As pessoas presumem que a carga de trabalho de cinco dias terá que ser resolvida de algum modo em quatro", explica David Scott, "e acho que isso desanima muita gente".

O processo de debater as questões e apontar e destrinchar os problemas também ajuda a tranquilizar todos, garantindo que seus piores medos não se concretizarão. Tash Walker lembra que, no início, "as pessoas estavam preocupadas se dariam conta de tudo". Ela recebeu muitas perguntas. "Vai ser mais estressante, menos estressante? Sei fazer o que fazemos em cinco dias, mas como fazer em quatro? O que vocês ganharão com isso? Vocês estão falando a verdade sobre os salários? Tem mais alguma coisa de que não sabemos?". Pensar na estrutura atual da jornada de trabalho, identificar fontes de atrito ou ineficiência e bolar procedimentos para eliminar essas ineficiências ajudou a transformar a semana de quatro dias, que no início deixava as pessoas preocupadas, em algo esperado por todos. "Esperamos algumas semanas de discussão antes de começarmos o processo, para garantir que todos se sentissem confortáveis", diz Tash.

Gemma Mitchell relembra que "nós nos reunimos em equipe e conseguimos fazer praticamente uma análise SWOT, uma técnica usada em empresas para identificar os pontos fracos e fortes de determinado projeto. Nós perguntamos 'o que isso implicará para nós enquanto empresa?', além de 'o que isso significa para nós enquanto indivíduos?'. Realizamos quatro sessões nas quatro semanas de preparação, estudando os riscos, investigando como poderíamos trabalhar melhor como equipe para administrar esses riscos, o que era motivo de empolgação e quais eram os desafios, para o caso de surgirem outros elementos que precisássemos levar em conta".

Uma questão que surge com frequência é "o que fazer com pessoas que querem trabalhar em escalas normais?" Algumas empresas permitem que as pessoas que preferem trabalhar cinco dias o façam. Na Pursuit Marketing, quem quiser ultrapassar suas metas para aumentar o bônus de remuneração pode trabalhar em algumas sextas-feiras, ninguém as impede de fazer isso. Mas em outros locais, principalmente em empresas maiores, todos migram para a nova escala. Os benefícios corporativos da semana de quatro dias só são percebidos quando as pessoas de fato trabalham quatro dias por semana.

E, para sermos honestos, a mudança pode exigir certa capacidade de adaptação. Quando o restaurante australiano Attica migrou para a semana de quatro dias, "nós literalmente tivemos que policiar os funcionários", disse o chefe Ben Shewry no 2018 MAD Symposium, uma conferência anual de chefs e restaurantes realizada em Copenhague, na Dinamarca. No início, a equipe aparecia duas horas mais cedo e Shewry tinha que mandá-los embora. "Saiam, tomem um café, tanto faz", ele dizia. No entanto, tendo cumprido setenta horas semanais desde os 14 anos de idade, ele entendia a hesitação: "Era uma mudança cultural muito grande para eles, pois ninguém jamais havia trabalhado desse modo". De forma semelhante, Bong-Jin Kim precisou mandar as pessoas embora da Woowa Brothers nas primeiras manhãs de segunda-feira após a mudança para a semana de quatro dias e meio.

Os funcionários, especialmente os mais jovens, podem ir atrás daquela vaga de trabalho esperando por longas jornadas. Alguns têm amigos que fazem muitas horas extras, e todos veem isso como um caminho – o caminho – para adquirir experiência depressa, ser reconhecido pelos chefes e progredir. E, como observou Natasha Gillezeau no *Autralian Financial Review*, "ao contrário das gerações anteriores, a maioria dos Millennials jamais conheceu uma divisão clara entre trabalho e o restante de suas vidas, devido à onipresença dos smartphones". O desafio é ajudá-los a aprender a se desconectar e pensar em uma nova forma de lidar com a paixão pelo trabalho sem se afastar dele. Todos começamos esses experimentos com a crença, inculcada em nossas mentes durante anos ou décadas, de que trabalhar muitas horas é um rito de passagem ou um estilo de vida.

Isso pode ser um grande desafio. Na verdade, uma empresa que visitei – a Tourism Marketing Agency de Glasgow, na Escócia – encerrou a jornada de seis horas em grande parte devido aos pedidos dos funcionários mais novos. Quando foi fundada por Chris Torres (sob o nome Senshi Digital), a empresa combinava serviços de marketing on-line para empresas de viagem e desenvolvimento de *websites*. Quando migrou para a jornada de seis horas, ela adaptou técnicas da indústria de software, como a Pomodoro. Em 2018, o setor da empresa especializado em desenvolvimento *web* foi desmembrado e a empresa foi rebatizada como Tourism Marketing Agency. Os funcionários remanescentes, em sua maioria jovens novatos no ramo do marketing, pediram a retomada das oito horas diárias para que pudessem trabalhar de forma mais tranquila durante o dia.

COMO ESCOLHER QUAL DIA DA SEMANA CORTAR

A primeira grande questão prática que as empresas precisam responder é: "Que dia nós devemos cortar?". As empresas seguem diversas lógicas na hora de tomar essa decisão, mas todas fazem sua escolha a partir de dois fatores:

1 Qual é o dia mais lento e menos produtivo para a empresa?
2 Qual dia de folga traria mais benefícios?

Se você tem um dia mais lento (que gera menos lucro, é menos produtivo ou causaria menos transtornos para os clientes), a escolha é fácil. A maioria das empresas que reduzem a carga horária opta pela semana de quatro dias, e quase sempre é mais fácil eliminar as sextas-feiras. Para elas, sexta é o dia mais parado da semana, e também quando é menos provável que os clientes liguem com problemas para resolver. Um veterano das agências de Londres me contou que, no ramo das relações públicas, as pessoas saem do trabalho na quinta-feira à noite, aparecem de ressaca na sexta pela manhã e ficam revirando alguns papéis até a hora do almoço, quando vão para o *pub*. Então, trabalham mais um pouquinho até o final da tarde, quando entra em cena o carrinho de bebidas. Isso é um reflexo do ritmo seguido pelos ciclos de notícias. É menos provável que clientes telefonem e "os jornalistas têm pouco tempo nas sextas, e é difícil falar com eles", explica o veterano de RP Rich Leigh. Por isso, "nada de muito proativo rola na sexta-feira".

***

Sobre a escolha do dia de folga
Tash Walker, da The Mix:
Para a maioria de nossos clientes, as sextas-feiras são um dia de baixa, sem reuniões ou em que trabalham de casa. É o dia da semana em que há menor probabilidade de alguém telefonar com uma situação muito urgente. Por isso, é o dia em que é mais viável não ficar disponível.

Spencer Kimball, da Cockroach Labs:
Na Google, em Mountain View, eles tinham um evento "Graças a Deus, é sexta" em que anunciavam dados fresquinhos da empresa enquanto as pessoas bebiam e conversavam. Era comum que, na sequência, as pessoas saíssem com os colegas. Mas, em Nova York, a Google logo descobriu que ninguém ficava até tarde nas sextas. No verão, as pessoas diziam "vamos dar uma chegada em Hamptons" ou "por que eu ficaria no trabalho depois do expediente de sexta tomando cerveja? Tenho coisas bem mais importantes pra fazer". Em Nova York, as coisas simplesmente são assim. Então fazia sentido pensar, beleza, o que se faz de fato nas sextas-feiras?

Eu diria que, no verão, muito pouco, e, mesmo quando não é verão, as sextas são os dias de menor produtividade. Por isso, se você está pensando em dar às pessoas 20% do tempo delas, é uma boa ideia fazer isso no dia em que naturalmente elas já fazem menos, ou mesmo emendam para um fim de semana de três dias. Também queríamos evitar o problema de 120% do tempo, e isso era fácil se disséssemos que haveria um único dia, um dia bem definido. Assim, as pessoas aceitariam, e as pessoas de fato aceitaram.

Mark Merrywest, da flocc:
Analisamos a semana de quatro dias e havia dois motivos para não a adotar. O primeiro era a cobertura. Acho que a atenção ao cliente, com o tempo, quando mais pessoas trabalharem com isso, acho que a situação melhorará. Mas, por ora, podemos garantir que, se ligarem para nós entre as nove e o meio-dia e entre a uma e as quatro da tarde, nenhum cliente terá problemas em falar conosco. Em alguns casos pode ser que eles precisem ligar de novo, ou que estejamos fazendo outra coisa, mas existem as mensagens de voz, existem os e-mails, e, na maior parte da semana, nós cobrimos tudo.

Em segundo lugar, quero que a minha equipe trabalhe o mais duro que puder, durante seis horas, e quando cumprir o horário quero que vá para casa. E se você olha para eles, depois de trabalharem seis horas, é possível ver em seus olhos e em sua postura que eles deram duro, que sua capacidade de concentração acabou, e que não haveria como prosseguir. Assim, se trabalhássemos quatro dias de oito horas, não atingiríamos o mesmo nível de concentração que alcançamos em seis. Não consigo imaginar como quatro blocos de oito horas seriam tão produtivos quanto cinco blocos de seis horas, porque existe um limite diário para a capacidade de um ser humano se concentrar de forma plena e adequada.

***

Para fabricantes e comerciantes on-line, cortar as sextas-feiras também parece o lógico a se fazer. John Sloyan, diretor administrativo da companhia metalúrgica AE Harris, observou antes de migrar para a semana de quatro dias que não havia muita vantagem em despachar produtos nas sextas-feiras, visto que seus clientes não estariam abertos para receber os pacotes nos fins de semana (ver Perfil da empresa, página 84). Do outro lado do mundo, na Austrália, Anna Ross, fundadora da Kester Black, relata que, com a semana de quatro dias, "todo o nosso processo de embalagem e postagem passou a ser feito às quintas-feiras. Isso significa que nossos produtos estão chegando mais depressa às mãos dos consumidores, em vez de serem coletados às sextas-feiras e passarem o fim de semana em uma central de logística dos correios".

Em outras empresas, a maioria do trabalho é concluída até quinta-feira. Quando a Pursuit Marketing estava pensando em migrar para uma semana de quatro dias, Patrick Byrne conferiu o momento em que seus vendedores atingiam as metas semanais. Os *call centers* têm muitos dados sobre o desempenho de seus funcionários, e ele constatou que "90% das pessoas atingem suas metas nas quintas-feiras, e a maioria dos que não fazem isso acabam não atingindo as cotas na jornada de sexta". Manter o escritório aberto nas sextas-feiras não ajudava a equipe de vendas a melhorar seus números ou contribuir mais com a rentabilidade da empresa.

Quando estavam planejando sua escala para a semana de quatro dias na ELSE, os funcionários logo perceberam que, como trabalhavam em projetos com semanas ou meses de duração, o escritório podia fechar em qualquer dia sem gerar inconveniência para os clientes. Mas eles decidiram que preferiam folgar todos no mesmo dia, para "garantir que a equipe estivesse junta" no resto da semana, explica Warren Hutchinson. Algumas pessoas já passavam boa parte do tempo fora dali com os clientes, e ninguém queria que o escritório se tornasse uma cidade fantasma. Quando todos folgam ao mesmo tempo, "é possível garantir que todas as pessoas estejam juntas" em parte da semana, diz Warren, "e senti que isso era importante". As pessoas também temiam que, ao reduzirem sua jornada diária, fosse menos provável que elas investissem seu tempo em desenvolvimento profissional, e que "trabalhar de casa às sextas-feiras em algo de nossa escolha era a melhor forma de se comprometer com a mudança e garantir que ela desse certo". Sempre se tratou, portanto, de aproveitar melhor as sextas-feiras, historicamente o dia menos produtivo.

Se você não tem um dia mais lento, faça a si mesmo a pergunta: qual dia traria mais benefícios se fosse cortado? Para a maioria das empresas, fechar às sextas-feiras tem o bônus de oferecer aos funcionários mais tempo de descanso e recuperação. Jade Johnston, gerente geral da Aizle, diz: "Quando você não vê a luz do dia a não ser através das janelas de um restaurante, dois dias de descanso não bastam. Nossa equipe não tem tempo fora do trabalho nesses cinco dias: eles vão para casa, dormem e voltam para o trabalho. Por isso, esses três dias são necessários para que de fato vejam sua família e seus amigos."

Algumas empresas optam por fechar no meio da semana a fim de evitar o hiato dos fins de semana de três dias e propiciar às pessoas um descanso no meio da semana, mantendo-as mais próximas dos clientes. A consultoria londrina de mudanças comportamentais Kin&Co começou a folgar nas tardes de quarta no final de 2016. A CEO Rosie Warin argumenta que isso permite aos funcionários recarregar as baterias sem perder o ritmo dos projetos. Desde que implementou a mudança, a firma tem trabalhado com clientes como Danone, O2 e World Wildlife Fund (WWF), além de realizar uma campanha muito popular para a permanência do Reino Unido na União Europeia (We Are Europe), relatando crescimento anual de 50%. Dos trabalhadores da Kin&Co, 74% afirmam que seu dia é muito produtivo nas quintas e sextas-feiras. A gerente de projetos Jhanvi Gudka diz que "isso transformou nossa cultura". Quando a Kin&Co promoveu uma pesquisa junto a quinhentos CEOs sobre a implementação de uma semana mais curta, ela descobriu que, enquanto 52% deles achavam que "uma semana de quatro dias não traria benefícios à empresa", 80% acreditavam ser vantajoso dar folga a seus funcionários nas tardes de quarta-feira, e 70% conseguiam se imaginar testando essa mudança. Pular direto para a semana de quatro dias é "um passo enorme para muitas organizações de grande porte", argumenta Rosie, e, para elas, fechar nas tardes de quarta "pode ser uma meta mais realista".

As coisas são um pouco mais complexas no caso das empresas que precisam operar em uma rotina de cinco dias e, portanto, coordenar a mudança internamente (com seus funcionários) e externamente (com os clientes). Por exemplo, a Synergy Vision tem clientes de longa data que estão acostumados à possibilidade de ajustes rápidos em mudanças editoriais ou de design, e por isso Ffyona Dawber sentiu que a empresa precisava se manter aberta cinco dias por semana, mesmo depois que os funcionários adotaram uma semana de quatro dias. Os funcionários precisam mudar seus dias de folga conforme os prazos, cronogramas de produção e calendários dos colegas. "Se você quiser folgar todas as sextas-feiras, não vai rolar", diz Ffyona, mas as segundas e quartas também se mostraram muito populares. De modo semelhante, na Wildbit, os membros da equipe de apoio folgam nas segundas ou sextas; assim, as linhas de atendimento sempre ficam cobertas durante o horário comercial, mas todos gozam de fins de semana de três dias.

Outro modelo consiste em reduzir a jornada laboral dos funcionários e, ao mesmo tempo, expandir o horário de funcionamento. Quando o Toyota Center Gotemburgo, da Suécia, adotou turnos de seis horas para os seus mecânicos, também passou a abrir mais cedo e fechar mais tarde. Durante os experimentos do 6+6 Plan no final dos anos 1990, as prefeituras finlandesas encurtaram as jornadas individuais de oito para seis horas e ampliaram o horário de atendimento das instituições municipais de oito para doze horas. Isso permite que os trabalhadores gozem de uma semana com menos horas sem gerar inconveniências para os consumidores – algo a que os usuários de serviços básicos são extremamente sensíveis.

Quando implementou a semana de 35 horas na Woowa Brothers, Bong-Jin Kim decidiu abrir mais tarde nas segundas-feiras em vez de fechar cedo nas sextas por um conjunto de razões. Em primeiro lugar, ele queria garantir que seus melhores funcionários tivessem uma pausa. "Funcionários que trabalham bem costumam receber muitas atribuições", ele diz, "e por isso acabam não folgando nas quartas e sextas", os outros dias em que cogitou fechar. É mais difícil pensar em tirar folga antes de concluir a lista de tarefas semanais. Além disso, prossegue Bong-Jin, "na sociedade coreana, as pessoas normalmente não conseguem descansar aos fins de semana porque têm que ir a casamentos, aniversários de 1 ano ou à igreja". Tirar as segundas-feiras de folga dá a todos uma oportunidade de se recuperar das obrigações sociais de um fim de semana atribulado, e um pouco de "tempo para si, para pensar. Como você é escritor", ele me diz, "deve entender como esse tempo sozinho é importante". Concordo. "As manhãs de segunda também são boas para a nossa equipe, porque todos podem usar esse tempo para ler e pensar." Por fim, começar o turno mais tarde elimina a "tristeza das manhãs de segunda".

Há outra razão para escolher um dia de folga em vez de uma jornada menor: é uma medida mais radical. Lembre-se das palavras de Tash Walker: "Todas as possibilidades que contemplamos pareciam insuficientes, como fazer algo pela metade. Parecia que estávamos dizendo 'sabe como é, vamos fazer *um pouquinho*, vamos *meio* que tentar algo diferente, vamos dar tapinhas nas costas das pessoas' em vez de dizer '*vamos fazer algo diferente*'."

Assim, ao escolher um dia para não abrir ou dar folga aos funcionários, as empresas se baseiam no fluxo de tempo de sua atividade, nos cronogramas e necessidades de seus clientes e no ritmo de trabalho. A decisão também é determinada por necessidades internas: se desejam que a nova escala seja radicalmente diferente (como na The Mix) ou não (como na Kin&Co), o valor que líderes e funcionários dão ao fim de semana de três dias, qual momento da semana oferece melhor oportunidade de recuperação (vide o caso das segundas tardias da Woowa Brothers) e que tipo de tempo extra eles desejam propiciar aos seus colaboradores.

***

Perfil da empresa
AE Harris

Fundada em Birmingham, na Inglaterra, em 1880, a metalúrgica AE Harris é administrada desde 1979 por Russell Luckock, neto do fundador, e funciona quatro dias por semana há mais de uma década. A indústria metalúrgica sempre foi um negócio cíclico, e normalmente quando uma empresa do centro da Inglaterra implementava uma semana de quatro dias, isso era sinal de problemas. Era uma forma de cortar a produção e os gastos enquanto esperava por uma reviravolta nos negócios. Não raro, era um prelúdio para férias coletivas ou fechamentos permanentes. A Harris sobreviveu a uma semana compulsória de três dias nos anos 1970 ("foi devastador para o nosso fluxo de caixa", afirmaria Luckock anos depois), mas nos anos 1990 a concorrência crescente da China e a redução de pedidos haviam forçado Luckock a reduzir sua força de trabalho de 175 para 40 funcionários. Em meados dos anos 2000, ele temia que uma nova recessão estivesse despontando no horizonte.

Enquanto isso, o diretor administrativo John Sloyan observava as operações da empresa. Ele percebeu que "muito pouca coisa saía da fábrica, porque, logicamente, nenhum de nossos clientes recebia produtos aos sábados e domingos", ele me disse por e-mail. "Do ponto de vista financeiro, eu me perguntava de que forma a meia jornada nas sextas-feiras poderia ser viável, levando em conta que era um dia em que gastávamos com aquecimento e iluminação da fábrica sem vendermos nem despacharmos nada."

Luckock e Sloyan começaram a debater a ideia da semana de quatro dias, com jornada de nove horas, em 2006. Se trabalhassem o mesmo entre segunda e quinta-feira, eles poderiam manter os salários no mesmo patamar, mas trazer para a companhia uma economia de 20% nos gastos com aquecimento e ainda aumentar a eficiência, reduzindo o impacto causado pelo tempo de ligar as máquinas (as prensas precisam esquentar antes do uso a cada manhã) sobre a duração total de operação. (Harris não foi a única fabricante que viu na semana de quatro dias uma possibilidade de economizar energia. Nos anos 1960 e 1970, diversas fábricas americanas testaram as semanas de quatro dias com o intuito de reduzir as perdas com o tempo de ligar e desligar as máquinas. E os bens duráveis e produtos metalúrgicos não são os únicos que arcam com esses custos: a fábrica de chocolates estoniana AS Kalev opera em semanas de quatro dias, com jornada de dez horas, desde meados dos anos 2000 para economizar energia ao aquecer o chocolate.) Quando a questão foi levada para votação, 90% dos funcionários concordaram com a mudança.

Três meses mais tarde, depois de comunicar seus clientes, a Harris adotou a semana de quatro dias. "Para nossa surpresa", relembra John, "a equipe não encontrou empecilhos durante a transição". O absentismo caiu, pois os funcionários tiravam menos dias de licenças médicas e podiam agendar suas consultas e exames para as sextas-feiras, e os trabalhadores "curtiam muito os fins de semana longos, sobretudo na primavera e no verão", escreveu Luckock. No começo, o atendimento ao cliente ainda funcionava às sextas para receber as visitas presenciais, mas "conforme o tempo passou", conta Luckock, "nossos clientes e fornecedores, tendo percebido que não funcionávamos a pleno vapor nas sextas, simplesmente começaram a telefonar em outros dias". Eles deixaram de atender algumas ligações, mas como, segundo John, "o grosso dos telefonemas era de pessoas que queriam vender, e não comprar produtos", isso tampouco foi um problema.

Reduzir os custos e diminuir a rotatividade também permitiu que eles ingressassem em nichos de mercado onde há pouca concorrência. As metalúrgicas tradicionais almejam grandes pedidos, dado os seus altos custos de implementação. Peças menores e mais complexas, que requerem maior criatividade, são caras demais para serem cogitadas. Com os custos reduzidos e uma gama de funcionários mais qualificada, a AE Harris pode "focar mais em volumes menores e encomendas customizadas sob medida", afirma John, e "ganha dinheiro fazendo o que não vale a pena para os outros".

***

E se você integra um setor em que fechar as portas é inviável? Todos gostam de pensar que são indispensáveis e que seu negócio opera na velocidade da luz, mas algumas organizações de fato precisam funcionar 24 horas por dia, sete dias por semana. Enfermeiros, policiais, controladores de tráfego aéreo e equipes de socorristas devem estar disponíveis o tempo todo, seja porque seus serviços são sempre necessários, seja porque nunca se sabe quando essa necessidade surgirá. Assim, se você reduzir o número de horas e a duração dos turnos em um hospital ou quartel de bombeiros, terá que contratar mais gente para mantê-lo aberto 24 horas. Não há como acomodar oito horas de enfermagem em seis.

Mas a redução da carga horária pode trazer retornos consideráveis até mesmo nesse tipo de organização. A Glebe, uma casa de repouso nos Estados Unidos, paga aos auxiliares de enfermagem que trabalham trinta horas um bônus de dez horas caso eles cheguem sempre no horário, não tirem licença médica e atinjam algumas outras metas. Estima-se que o programa custe 145.023 dólares por ano, mas gere muita economia graças ao menor gasto com contratação, horas extras e trabalhadores temporários; sendo assim, o custo real está próximo dos 23 mil dólares. E isso não leva em conta a redução de custos com medicamentos e cuidados especializados para pacientes que se machucaram porque não havia auxiliares de enfermagem suficientes para evitar um acidente.

De forma semelhante, os turnos mais curtos na polícia têm alguns custos diretos, mas também benefícios indiretos. Sabemos que a fadiga e a privação de sono comprometem nossa capacidade de tomar decisões e nos torna mais irritáveis, menos capazes de lidar com fatores estressantes e até mesmo mais propensos a trapacear. Graças a uma cultura masculina que trata a privação de sono como parte do uniforme, salários baixos que forçam muitos agentes a manter bicos, trabalho noturno e horas extras obrigatórios, a força policial tem "as piores condições de sono e fadiga dentre todas as profissões de nossa sociedade", afirmou em 2000 William Dement, professor de Stanford. Agentes com privação de sono têm piores tempos de reação, capacidade reduzida de tomar decisões e mais chance de se envolver em acidentes graves de trânsito ou sofrer com doenças crônicas ou lesões incapacitantes em longo prazo. Policiais que exibem sinais de *burnout* também são mais propensos à agressividade física ou verbal no trabalho. Se turnos mais curtos custarem centenas de milhares de dólares por ano a uma delegacia, mas evitarem um único processo multimilionário decorrente de uma decisão equivocada ao final de uma dupla jornada, impedirem um policial de pegar no sono ao volante depois de uma noite em vigília ou reduzirem os gastos com seguro de saúde, isso pode acabar se pagando facilmente.

O mesmo vale para jornadas menores e mais previsíveis para médicos e enfermeiros em hospitais. Contratar mais gente custa dinheiro, mas parte desse dinheiro acabaria sendo torrado com agências de recrutamento, novas contratações ou – indiretamente – maior rotatividade.

Por fim, secretarias públicas que adotaram a semana de quatro dias relataram redução de gastos com materiais. Em 2008, Jon Huntsman, na época governador do estado de Utah, nos EUA, estabeleceu a semana de quatro dias (com jornadas diárias de dez horas) em todos os serviços do governo, sistema que perdurou até setembro de 2011, quando um novo governador assumiu. Durante esses 3 anos, o estado economizou mais de 500 mil dólares em material de escritório, os gastos totais do governo com energia elétrica caíram 13% e os 18 mil funcionários públicos do estado economizaram um valor estimado em seis milhões de dólares com combustível a cada ano – o equivalente a um aumento anual de cem dólares para todo o funcionalismo. (O estado também emitiu 12 mil toneladas de dióxido de carbono a menos.)

SEXTAS LIVRES

Algumas empresas também optam por abrir cinco dias por semana, mas reservar um dos dias para o desenvolvimento profissional. A iniciativa ganha nomes diferentes conforme a empresa: a Cockroach Labs a chama de "Sextas Livres"; a thoughtbot, de "tempo de investimento", e a ELSE, de "dias de lazer". Mas a intenção básica é a mesma: dedicar quatro dias por semana aos clientes e ao fluxo regular de trabalho, e reservar o quinto dia para destrinchar e explorar novas ideias, analisando as tendências do setor ou testando novas tecnologias e produtos sem se deixar guiar por um propósito definido.

As Sextas Livres da Cockroach Labs têm origem na experiência do CEO Spencer Kimball com os "20% do tempo" da Google, uma política desenvolvida para proporcionar aos engenheiros tempo livre para que trabalhem em seus próprios projetos. Os 20% do tempo "me levaram a trabalhar com sistemas de processamento distribuído" quando estava na Google, mas na Cockroach Labs (cujo software de base de dados em nuvem SQL evoluiu a partir daquela exploração) ele queria um programa mais bem estruturado, desenvolvido para que as pessoas usem esse tempo organicamente, sem precisarem brigar por ele.

Na thoughtbot, o tempo de investimento é uma forma de estimular o aprimoramento contínuo, explica Chad Pytel. A empresa testou diferentes versões do tempo de investimento (por exemplo, destacar blocos de dias consecutivos a cada mês), mas a escala semanal se mostrou mais compatível com seu espírito de aprimoramento contínuo.

Na ELSE, os funcionários passam uma sexta sim, outra não trabalhando em seus próprios projetos; as sextas-feiras restantes são oficialmente "dias de oba-oba", quando eles têm folga total. "A única coisa que exigimos é algum ciclo mensal: você estipula uma ideia no início de cada mês, deixa ela respirar por um tempo e, mais tarde, no final do mês, decide se vai tocá-la para frente", diz Warren Hutchinson. "Assim, alguém pode elaborar dez projetos individuais de pesquisa que não darão em nada, ou quem sabe encontre uma mina de ouro no terceiro mês e siga trabalhando nela pelo resto do ano."

As Sextas Livres são uma oportunidade para o desenvolvimento profissional. A criação de software é um campo de rápida transformação no qual atuam muitos autodidatas e profissionais que aprenderam seu ofício com a prática; para eles, o aprendizado contínuo e autoguiado é tanto uma necessidade profissional como uma manifestação de sua "curiosidade profunda", como me disse Clive Thompson, jornalista especializado em tecnologia e colaborador do jornal *The New York Times* e da revista *Wired*. "Muitos programadores são fisgados por um primeiro momento de descoberta, quando conseguem fazer uma máquina obedecê-los pela primeira vez. Há algo de encantador nisso – a sensação de criatividade, de controle, de dar vida a uma coisa, isso é muito divertido." A maioria dos trabalhos, contudo, exige que eles se especializem e foquem em problemas pontuais, o que não é tão recompensador. Quando você é "o cara da base de dados, ou a mulher do *front-end*, ou o sujeito da segurança", sua função é garantir estabilidade e evitar surpresas, e esses momentos de descoberta se tornam raros. Assim, quando "oferecem a eles 20% de seu tempo na própria empresa, isso parece a melhor coisa do mundo", diz Thompson. Na verdade, ele prossegue, "é quase impossível achar um programador que não tenha seus próprios projetos de códigos, nos quais trabalham ao chegar em casa ou nos fins de semana". Assim, as Sextas Livres "trazem de volta aquela alegria da página em branco, de ser capaz de fazer algo a partir do zero, e ajudam a recuperar a alegria que eles sentiram na primeira vez em que fizeram um computador responder às suas instruções".

As Sextas Livres estimulam as pessoas a desenvolver a parte de seu instinto que identifica os problemas que valem a pena e a explorar novas áreas que merecem atenção – habilidades que beneficiam tanto elas mesmas como seus empregadores. "Quero que eles desenvolvam sua capacidade de identificar aspectos cruciais, de se debruçar sobre eles, de esmiuçá-los para descobrir se ali há alguma coisa que vale a pena", diz Warren Hutchinson. Muitos produtos, correções e funcionalidades surgem do tempo livre dos programadores: o Google AdWords e o Gmail nasceram como projetos do 20%; a funcionalidade de sincronização do Dropbox surgiu como protótipo durante um *hackathon* de fim de semana; e Spencer Kimball começou a trabalhar na base de dados em nuvem SQL da Cockroach Labs "em minhas folgas e durante os fins de semana".

As Sextas Livres ajudam as empresas a trabalhar de forma mais consciente e sustentável. "Quando abrimos a Cockroach Labs, eu não queria que ela fosse uma dessas start-ups com pebolim no meio do escritório", diz Spencer Kimball, "e definitivamente não queria que fosse uma empresa que forçasse as pessoas a passar o dia inteiro no escritório, em vez de lhes proporcionar um bom equilíbrio entre vida pessoal e profissional". Chad Pytel conta uma história parecida: "É importante que nós enquanto equipe tenhamos tempo para ir para casa, cuidar de nossas famílias e construir uma vida fora do trabalho, para trabalharmos de maneira sustentável". Ao mesmo tempo, ele espera que as pessoas continuem aprendendo e apliquem os novos conhecimentos em sua atividade profissional.

A implementação de programas formais também cria um espaço institucional de pesquisa e investigação que beneficia empresas e indivíduos. Ele reserva parte do calendário da empresa para a produção de engenhocas criativas e faz com que os funcionários esperem ansiosamente por isso todas as semanas, em vez de obrigá-los a dispender seu tempo pessoal com essas atividades. (Imagine como isso pode ser precioso quando você passa uma semana inteira cumprindo tarefas essenciais, mas burocráticas, ou precisa matar uma longa lista de tarefas fundamentais para o negócio, mas muito tediosas.) É um belo exemplo de como todos podem se beneficiar quando as empresas criam normas sociais para o uso criativo do tempo livre e pensam as relações entre tempo e produtividade a partir de um outro viés. As Sextas Livres não apenas dão tempo para que as pessoas criem protótipos: elas são um protótipo, um exemplo do que pode acontecer quando você começa a redesenhar o tempo em sua instituição.

MENOS HORAS × HORÁRIOS FLEXÍVEIS

E quanto à escolha entre menor carga horária e horários mais flexíveis? Essas opções parecem semelhantes, e ambas oferecem aos funcionários mais autonomia e capacidade de gerenciamento do tempo, mas, na prática, elas funcionam de modo bem distinto.

As empresas com programas bem sucedidos de horários flexíveis podem aproveitar sua experiência para facilitar a migração para as semanas de quatro dias. "Sempre tivemos horários flexíveis ou a opção de trabalho remoto na ELSE", conta Warren Hutchinson, de modo que, quando toda a empresa começou o primeiro teste com a semana de quatro dias, "nós já vínhamos experimentando algo parecido e sabíamos que éramos capazes de fazer aquilo. Era só questão de alterar o formato para que todos pudessem participar". Também existem empresas que, por estarem acostumadas a coordenar equipes trabalhando em diferentes cidades e fusos horários, têm um nível de *expertise* com escalas de horário que torna mais fácil a tarefa de redesenhar a jornada. Nos escritórios em Hong Kong da consultoria de desenvolvimento de talentos atrain, por exemplo, "como temos horários flexíveis e trabalho remoto [...], o autogerenciamento [é] meio que a regra em nossa empresa", diz Grace Lau. Como resultado, "para nós, a semana de quatro dias não foi um grande salto".

Mas existem diferenças no modo como o trabalho flexível e as semanas mais curtas funcionam para as pessoas e organizações. Os horários flexíveis colocam o fardo de organizar os horários – e coordená-los com colegas que trabalham em outros horários – apenas nas costas do indivíduo. Políticas flexíveis de trabalho não contribuem muito para o combate ao presenteísmo ou à percepção (da parte de colegas solteiros) de que os pais que saem do escritório exatamente às 17h01 não se dedicam o bastante. Como muitos trabalhadores alegam, horários "flexíveis" acabam transformando as horas remanejáveis em maior carga horária. É mais provável que um trabalhador remoto fique sempre à disposição ou participe de reuniões em horários esquisitos, e é ainda maior a probabilidade de que negligenciem compromissos familiares para manter em dia as tarefas do escritório. Por outro lado, o horário reduzido impõe mudanças normativas que abrangem toda a empresa. Não são só os pais que têm mais tempo para seus filhos: todos ganham mais tempo. Ao estimular a concentração e o trabalho focado, o horário reduzido abranda eventuais conflitos e desafios organizacionais que possam emergir quando uma mesma equipe opera em escalas horárias distintas. E, como seria de se prever, criam o que o CEO da Skift, Rafat Ali, chama de "a flexibilidade de poder ir e vir", muito atrativo para funcionários com interesses ou compromissos externos significativos.

De fato, empresas que não tiveram experiências com horários flexíveis podem optar por semanas mais curtas para dar a todos mais tempo e, ao mesmo tempo, evitar a ruptura causada por múltiplas escalas conflitantes. A agência de marketing digital australiana VERSA experimentou as escalas flexíveis, mas, conforme diz a CEO Kath Blackham, "as pessoas [estavam] tirando folga em dias tão diferentes que ficou impossível [trabalhar de forma eficiente]". Dar a todos folga nas quartas-feiras serviu para colocar a empresa de volta na mesma escala, facilitando o agendamento de reuniões, e tornou a comunicação com os clientes mais segura.

***

Perfil da empresa
Icelab: o trabalho flexível como base para a semana de quatro dias
Michael Honey ajudou a fundar a Icelab em Camberra, na Austrália, no ano de 2006, depois de uma década trabalhando em agências publicitárias convencionais. A empresa, que desenvolve produtos, aplicativos e *websites* interativos, tem escritórios em Camberra e Melbourne, mas boa parte dos catorze funcionários trabalha de casa. "Para mim, uma das principais questões quando abrimos a empresa", ele me conta, "era não estabelecer uma cultura baseada apenas em cumprir prazos. Eu queria um tipo de ambiente de trabalho mais tranquilo e contemplativo". Alguns anos após o lançamento, eles experimentaram a semana de quatro dias. "Meu maior desejo não era reduzir a carga horária", ele alega, "mas ter um dia de folga a mais". Além disso, "a transição dos cinco para os quatro dias representa uma redução de apenas 20% nos dias trabalhados, mas você

ganha 50% de fim de semana a mais, de modo que, matematicamente, é um belo negócio".

No início, eles cumpriam jornadas de dez horas. "Trabalhar dez horas por dia não é impossível, posso fazer isso em qualquer dia. Mas nós temos relacionamentos, e se chegarmos sempre cedo no trabalho e tarde em casa, acabamos abrindo mão de cozinhar o jantar ou coisas do tipo. Trabalhar sempre dessa maneira acaba sendo muito difícil", diz Michael. "E não sentíamos que a nossa produtividade estivesse aumentando muito com essas horas extras diárias. Por isso, depois de dois ou três meses, nós dissemos 'Ah, vamos cumprir jornadas normais e ver o que acontece'".

Michael acha que trabalhar quatro dias por semana causa certo impacto na produtividade geral. "A semana de cinco dias é, talvez, 10% ou 15% mais produtiva que a de quatro dias, mas definitivamente esse número não chega a 20%". Por outro lado, "há algumas vantagens significativas. Você só precisa aquecer e desaquecer quatro dias, isso é, todo o ritual de chegar no escritório, tomar café e mais tarde juntar as coisas para sair. Gosto do fato de que fazemos isso menos vezes por semana".

Há muitos anos, uma porcentagem significativa dos colaboradores da empresa trabalha remotamente, às vezes em locais tão distantes quanto a Europa. "75% da empresa fica do outro lado de Slack ou Basecamp, e não do outro lado da sala", diz Michael. Essa experiência com trabalho remoto facilitou a adaptação à semana de quatro dias: ao cortar um dia, não foi preciso eliminar muitas reuniões nem mudar de forma drástica nenhum processo, pois os funcionários já estavam acostumados a buscar jeitos de usar a tecnologia para se manter conectados e tocar os projetos conforme o planejado. "Se eles precisam mergulhar fundo em alguma tarefa, usam ferramentas como o Pomodoro e trocam mensagens pelo Slack dizendo 'trabalharei a tarde inteira nisso, não me incomodem'. E tentamos respeitar uns aos outros quando isso acontece". Sua experiência mostra que "embora o Slack e o Basecamp sejam ambientes com possíveis distrações, sempre há maneiras de empregar essas ferramentas em trabalhos colaborativos, realizando um pingue-pongue constante de troca de ideias, ou em trabalhos que exigem que o profissional se concentre e trabalhe duro em algo específico".

Michael também ressalta que as empresas que adotam o trabalho remoto têm vantagens estruturais na hora de migrar para a semana de quatro dias. Normalmente elas têm autonomia, e por isso seus investidores não podem obrigá-las a cumprir imensas cargas horárias para garantir um retorno de 1000%. Elas são administradas pelos próprios fundadores, que buscam uma vida equilibrada e contam com uma equipe capaz de trabalhar com independência. Tudo isso muda o perfil de custo da empresa: se você gasta menos com aluguel, não precisa se preocupar tanto com despesas fixas.

***

MÉTRICAS E INDICADORES-CHAVE DE DESEMPENHO (KPIS)

É possível resumir em uma frase a filosofia que a maioria das empresas segue ao acompanhar e mensurar seu experimento com a semana de quatro dias: "Medir o que interessa, com as ferramentas de praxe". Você precisa ter certeza de que os projetos e produtos estão sendo entregues, os consumidores não estão sendo prejudicados e as pessoas têm os meios para concluir suas tarefas em menos dias. Mas muitos fundadores de empresas têm metas maiores a longo prazo (reduzir a rotatividade, tornar a empresa e a carreira mais sustentáveis, fomentar um ambiente mais criativo) que não serão atingidas durante a fase inicial. Por isso, durante o período de testes, os líderes recorrem às suas métricas de praxe para garantir que o negócio e a produtividade não estejam sendo prejudicados, em vez de adotarem novas ferramentas ou indicadores-chave de desempenho, ou KPIs, na sigla em inglês.

Isso não significa dizer que todas as empresas que testam a semana de quatro dias vêm de ramos em que as métricas de desempenho são brandas e subjetivas. No *call center* Pursuit Marketing, de Glasgow, tudo é quantificado: se é importante, é medido. "Em nosso ramo, orienta-se tudo em prol do desempenho. Há dados para auxiliar cada departamento da empresa", conta Lorraine Gray. "Por isso, foi muito fácil, para nós, avaliar o impacto real da semana de quatro dias nos resultados." O gerente de dados Sam Werngren explica como o desempenho é medido ali. "Tudo é registrado automaticamente no sistema", ele diz: o número de ligações diárias, sua duração em minutos, o lucro gerado por elas e assim por diante. As vendas por telefone passam por cinco estágios. As coisas começam a ficar interessantes no estágio três, quando os vendedores estabelecem o que chamam de "conversa relevante" – ou seja, o telefone é passado para alguém com poder de compra. Se o vendedor estabelece "uma conversa relevante e existe uma oportunidade, passamos ao estágio quatro", explica Sam. "Fechar o negócio é o estágio cinco." Sam é capaz de emitir relatórios sobre cada indivíduo ou sobre a empresa como um todo e analisar "a qualidade de nossas dicas de compradores, os resultados reais, quanto dinheiro está sendo gerado, e fornecer um retorno com esses números aos membros da equipe".

Mais tarde, quando Patrick Byrne e Lorraine me mostraram o térreo de seu escritório, eles indicaram diversos grandes monitores nas paredes exibindo tabelas sobre a performance recente da empresa. Quando migrou para a semana de quatro dias, a Pursuit Marketing não criou novas métricas; não houve necessidade. Na verdade, foi sua capacidade prévia de medir todos os aspectos de sua operação que lhes deu a confiança necessária para testar a semana de quatro dias: quando observaram os lucros gerados ao longo de uma semana e constataram que 90% dos funcionários atingiam suas metas de vendas na quinta-feira, eles perceberam que podiam fechar às sextas sem comprometer os resultados.

Um dos experimentos mais longos com a semana de trinta horas foi conduzido em uma empresa com uma métrica transparente de desempenho. A oficina de reparos da Toyota em Gotemburgo, na Suécia, migrou para a jornada de seis horas em 2003. Na época, o estabelecimento tentava solucionar os longos períodos de espera, a insatisfação crescente de seus clientes e a pressão sofrida pela equipe de mecânicos, que precisava trabalhar cada vez mais horas e, por isso, tinha mais chances de cometer erros ou pedir demissão. "Nossa situação era ruim", explicou o CEO Martin Banck em uma palestra na Woohoo's International Conference on Happiness at Work em Copenhague em 2015. Era evidente que algo precisava mudar.

No início, eles cogitaram expandir a oficina, mas isso "significaria interromper os serviços por um período e deixar ainda mais clientes insatisfeitos. Não parecia a solução correta". Então Banck observou o dia de trabalho de seus mecânicos. Ele percebeu que havia "muitas paradas, inícios, paradas, inícios" para intervalos, almoço e buscar e guardar ferramentas. Além disso, os mecânicos "fazem um trabalho pesado e trabalham com máquinas caras", e depois de seis horas se tornavam menos eficientes.

Banck implementou duas grandes mudanças. Primeiro, cortou as horas semanais dos mecânicos de 38 para 30. No novo sistema, eles trabalhavam em turnos das 6h às 12h30, ou das 11h55 às 18h, cumprindo eventualmente turnos de quatro horas aos sábados ou domingos. Depois, ele mudou o horário de funcionamento da oficina, das 6h às 18h em dias de semana e das 13h às 17h nos fins de semana. A combinação entre turnos reduzidos e maior horário de funcionamento tornou o estabelecimento mais eficiente e lucrativo, além de reduzir drasticamente os tempos de espera: em vez de esperarem durante semanas por um conserto, agora os clientes podiam deixar seus carros lá "às seis da manhã e chegar no trabalho às oito ou nove", Banck relatou na conferência.

Ao ampliar o horário de funcionamento, cortar intervalos e fazer com que os mecânicos trabalhassem apenas durante suas horas mais produtivas, a oficina conseguiu melhorar muito sua produtividade e eficiência. Cada estação de reparo (com seu estoque de ferramentas caras, equipamentos de diagnóstico e elevador hidráulico) dá conta de um número maior de carros por dia. Quando abriram sua segunda filial, eles puderam "construir uma oficina bem menor", já "desenvolvida especificamente para as jornadas de seis horas". Em 2014, mais de uma década depois do início dos testes, os mecânicos trabalhavam "42.248 horas e geravam o equivalente a 63.641 horas. Isso é um fator de eficiência de 1,40. Se você olhar para a média da indústria, eles trabalham oito horas e recebem 7,36. Em jornadas de seis horas, nós recebemos 8,40. Você deve estar pensando que ganhamos demais" por receber o equivalente a quarenta horas para trabalhar 32, "mas somos muito eficientes. Por isso, podemos cobrar 1,04 hora a mais em uma jornada de seis horas do que eles fazem em uma de oito. Isso significa uma melhora de 14%. Claro que estamos muito contentes com isso".

Outras empresas continuam usando as ferramentas de que dispõem para medir os indicadores de performance tradicionais durante e depois dos testes. Quando a companhia de seguros de viagem australiana Insured by Us adotou a semana de quatro dias, ela empregou softwares com os quais já estava familiarizada para medir a produtividade. Particularmente, como "as atividades de todos são registradas no Slack, sempre há um jeito de monitorar o que as pessoas estão fazendo", diz Ben Webster, CEO e um dos fundadores. Na firma britânica de contabilidade Farnell Clarke, o calendário nada flexível de pagamento de impostos faz com que todos tenham prazos muito bem definidos. "O ramo dos impostos e da contabilidade se caracteriza por prazos rígidos", explica o diretor administrativo James Kay. A Farnell Clarke presta consultoria financeira aos seus clientes, além de preparar o pagamento de impostos, então "temos de tudo, desde prazos diários até prazos anuais". Além disso, como usam ferramentas on-line de contabilidade, eles ficam atrelados ao sistema financeiro de seus clientes (ou até mesmo ajudam esses clientes a disponibilizar suas próprias finanças on-line), sua equipe já está acostumada a manter contato rápido com os clientes e dispõe de ferramentas para emitir relatórios e lidar com esses contatos.

Jornada de seis horas do Toyota Center Gotemburgo

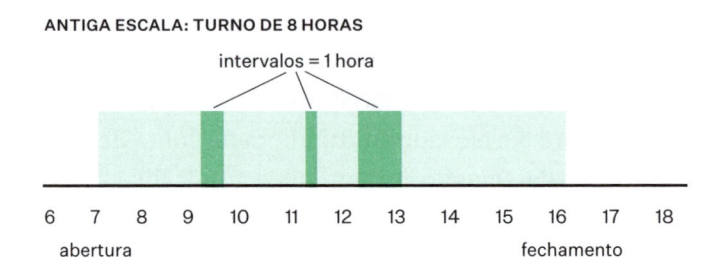

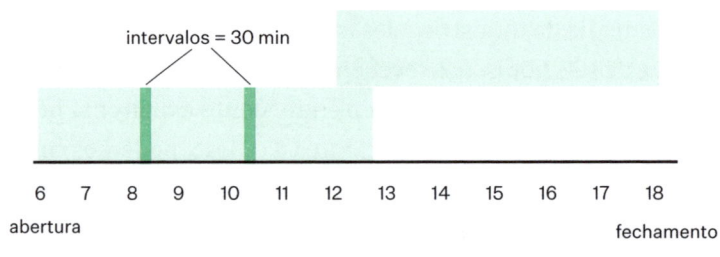

O Toyota Center Gotemburgo adaptou seus mecânicos a turnos de seis horas em 2003. Longe de reduzir a produtividade, isso permitiu que o estabelecimento ampliasse seu horário de funcionamento (das 7h às 16h para das 6h às 18h em dias de semana), tornou os mecânicos e a oficina mais produtivos, reduziu o tempo de espera dos clientes e diminuiu a rotatividade dos funcionários.

Algumas empresas não abandonam suas métricas de performance tradicionais, mas tampouco avaliam o sucesso ou fracasso da semana de quatro dias com essas ferramentas. Na desenvolvedora de software Wildbit, conforme Natalie Nagele diz, "a KPI mais importante era: 'Como as pessoas estão se sentindo?'. Porque uma das minhas maiores preocupações era a pressão acumulada em uma equipe de pessoas incríveis que realmente se importavam com seus clientes e o trabalho que realizam". Na flocc, "contanto que nossa equipe e os clientes estejam felizes e cumpramos nossos prazos, podemos confiar no que estamos fazendo", afirma Emily West.

Alguns CEOs até apresentam embasamento filosófico para não medir a fase de testes com muito rigor. "Nós nos dedicamos a desenvolver ideias e a inovar, então qualquer prática que envolva medir a eficiência, o número de horas ou coisas do tipo... nada disso é adequado", diz Warren Hutchinson. "A inovação é ineficiente por natureza. Ela implica muitos desperdícios." Bong-Jin Kim tem outra linha de argumentação. "Immanuel Kant disse certa vez que você precisa tratar os seres humanos não como um meio, mas como um fim", ele diz. (Eu não esperava que um jantar em um restaurante japonês na Coreia do Sul incluísse uma discussão do segundo imperativo categórico da *Metafísica dos costumes*, mas este é o mundo em que vivemos.) Por consequência, prossegue, "tratar os funcionários apenas como meios para a produtividade não é correto. Também devemos respeitar sua felicidade pessoal".

Por isso, meça tudo o que for importante, mas não tente adotar novas métricas ou novas ferramentas. Chad Pytel aconselha: "Não aplique muitas KPIs durante o processo". Em vez disso, "crie um consenso sobre o propósito desse período de testes e o modo como ele deve ser conduzido. Faça os gerentes trabalharem com a equipe para garantir que ela empregue o tempo da forma que lhe permita realizar mais coisas, mas não tente adequar isso a muitos moldes ou sistemas de métricas".

CENÁRIOS, PERGUNTAS FREQUENTES E PLANOS DE CONTINGÊNCIA

O conselho de Pytel indica outra questão importante para a fase de testes. Nesse período, todos estarão descobrindo como trabalhar de um jeito novo. No início, ninguém (nem mesmo a gerência) saberá como fazer isso. Portanto, embora você possa se sentir mais seguro ao utilizar métricas com as quais está habituado para avaliar deficiências, é importante orientar seus funcionários para que entendam os objetivos em longo prazo da semana de quatro dias e tenham confiança na hora de decidir como trabalhar.

Muitas empresas consideram útil elaborar antes do início dos testes um documento resumindo seus objetivos e planos de contingência e respondendo as dúvidas dos funcionários. Uma lista de perguntas frequentes ou um manifesto pode ajudar a estabelecer parâmetros para as ideias e os objetivos da empresa e servir de guia para todos enquanto experimentam uma nova maneira de trabalhar. O ato de criar um documento (não apenas escrevê-lo, mas reunir as pessoas, averiguar as questões que vêm à tona, conversar sobre as preocupações, explorar as contingências e assim por diante) força você a pensar no que deve ser alcançado, no que poderia dar errado e em modos de lidar com diferentes cenários. Documentos de planejamento ajudam a esclarecer o que não foi decidido e, portanto, as pessoas terão que descobrir por conta própria, além de informar aos funcionários seu grau de autonomia para criar as próprias soluções. Ele também pode servir como contrato social, estabelecendo o que a gerência e a força de trabalho vão tirar da semana mais curta, o que cada lado tem a ganhar e aquilo de que será preciso abrir mão.

Também é uma boa forma de deixar claro que todos têm uma parcela de responsabilidade para o sucesso da semana de quatro dias. Um dos propósitos da fase de planejamento é criar um consenso em torno dos novos rumos da empresa e um acordo coletivo que torne isso viável. "Todos devem sentar lado a lado e construir coletivamente esse acordo comunitário", diz Joi Foley, gerente de comunicação do Rockwood Leadership Institute, organização sem fins lucrativos de Oakland, nos Estados Unidos, que adotou a semana de quatro dias em 2008. "Diga 'é assim que nós vamos fazer' e dê às pessoas algum espaço para que vivam suas vidas fora do trabalho, mas crie ao mesmo tempo uma estrutura para que ninguém fique deslocado."

Esse período de planejamento é importante porque nele você pode começar a pensar em detalhes sobre como o teste funcionará na prática, com envolver mais pessoas no processo e como oferecer uma amostra da realidade para os líderes que anseiam pelo teste, mas ainda não colocaram a mão na massa. Na Synergy Vision, depois de anunciar o teste da semana de quatro dias, Ffyona Dawber pediu que "cada um dos departamentos de liderança destacasse uma ou duas pessoas" para integrar um time de planejamento. "Realizamos reuniões todas as semanas, de outubro a dezembro", ela relembra. "A primeira reunião foi uma espécie de *brainstorm*, e saí dali pensando 'isso não vai ser tão fácil quanto parecia'". Eventos, projetos de clientes, políticas de férias, gerenciamento de projetos, pessoas que fazem malabarismos para conciliar diversos projetos... A empresa havia passado anos trabalhando com procedimentos consolidados, e agora tirou alguns meses para repensar tudo.

Mas a equipe logo provou seu talento e identificou problemas e, ainda mais importante, soluções que Dawber não havia cogitado. Parte disso se deve à diversidade do grupo. Como ele contava com membros de todos os setores da empresa, "a equipe levantou diversos aspectos em que eu jamais teria pensaria se, por exemplo, houvesse conversado só com os redatores", diz Ffyona. "Foi ótimo contar com uma equipe multidisciplinar e receber contribuições heterogêneas."

A primeira produção da equipe foi um documento de três páginas de "Perguntas frequentes" que explicava o raciocínio por trás da semana de quatro dias e dava algumas orientações para sua implementação. (Reproduzi algumas dessas perguntas e respostas a seguir.) Como ocorre em todas as empresas que elaboram documentos do tipo, o relatório se parece mais com uma ata de reunião do que com o *Manifesto comunista*. Ele foi concebido como um registro de deliberações internas, reflexo do pensamento daquele momento, cujo objetivo é guiar os trabalhadores antes de embarcarem no teste.

Esses documentos tampouco costumam ser muito abrangentes. Afinal, se tudo correr bem, eles se tornarão obsoletos assim que as pessoas e equipes desenvolverem novas práticas, implementarem soluções próprias para diferentes problemas, detectarem as tecnologias que melhor atendem às suas necessidades e elaborarem estratégias para lidar com os clientes.

***

Trechos das Perguntas Frequentes da Synergy Vision
Por que a SV vai testar isso?
Nós decidimos testar a semana de trabalho de quatro dias e reduzir a carga horária para 36 horas semanais; há indícios de que trabalhar quatro dias por semana e folgar três traz imensos benefícios para os indivíduos, por meio de um melhor equilíbrio entre vida pessoal e profissional, e para a sociedade como um todo.

Queremos que as pessoas sintam vontade de trabalhar conosco, e queremos que a Synergy Vision se torne um local de trabalho ainda melhor.

Quando vamos começar?
Começaremos o teste na segunda-feira, dia 3 de dezembro.

Até lá, gostaríamos de receber seu parecer sobre a proposta e quaisquer sugestões que você possa ter para contribuir com seu sucesso.

Se eu trabalhar 10% de tempo a menos, receberei 10% a menos de pagamento?

Não, seu pagamento permanecerá o mesmo durante o período de testes e depois do seu término, caso a medida se torne permanente.

[...]

E se um cliente me contatar num dia de folga?

Sempre que relevante, você deve informar os clientes com antecedência sobre seus dias de folga e ativar os mecanismos de ausência do escritório. Se um cliente telefonar em seu dia de folga, você pode informá-lo de que o escritório pode lidar com a situação, ou que você mesmo poderá fazê-lo em seu próximo dia no trabalho (ou, se for algo rápido, basta solucionar). Teremos que ser pragmáticos em relação a isso e, ao mesmo tempo, garantir que os clientes saibam exatamente quando estaremos plenamente disponíveis.

Como manteremos a produtividade de nossa empresa?

É claro que a redução da carga horária reduzirá o número de horas de serviço remuneradas de cada funcionário. Planejamos contratar os futuros funcionários de acordo com esses termos, para garantir que teremos tempo de trabalho suficiente para cada projeto. Também acreditamos que, ao focarmos no equilíbrio entre a vida pessoal e profissional de nossa equipe, aumentaremos seu bem-estar e, por consequência, sua produtividade.

Em paralelo ao teste dos próximos seis meses, revisaremos integralmente os sistemas de uso interno a fim de minimizarmos o tempo gasto com papelada e garantirmos que estamos trabalhando da forma mais inteligente possível.

Queremos sua contribuição para esse debate, e discutiremos a questão mais a fundo na reunião de equipe em novembro para que todos possam pensar em questões relativas ao seu setor.

E se eu receber um e-mail urgente no meu dia de folga?

Para que a mudança dê certo, precisaremos buscar formas alternativas de trabalhar, como manter contas de e-mail compartilhadas durante projetos de equipe. No momento, estamos reavaliando todo o nosso sistema para permitir que as pessoas trabalhem de forma mais inteligente, mas nenhuma dessas regras é permanente e gostaríamos de receber retorno da equipe para saber o que funciona melhor para cada um.

***

Em algumas firmas, a criação de um contrato social ou de regras gerais para as jornadas mais curtas se dá de forma explícita e é a conclusão de um processo formal; em outras, ela se dá de maneira mais contínua e informal. Na The Mix, "depois de três meses de testes, quando decidimos adotar o novo formato, acrescentamos as condições ao contrato de cada funcionário e oficializamos tudo o que estávamos fazendo", diz Gemma Mitchell.

Seja qual for a escolha, as empresas constatam que normas gerais são tão importantes quanto regras formais para orientar o comportamento individual, a interação entre colegas e a relação entre gerentes e subalternos, contribuindo para o sucesso do teste.

Por que isso acontece? Nenhum conjunto de regras é capaz de prever todas as contingências. Os trabalhadores precisam ter a capacidade de ampliar as políticas e criar novas regras para novas situações e resolver tensões entre interesses conflitantes. Para tanto, eles precisam ter liberdade e confiança de que podem tomar decisões que serão aceitas por seus pares. Isso, por sua vez, requer a compreensão de normas, e não o mero hábito de seguir regras. Todos os defensores da semana mais curta querem trabalhadores que possam se autogerir e construir organizações com hierarquias muito horizontais. Em um ambiente que exige o exercício da autodisciplina, cuidados para não interromper colegas nem roubar a atenção para si, adequação a novas formas de trabalho e mais produtividade (sem que haja queda de qualidade), não basta que os funcionários sigam a letra da lei: eles também precisam entender a lógica e o espírito por trás dessa política.

A fase de planejamento e testes requer tempo, mas, com poucas exceções, não custa muito dinheiro. As empresas gastam muito pouco durante seus testes. Algumas compram coisas relativamente baratas, como fones de cancelamento de ruído e luzes de "não perturbe" para as escrivaninhas. Mas alguém adquire novas ferramentas de TI ou redecora o escritório? Não. Mesmo depois de muitos anos, a maioria parece não gastar muito com infraestrutura, seja ela física, seja virtual.

A grande exceção são os restaurantes. Eles podem ter que remodelar o refeitório para abrigar mais pessoas ou expandir a cozinha para ajudar os cozinheiros a serem mais eficientes na semana de quatro dias. No Aizle, acrescentaram-se novas mesas e foi instalado um fogão maior para que Stuart Ralston pudesse cozinhar de forma mais eficaz e a equipe pudesse servir mais clientes.

Dito isso, pode ser uma boa ideia separar algum dinheiro para bancar pessoas que desejem conduzir seus próprios experimentos com novos aplicativos ou ferramentas colaborativos desenvolvidos para ajudar as pessoas a focar, ou que desejam fundir sistemas que tornem as reuniões mais curtas. Na IIH Nordic e na ELSE, muitas ferramentas populares são descobertas por indivíduos antes de serem adotadas pelo restante do grupo. Vale mais a pena estimular esses pequenos experimentos surgidos na ponta da cadeia produtiva e constatar se determinada ferramenta se adequará de fato ao novo espaço de trabalho que você está tentando criar do que comprar algo baseado nas promessas de um vendedor e tentar impor isso de cima para baixo. Além disso, investir seu dinheiro em conformidade com seu discurso mostrará que a empresa está levando a sério a ideia de entregar mais poder na mão dos funcionários para garantir seu sucesso.

A maioria das empresas que estudei migrou a equipe inteira para as semanas mais curtas ao mesmo tempo. Mas existem algumas poucas exceções. No final de 2018, dois escritórios da *chaebol* sul-coreana SK Group passaram a trabalhar com semanas de quatro dias. O SK Group consiste em um conglomerado de 95 empresas que produzem de tudo, desde petróleo e semicondutores até eletrodomésticos, e por isso teria sido pouco prático migrar todos os 80 mil funcionários para a semana de quatro dias de uma vez só. Em vez disso, eles apostam que as lições oriundas de pequenos testes embasarão mudanças nas unidades maiores. (A Ford Motor Company colocou todos os funcionários para trabalhar em semanas de quatro dias em 1926, mas somente após 4 anos de experimentos em diferentes departamentos.) Nos Estados Unidos, algumas casas de repouso implementaram jornadas de seis horas para auxiliares de enfermagem que ajudam os médicos e enfermeiros a acompanhar de perto os pacientes, mas não para os trabalhadores remunerados por horas trabalhadas, como as equipes de cozinha e segurança. Outras pessoas que trabalham em contato direto com os residentes, como médicos e fisioterapeutas, não tiveram suas escalas alteradas. Mas mesmo quando não é toda a equipe que adota a jornada mais curta, a medida é aplicada a todos que desempenham a mesma função.

Hoje em dia, não é raro que profissionais que cumprem funções distintas em uma empresa trabalhem em horários diversos. Pense no caso dos hospitais: é possível que enfermeiros, técnicos de laboratório, residentes e médicos cumpram turnos diferentes. Nas indústrias de energia e mineração, algumas pessoas trabalham oito horas por dia, enquanto aquelas que atuam dentro das minas ou no mar costumam alterar semanas em campo com semanas em casa. (Ninguém fica confinado para sempre nas plataformas de petróleo do Mar do Norte ou do Golfo do México!) Empresas de tecnologia de porte médio costumam ter equipes de TI ativas durante a noite, ou que dormem com o celular ligado para o caso de uma queda de servidor.

Às vezes, as organizações decidem não alterar sua escala porque temem que não dê certo para todos. O Wellcome Trust contemplou a ideia de migrar os oitocentos funcionários de seus escritórios em Londres para a semana de quatro dias em 2019. Eles são uma das maiores organizações de medicina filantrópica do mundo, com um portfólio de 25,9 bilhões de libras; por isso, dinheiro não era problema. Mas eles não tinham certeza de como aplicar a semana de quatro dias para todos, tampouco sabiam se ela de fato melhoraria universalmente a rotina de trabalho. Por isso, decidiram continuar trabalhando cinco dias.

Dito isso, você deve responder sozinho à pergunta: "Seria politicamente viável e possível em termos funcionais implementar uma semana mais curta para alguns, mas não todos os funcionários?". A resposta será diferente para cada empresa.

FAÇA UM TESTE

Mesmo depois de debater com os funcionários, redigir planos de contingência e estabelecer métricas de desempenho, muito poucas empresas tornam a semana mais curta uma decisão permanente imediatamente. Elas começam com um período de testes, durante o qual dão às pessoas tempo para que se adaptem à nova escala e constatem e resolvam problemas inesperados. Então, elas avaliam o experimento em intervalos regulares para conferir como as coisas estão se saindo, absorver novas lições e ajustar o curso.

Três meses ou noventa dias é a duração mais popular para os testes. Trata-se de um prazo um pouco artificial, pois na maioria das empresas, a partir do instante em que se começa a descobrir formas de aumentar a eficiência e ganhar mais tempo, o processo nunca para. Por outro lado, mesmo quando a empresa consegue manter vivo um espírito de experimentação, é necessário oficializar a nova escala em algum momento para deixar clara a política da empresa e por questões legais.

A ELSE optou por uma abordagem mais gradual. "Testamos os primeiros três meses e tivemos alguns contratempos", conta Warren Hutchinson. "Conversamos sobre as dificuldades das pessoas e elencamos os problemas a serem solucionados: priorizar ligações de qualidade, aumentar a produtividade e trabalhar de forma mais focada. Por isso, o importante nos três primeiros meses é entender que *Ah, na verdade eu não deixei a peteca cair e isso pode até funcionar se eu começar a limar todas as distrações, a procrastinação e o tempo gasto em tarefas pouco importantes.*"

"No segundo período de três meses, as pessoas precisam começar a entender que podem exercer sua própria vontade em cada situação", prossegue Warren. "Elas podem decidir trabalhar naquilo que julgam mais importante. Elas têm autonomia para explorar diferentes técnicas. Quer tentar trabalhar com o Pomodoro? Quer alterar a disposição física de seu trabalho? Quer um cantinho silencioso para escrever? Quer sair e realizar suas reuniões à beira do rio, ou dar uma voltinha?". Por isso, seis meses depois de implementar a semana de quatro dias, "todos faziam as coisas um pouco à sua maneira", conta Warren. "Minha expectativa é que, nos próximos três meses, comecemos a normalizar o que dá certo para nós enquanto equipe e passemos a trabalhar em estratégias comuns."

De fato, a ELSE seguiu um processo de três etapas em que antes os funcionários se aclimataram ao novo ambiente da semana de quatro dias, depois customizaram práticas para melhorar a performance individual e, por fim, transpuseram-nas para o âmbito social, compartilhando e adotando novas práticas e ferramentas em todos os cantos do escritório.

Além dos motivos práticos, chamar a primeira fase de período de testes também é importante por motivos mais sutis.

Primeiro, isso deixa claro que a redução da carga horária não é um privilégio. Ela é uma ferramenta para aprimorar os processos, aumentar a produtividade e a criatividade e estimular procedimentos melhores de liderança e inovação; se não der certo, a ferramenta pode ser descartada.

Segundo, chamar o processo de experimento estimula um tipo de mentalidade que incita a refletir sobre como as pessoas trabalham e demonstrar algum ceticismo em relação à dinâmica atual de trabalho, além de promover o desejo de tentar coisas novas. O sucesso advém das perguntas, da investigação das ineficiências, do aprimoramento, dos testes e da ausência de medo frente a mudanças e fracassos.

3 passos para a semana de quatro dias

ACOSTUME-SE: adapte-se a uma escala mais restrita.

CUSTOMIZE: desenvolva novas práticas e ferramentas próprias.

SOCIALIZE: compartilhe as melhores práticas, estabeleça novos parâmetros para seu local de trabalho.

Um processo de três etapas baseado na experiência da ELSE ao migrar para a semana de quatro dias. Outras empresas relatam ter cumprido etapas semelhantes.

Por fim, isso garante a todos que o experimento será conduzido de forma controlada caso as coisas saiam dos trilhos. "Acho que é importante [ter uma fase experimental]", diz Warren Hutchinson, porque isso transmite a mensagem de que "nós vamos tentar isso daqui, e vamos fazer isso de um jeito seguro". Por mais sedutora que seja a ideia de tornar o fim de semana de três dias permanente, ela também é desconhecida, e a migração é repleta de incertezas. Você está pedindo que pessoas atarefadas assumam o desafio pessoal de reinventar o modo como trabalham e se relacionam com seus colegas em prol de algo que pode ameaçar a simples existência da empresa. Uma fase experimental faz com que os riscos pareçam mais administráveis e minimiza as possíveis perdas.

***

Sobre testes e experimentos
Bong-Jin Kim, Woowa Brothers:
É importante fazer uma versão beta durante ao menos seis meses, nos quais você prometerá aos seus funcionários que, se tudo correr bem, a empresa seguirá no mesmo rumo, mas, se as coisas derem errado, haverá uma interrupção.

Natalie Nagele, Wildbit:
A primeira coisa que fizemos foi dizer: "Vamos encarar isso como um experimento". Tratar aquilo como um teste trouxe muitos benefícios para nossa equipe, pois aquela não passou a ser a nossa nova rotina de um dia para o outro. Isso aliviou um pouco da pressão sobre meus ombros e os ombros da equipe e nos deu a chance de entender de fato nossos pontos fracos e que

problemas nós – a nossa empresa específica, em nosso ramo de atuação, com nossos clientes e nossos produtos – enfrentaríamos.

David Rhoads, Blue Street Capital:

Chame de período de testes. Diga: "Nós vamos testar isso durante o próximo trimestre e, se tudo sair conforme o ideal, se der certo, nós continuaremos". Mas nós fomos bem francos e dissemos: "Ei, a gente quer muito que isso dê certo, achamos que pode dar certo, mas vamos fazer uma versão beta e ver como a gente se sai". Foi um jeito fácil de implementar a mudança sem exigir total comprometimento.

Jonathan Elliot, Collins SBA:

Acho que o que garantiu o sucesso de nosso teste foi avisar as pessoas com seis meses de antecedência que faríamos um teste e deixar as coisas muito claras. Nós dissemos: "Aqui estão as regras que devem vigorar durante o teste". Isso permitiu que orientássemos as pessoas, transformássemos sua mentalidade e alterássemos seu pensamento antes de começar o teste, para que acreditassem que poderia dar certo. No início, algumas pessoas pensaram: "Não vai funcionar pra mim, a ideia é boa, mas não vai dar certo". Mas tivemos a oportunidade de orientá-las e implementar uma mentalidade positiva antes do teste.

Um dos membros de nossa equipe me perguntou: "Então, se o teste der certo e nos tornarmos mais produtivos em menos tempo, vocês retomarão a jornada anterior, de oito horas, e cobrarão mais produtividade?" Foi uma ótima pergunta, e eu respondi: "Para mim, isso significaria matar a galinha dos ovos de ouro. Se conseguirmos a mesma – ou maior – produtividade em um dia mais curto, atribuirei isso ao fato de que as pessoas se sentiram motivadas pela jornada mais curta. Se retomarmos a carga horária anterior, que motivação teremos para manter ou aprimorar nossas conquistas?".

***

Como ocorre com qualquer experimento, sempre haverá uma chance de que o teste com jornadas mais curtas fracasse. Mas, como provavelmente as pessoas não vão querer abrir mão do tempo livre recém-conquistado, é importante deixar claro que o experimento com a jornada mais curta é exatamente isso, um experimento, e que os resultados iniciais determinarão se a semana de quatro dias se tornará algo permanente na rotina de sua empresa.

COLOQUE EM PRÁTICA

"A primeira coisa que eu diria é: dedique menos tempo a descobrir o que pode dar errado e mergulhe de cabeça o mais rápido possível", diz Natalie Nagele. Ela e o marido, Chris, gerenciam a Wildbit, uma desenvolvedora de software com trinta funcionários e sede na Filadélfia, nos Estados Unidos, que trabalha em semanas de quatro dias desde 2017. Nossa conversa está deslanchando, e acabo de perguntar que conselhos ela daria às empresas que desejam testar a semana de quatro dias.

"Você pode prever as coisas mais óbvias", prossegue Natalie. "Um dos maiores pontos para nossa empresa foi resolver a questão do atendimento ao cliente. Pessoalmente, uma das minhas maiores preocupações era a pressão extra gerada pela semana de quatro dias: tenho uma equipe de pessoas incríveis, nos preocupamos muito com nossos clientes e com o trabalho que fazemos." Foi importante garantir que ninguém se sentisse sobrecarregado, nem achasse que havia escolhido uma meta irrealista. "Por isso, decidi que minha KPI mais importante seria entender como cada pessoa estava se sentindo, do ponto de vista individual".

"Por isso, meu conselho é: comece logo, e então converse sobre isso feito louco com sua equipe, com os outros fundadores, com qualquer pessoa que ajude a administrar a empresa", conclui Natalie. "Quanto mais rápido você embarcar e experimentar as coisas na prática, mais rápido entenderá o que é e o que não é um problema de fato. É muito empolgante e, contanto que você mantenha a mente aberta e se comunique de forma muito, muito clara com sua equipe para discutir o que está e o que não está dando certo, acho que é perfeitamente viável."

Quando faço a mesma pergunta a Tash Walker, ela começa dizendo: "Acho que a primeira coisa é reconhecer que não se trata de espremer cinco dias em quatro" ou fazer com que as pessoas trabalhem mais rápido. "Trata-se de tentar pensar nas diferentes formas de trabalho que podem aumentar sua eficiência para que o quinto dia não seja mais necessário."

Em seguida, ela diz: "Você precisa falar sobre isso com suas equipes, porque cabe a elas encontrar um jeito melhor de fazer as coisas. Começa com uma decisão de cima, mas as equipes precisam comprar a ideia".

O design e o empreendedorismo têm um longo histórico comum de fascínio por líderes heroicos cuja genialidade e carisma os distinguiram das massas. Mas Natalie e Tash veem a transição para a semana de quatro dias como uma empreitada coletiva, e não o exercício de um visionário corajoso que impõe sua vontade sobre uma multidão de ignorantes. Os líderes podem iniciar a batalha pela semana de quatro dias, mas cabe a todos executá-la.

Quando começar, inicie com uma fase de teste. "Isso lhe dá o luxo de experimentar diferentes formas de trabalho", explica Tash. "Nós tivemos que fazer alguns ajustes para que tudo ficasse como queríamos. Por isso, reserve algum tempo para experimentar. Isso é importante."

"Também é importante mensurar", ela diz. "Nós aprendemos muito avaliando o que fazíamos, recebendo retorno das pessoas sobre o que estava ou não funcionando e analisando o desempenho da empresa. E isso foi uma ótima motivação para continuarmos e tentarmos algo diferente." Para a The Mix, as KPIs permitem a todos averiguar a saúde da empresa (o que ajuda a transmitir segurança durante um exercício de desfecho incerto) e fornece informações para correções de curso e aprimoramentos.

Por fim, ela diz que "conversar sobre isso com pessoas de fora da empresa é crucial. É mais ou menos como se você estivesse começando uma dieta ou tentando parar de beber. Você não conseguirá fazer isso sozinho, é preciso construir uma rede de apoio ao seu redor".

Eu não havia abordado essa questão em nenhuma das conversas, mas tanto Natalie como Tash delinearam projetos que cumprem as mesmas etapas do *design thinking*. Comece por identificar o que é mais importante. Faça um *brainstorm* com toda a equipe para garantir que todos entenderam bem os objetivos, que todas as preocupações sejam levadas em consideração e que o plano seja elaborado com a maior gama possível de *expertise*. (A empatia não é apenas um ingrediente para que você se sinta bem, mas também um método sagaz para criar designs inteligentes.) Descubra o que faria desse experimento algo bem-sucedido, como medi-lo e o tempo necessário para os testes.

No próximo capítulo, veremos como construir um protótipo funcional para a semana de quatro dias. Ele não precisa ser perfeito. Na verdade, a imperfeição gera oportunidades. Ela dá a todos uma chance para que repitam e melhorem o protótipo, ajustem seus cronogramas, criem novas ferramentas e novos processos e descubram como seus planos para a semana de quatro dias podem ser refinados e otimizados.

NESTA ETAPA...

Compartilhe a ideia internamente. Escute as reações iniciais e alivie o ceticismo ou as preocupações de seus funcionários (ou, em alguns casos, de seu chefe).

Decida como será sua redução de carga horária. A escolha entre a semana de quatro dias, as Sextas Livres ou uma jornada diária de cinco ou seis horas exigem diversas ponderações, mas invariavelmente inclui duas grandes questões: *Qual é o seu dia menos produtivo?* e *Que dia de folga teria impacto mais positivo?* Para responder a essas perguntas, você precisa pensar quando os clientes ou consumidores precisam que você esteja no trabalho, nas necessidades de seus funcionários enquanto pais e seres humanos, se o trabalho exige sua presença durante um mínimo de horas diárias ou dias por semana e se alguma modalidade específica de redução funcionaria melhor em sua cultura corporativa.

Desenvolva um projeto inclusivo de planejamento. Isso é importante até mesmo se a sua empresa opera conforme hierarquias rígidas. Boas ideias podem vir de qualquer ponto de uma empresa, pois as pessoas são especialistas em seus próprios trabalhos, e processos inclusivos garantem a todos uma sensação de pertencimento. Para os funcionários, planejar o processo representa uma oportunidade de expor preocupações, compartilhar ideias sobre como proceder e encaminhar a empresa para um futuro desejável para todos.

Crie cenários e planos de contingência. O processo de planejamento precisa gerar planos de contingência para situações previsíveis e estabelecer um guia geral de ação que ensine as pessoas a lidar de forma inteligente com objetivos conflitantes ou problemas inesperados (e sempre haverá problemas inesperados). Delegar responsabilidade em diferentes cenários e se planejar para contingências fará com que todos pensem no que podem fazer para redesenhar suas funções, aplicando seu conhecimento e *expertise* e trabalhando juntos para reduzir a semana laboral. (Provavelmente também será necessário elaborar novas políticas de férias, horas extras e licença-maternidade compatíveis com a legislação trabalhista em vigor.) Para os funcionários, essa é uma chance para pensar a fundo em como desempenham seu trabalho, nos fatores que moldam seus cronogramas diários e em como a semana de quatro dias pode ajudá-los a encontrar maneiras melhores de trabalhar. Como disse o grande futurista (e meu mentor) Russ Ackoff, planeje ou esteja preparado para o que for.

Estabeleça um período de testes e uma data de início. A maioria das empresas decreta um período experimental de noventa dias por entender que, se as coisas não derem certo, a empresa poderá retomar seu horário normal de operação.

Estabeleça metas claras. Para o sucesso imediato do experimento e o bem da empresa, é importante que todos saibam por quais critérios o teste será avaliado. Ao mesmo tempo, mantenha-se aberto à possibilidade de que venham à tona benefícios indiretos (e de grande valia) decorrentes da semana mais curta. Interpretar as métricas iniciais de forma muito estrita pode fazer com que esses benefícios passem despercebidos ou acabem subestimados.

Reconheça que o teste não é o fim. Mesmo se tudo correr bem, o teste de noventa dias é apenas o início de um processo contínuo de experimentação e aprimoramento.

Quando a fase de planejamento terminar, você poderá começar a construir. É hora de começar a prototipar uma nova jornada.

4
PROTOTIPAGEM

Chegou a hora de pegar os planos, construir um modelo de operação e começar a ver como as coisas se saem na prática. No processo de *design thinking*, a ação começa na fase da prototipagem, quando você parte de ideias e ideais para tabelas e ações.

Você já concebeu a estrutura geral da sua semana de quatro dias (ou uma das outras opções, como a jornada de seis horas ou a semana de 35 horas), esboçou guias e planos de contingência e decidiu como – e com que rigor – mensurar os resultados. Por isso, agora você deslocará o foco para a elaboração de uma nova jornada e a otimização do fluxo. O desafio é construir rotinas, normas culturais, organizações e tecnologias que sirvam de base para o trabalho de maior foco e maneiras mais eficientes de cooperação.

Nesta etapa, o círculo se expandirá mais uma vez, dos líderes e trabalhadores para as empresas e seus clientes. Enquanto sua equipe pensa em como fazer a semana de quatro dias dar certo, você precisa contar a novidade aos seus clientes. É sua chance de explicar o que está fazendo e "vender" o teste para que seja bem recebido.

Conforme seus funcionários forem trabalhando e dando um retorno sobre o novo sistema, você começará a observar suas reações ao novo design. Você descobrirá se ele é funcional, se dá certo para todos e se a equipe o abraçará e se apropriará dele, ou se irá rejeitá-lo e exigir algo diferente.

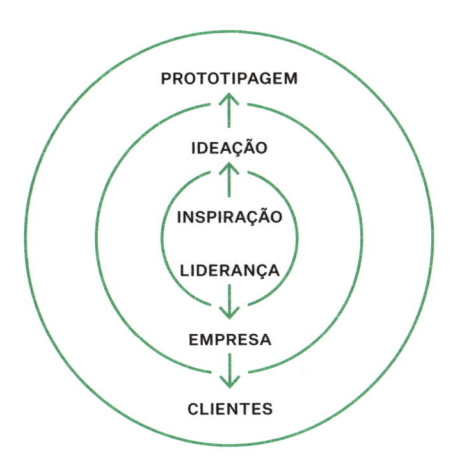

Conforme você passar de uma fase do processo de *design thinking* para a seguinte, você também passará de um círculo mais estrito para outro, mais amplo.

ARTILLERIVEJ, COPENHAGUE, DINAMARCA

A sede da IIH Nordic fica em um edifício industrial reformado na zona sul de Copenhague, na Dinamarca, próximo a um bairro tranquilo de subúrbio e da cidade universitária. Ao visitá-la em uma manhã de outono, fiquei impressionado ao notar como aquele espaço poderia ser em Singapura ou no Vale do Silício: o escritório da empresa de otimização de ferramentas de busca tem a mesma mistura de cômodos amplos e abertos, tijolos expostos, decoração minimalista, salas de conferência com paredes de vidro e uma cozinha moderna escolhida por start-ups do mundo inteiro.

Mas, ao contrário da maioria das empresas de tecnologia, a IIH Nordic vem empreendendo esforços incansáveis para reduzir a carga horária de seus funcionários. Ela começou a testar a semana de quatro dias em 2014 e tornou-a permanente depois de 2 anos de testes. As consequências são visíveis através de pequenos artefatos que auxiliam a forma singular de trabalho da empresa. Relógios nas salas de conferência que marcam vinte minutos (a nova duração padrão das reuniões). Fones de cancelamento de ruído por todos os lados. Luzes vermelhas em todas as escrivaninhas. Caixas de e-mail com títulos diretos e textos breves. Uma cozinha forrada com cestos de frutas e vegetais, em vez de biscoitos e salgadinhos.

Para Henrik Stenmann, CEO e um dos fundadores, tudo se resume à possibilidade de fazer mais pausas para o café.

Quando ele era estudante, um de seus professores lhe aconselhou: "Henrik, se você for muito bom no Excel, poderá fazer muitas pausas para o café". O Excel é onipresente no mundo dos negócios, mas a maioria dos usuários nunca se dá ao trabalho de explorar suas funcionalidades mais poderosas ou de aprender a automatizar tarefas recorrentes. Henrik percebeu que o conselho de seu professor não se aplicava somente às tabelas. "Quando você usa as ferramentas de forma inteligente e altera seu comportamento", percebeu, "você pode criar e economizar tempo". No entanto, poucas pessoas se preocupam em pensar sobre como usar as ferramentas com mais inteligência, porque não têm muita motivação para isso. Na maioria das empresas, o valor gerado pela eficiência acaba embolsado pelos proprietários, e não pelos trabalhadores. Se você tornar o sistema mais eficiente, o sistema se beneficiará. Nessas circunstâncias, a maioria de nós prefere cumprir as tarefas que nos cabem no tempo que temos para cumpri-las, em vez de aprendermos a concluí-las mais rápido, trabalhar de forma mais eficiente e, assim, correr o risco de aumentar nossa carga de trabalho.

Henrik voltou a pensar nesse problema na IIH Nordic em 2014. Um estudo sobre gestão do tempo havia revelado que os trabalhadores estavam dedicando até 60% de seu tempo para e-mails e reuniões, e os supervisores passavam em média dezessete horas por semana em reuniões. Ao mesmo tempo, os *headhunters* estavam à espreita: por ser uma das primeiras empresas de marketing on-line e análise de dados da Escandinávia, a IIH Nordic era rica em profissionais talentosos, que despertavam a sanha dos recrutadores. A empresa tinha ferramentas de software que podiam "economizar muito de nosso tempo" e tornar a companhia "mais eficiente e ampliar nossa produtividade" se bem utilizadas, mas motivar as pessoas a adotar e dominar essas tecnologias era um desafio. Como tornar a equipe mais focada, empregar melhor as ferramentas disponíveis e redesenhar a empresa a fim de priorizar os trabalhos importantes de fato, sem afugentar os funcionários no processo?

A resposta, percebeu Henrik, estava nas semanas mais curtas. Dar folga aos funcionários nas sextas-feiras os motivaria a dominar as ferramentas mais importantes e serviria de incentivo para que focassem mais e se tornassem mais produtivos e eficientes. Isso estimularia os trabalhadores a experimentar novas tecnologias e estratégias de trabalho e a compartilhar suas descobertas com os colegas. E nenhum dos concorrentes oferecia esse benefício.

Eles adotaram a semana de quatro dias aos poucos: durante vários meses, tiravam uma sexta-feira de folga por mês. Depois acrescentaram ao calendário os "Dias de Inovação", quando as pessoas podiam trabalhar em seus próprios projetos, até que, por fim, passaram a trabalhar quatro dias todas as semanas.

Quando começaram a implementação em 2015, contudo, a empresa logo percebeu que "a semana de quatro dias é como um *iceberg*: os quatro dias são apenas a ponta do *iceberg*, e debaixo da água há toda uma mudança em nossa forma de trabalhar, nossa maneira de pensar, nosso jeito de resolver problemas", diz Henrik. "Muitos dos raciocínios por trás da forma como trabalhamos vêm da Era Industrial e jamais foram atualizados."

Repensar como eles usavam as mesmas ferramentas de sempre foi uma dessas mudanças. "Ninguém se pergunta 'você é bom em organizar e-mails?'", diz Henrik; apenas presume-se que todos sejam usuários experientes. "Mas, na realidade, as pessoas são muito ineficientes. Descobrimos que podíamos aumentar muito a produtividade se ensinássemos as pessoas a escrever títulos, a não colocar nenhuma citação da troca anterior de mensagens em seus e-mails."

A diferença é visível em muitas coisas pequenas e intencionais. Agora, todos têm fones de cancelamento de ruído e uma assinatura do Focus@Will, serviço de *streaming* musical que estimula a concentração. (Um dos fundadores é integrante do grupo musical dos anos 1990 Londonbeat.) As luzes vermelhas e os cronômetros em forma de ovos sobre as escrivaninhas são utilizados para o método Pomodoro: os usuários dão corda no cronômetro, ligam a luz vermelha e deixam claro que não devem ser perturbados nos 25 minutos seguintes. Uma caixa artesanal de madeira com a frase "Obrigado por não usar o telefone durante esta reunião" repousa sobre uma mesa de conferências. As reuniões começam e terminam com um minuto de silêncio, para que todos tenham um momento para se concentrar e focar na tarefa em questão. As frutas e vegetais substituíram lanches mais calóricos que promoviam tentações – e lentidão.

Outras mudanças significativas são invisíveis. Os funcionários são estimulados a dividir suas tarefas em três categorias: A e B, que são essenciais e geram valor, e C, de caráter mais rotineiro –, para então automatizar as tarefas C ou delegá-las a uma equipe de assistentes virtuais nas Filipinas. Há muitas ferramentas customizadas que criam lembretes automáticos para e-mails, automatizam funções básicas de pesquisa e geram relatórios para os consumidores. A empresa promove enquetes sobre o ânimo dos funcionários todas as semanas. Os novos contratados recebem um aplicativo para ajudá-los a embarcar na rotina da empresa.

REDESENHANDO A JORNADA DE TRABALHO

Nos anos 1960 e 1970, algumas fábricas americanas fizeram experimentos com semanas de quatro dias e jornadas de dez horas. As linhas fabris ficam ociosas no início e no final do dia, quando as máquinas são ligadas e desligadas, e os gerentes acharam que seria possível aumentar a produção caso as linhas permanecessem ativas por mais tempo, em apenas quatro dias, evitando assim o tempo ocioso do quinto dia. Isso também geraria economia com os custos de aquecimento e resfriamento dos edifícios. Os experimentos atuais com semanas de quatro dias também se preocupam com a energia, mas é a energia das *pessoas* que as empresas de hoje desejam conservar e utilizar de forma mais eficaz.

Agências e firmas de software querem maximizar a criatividade e a concentração de seus designers e desenvolvedores e minimizar o tempo gasto em atividades demoradas e improdutivas. Restaurantes desejam evitar a sobrecarga de seus chefs e assistentes. *Call centers* não querem seus vendedores trabalhando nos dias em que não há muito dinheiro a ser ganho. As empresas que reduzem sua carga horária podem economizar dinheiro com manutenção ou outros gastos fixos, mas quase ninguém menciona esse fator como algo a ser considerado na hora de prototipar uma semana de quatro dias. Agora, as pessoas são o centro de tudo.

Ao redesenhar a semana de trabalho, as empresas tomam muitas medidas para ajudar os funcionários e as organizações a serem mais eficientes. Isso significa aperfeiçoar ou eliminar tarefas improdutivas: reduzir o número de reuniões, automatizar alguns tipos de trabalho e estimular as pessoas a ignorar distrações. Significa retrabalhar as escalas diárias para criar reservas de tempo ininterrupto e livre de perturbações, em que as pessoas possam focar muito em suas tarefas mais importantes – e intervalos que permitam a socialização. Significa usar a tecnologia para ajudar as pessoas a serem mais produtivas e minimizar as interrupções e distrações.

De modo mais sutil, redesenhar a jornada de trabalho também requer uma mudança de cultura empresarial, de modo a respeitar a atenção de todos e tratar o foco e a concentração como recursos sociais, e não apenas pessoais. E significa estabelecer metas para os funcionários, mas, ao mesmo tempo, permitir que eles descubram como implementá-las.

REORGANIZANDO AS REUNIÕES

As empresas que migram para semanas de quatro dias reduzem seu número total de reuniões e se esforçam para torná-las mais breves, focadas e objetivas. De fato, reuniões são um bom ponto de partida na hora de redesenhar a jornada.

Por que começar pelas reuniões? A maioria das pessoas fica feliz em se livrar delas, ou ao menos podá-las de forma agressiva. "Juro que queria ter feito isso 10 anos atrás", diz Steve Goodall, fundador da agência de marketing e *branding* britânica Goodall Group. "Quando penso em todo o tempo desperdiçado, todas as semanas, durante os últimos 10 ou 15 anos..." a voz dele se esvai. Na atrain, Grace Lau e seu sócio-fundador já "odiavam reuniões, então fez parte do DNA da empresa desde o primeiro dia" garantir que elas fossem curtas. Quando migraram para a semana de quatro dias, foi fácil tomar a decisão de eliminar todas as reuniões, exceto as dos almoços de segunda.

Poucas pessoas gostam de reuniões. É fácil encará-las como perda de tempo, e os esforços para encurtá-las ou torná-las mais eficientes sempre foram populares. Elas são um bom exemplo de como as empresas podem aprimorar processos e devolver o tempo economizado para as pessoas, e de como esse tipo de redução é um fenômeno social e exige que as pessoas trabalhem juntas e respeitem normas culturais. Sendo assim, o que essas empresas estão fazendo para tornar as reuniões mais eficientes?

Torne as reuniões mais curtas

Na IIH Nordic, a maioria das reuniões foi cortada de sessenta para vinte minutos, ou de noventa para 45. "O trabalhador de escritório gasta em média de 40% a 60% de seu tempo com e-mails e reuniões", diz Henrik Stenmann, "e os líderes gastam em média dezessete horas semanais em reuniões, então esse era um dos aspectos em que queríamos focar" quando a empresa começou a experimentar maneiras de reduzir a carga horária. Antes da Zozo adotar semanas de trinta horas, Takayuki Umezawa, chefe do departamento de imaginação estratégica, lembra que "nós reservávamos uma hora para cada reunião sem pensar muito sobre o assunto". Depois da mudança, as pessoas se tornaram mais rígidas com a duração e o agendamento de reuniões e, como resultado, o tamanho médio passou a ser de trinta a 45 minutos. Em outras empresas, as reuniões internas têm um teto de vinte a trinta minutos, e as reuniões com clientes não devem ultrapassar os 45 minutos. Fazer reuniões enquanto andam ou obrigar todos a ficarem de pé são outras estratégias populares para garantir que sejam curtas.

Um refrão que se repetia muito quando eu falava com fundadores e funcionários é que a maioria das empresas está acostumada a marcar reuniões com uma hora de duração. É um padrão sutil, mas poderoso, na organização da jornada de trabalho, e romper com esse padrão a fim de redefini-lo é um dos primeiros exemplos de como é possível repensar a jornada de trabalho e se livrar de amarras que até então haviam passado despercebidas.

Jan Schulz-Hofen conta que, na Planio, eles tentaram alterar o tempo padrão das reuniões para dez minutos e descobriram que, se fossem cuidadosos na hora de convidar os participantes (perguntando-se "quem é realmente necessário para solucionar esse problema?") em vez de convocar a equipe inteira de um setor ou toda a diretoria, era possível "garantir que o trabalho fosse feito em menos tempo". Melhor ter gente de menos em uma reunião de dez minutos e marcar uma segunda do que levar várias pessoas a se perguntarem "o que estou fazendo aqui? Falta muito para acabar?". Eles também testaram um modelo para as reuniões que parece uma aula expositiva invertida: em vez de começarem pela discussão de como resolver um problema, as pessoas tentam resolver o problema antes, para então compartilharem suas soluções com as demais.

Torne as reuniões mais objetivas

A jornada para tornar as reuniões mais breves e menos frequentes não consiste apenas em torná-las semanais ou reduzir os debates de uma hora de duração que poderiam ser resolvidos em alguns minutos. As reuniões informais também precisam ser eliminadas. "A principal coisa que a empresa fez, e isso pode soar muito simples, mas é algo que transformou nossa operação diária, foi erradicar a pergunta 'tem um minutinho?' sempre que possível", conta o CEO da Blue Street Capital, David Rhoads. "Essas interrupções ao estilo 'ei, tem um minutinho?', ou 'ei, tem um segundinho?', nunca duram apenas um minuto: quando você retoma sua tarefa, já se passaram trinta ou quarenta minutos. Por isso, fizemos questão de extinguir essa prática." Alex Gafford concorda que "agora nossas reuniões têm um formato mais eficiente" se comparado às reuniões da época em que trabalhavam oito ou nove horas por dia.

Outras empresas desenvolvem novas práticas para aumentar o foco durante as reuniões. A maioria exige agendas e objetivos a serem distribuídos previamente, ou o compartilhamento de materiais de apoio antes da conversa. Quando a Zozo adotou a semana de trinta horas, o CEO Yusaku Maezawa proibiu as grandes apresentações de *slides*. "Elas não são necessárias. Explique as coisas pessoalmente", ele dizia aos subordinados.

Use a tecnologia para fazer valer as regras

As empresas tomam cuidado para garantir que os telefones com viva-voz e demais aparatos tecnológicos estejam funcionando ao início das reuniões, evitando assim que a equipe gaste os primeiros dez minutos procurando pincéis atômicos ou digitando códigos no telefone. Elas também adotam novas ferramentas para indicar quando o tempo de reunião terminou, ou para alertar que restam poucos minutos. As ferramentas mais populares são cronômetros simples de cozinha (são baratos e todos sabem usá-los), mas algumas optam por soluções mais tecnológicas, como lâmpadas Philips Hue e alguns códigos, programados pela própria companhia, para que a sala emita alertas e as pessoas comecem a recolher suas coisas.

Ouvi falar nessa ferramenta pela primeira vez na IIH Nordic, mas outras empresas criaram suas próprias versões. A firma de design 03 World da Filadéfia, nos Estados Unidos, criou um aplicativo de Roombot que conecta o calendário API da empresa a uma lâmpada inteligente API; quando o tempo da reunião está prestes a terminar, ela alerta os participantes piscando as luzes da sala de conferências. Se outro grupo está agendado para usar o espaço, a sala se torna ainda mais agressiva: "Sério, tá na hora de sair", alerta uma voz. "Tão vendo essa gente aí fora? É o meu que tá na reta. Não façam o Roombot perder a cabeça!". Essa personalidade é perfeitamente adequada para a cidade que nos deu os filmes do *Rocky* e o mascote esportivo Gritty, mas, em outras localidades, versões mais sensíveis também podem cutucar os funcionários para garantir que as reuniões não excedam o tempo previsto.

Conduza as reuniões com propósito

Outro refrão comum é a eliminação das reuniões semanais: as reuniões passam a ocorrer somente quando há uma decisão específica que precise dela, alguma informação que não possa ser compartilhada de outra forma ou algum propósito muito claro. Na Administrate, "nós procedemos da melhor maneira para que se tenha uma agenda objetiva, garantindo que as pessoas presentes em uma reunião sejam aquelas que de fato precisam estar ali; mas, em primeiro lugar, nos questionamos se aquela reunião precisa mesmo acontecer", diz Jen Anderson.

Restrinja as reuniões a períodos do dia

Outra prática muito popular é restringir as reuniões a momentos específicos do dia, geralmente à tarde. Na IIH Nordic, "uma de nossas regras é que as reuniões só ocorrem depois do almoço", me disse Henrik Stenmann, para que o resto do dia seja dedicado ao trabalho focado. E "se sou convocado para uma reunião sem agenda", ele acrescenta, "posso rejeitar o convite".

Para empresas que contam com força de trabalho remota, ter que escolher um horário para reuniões muitas vezes leva à sua eliminação. A Wildbit tem funcionários em diversas regiões, e quando a empresa migrou para a semana de quatro dias, conta Natalie Nagele, preferiu adotar uma comunicação mais assíncrona. "Não vejo problema em ter uma reunião no início do dia, mas ela pode cair bem no meio do dia para outra pessoa e perturbar todo o seu cronograma diário."

"Marcamos muito poucas reuniões" na Normally, diz Chris Downs, chefe de design e um dos fundadores. Quando acontecem, "duram até fazermos o que precisava ser feito". Os clientes, por outro lado, "marcam reuniões de uma hora, começam falando sobre seu fim de semana, trabalham, tomam uma decisão e então conversam mais um pouco no final do encontro para que feche uma hora redonda". Steve Glaveski, fundador da Collective Campus, reserva quinze minutos para as reuniões; uma de suas motivações é estimular outros executivos a questionar a ideia de que reuniões precisam durar uma hora.

REUNIÕES MAIS CURTAS SÃO PROTÓTIPOS PARA SEMANAS MAIS CURTAS

Em muitas empresas, a reunião de uma hora acaba simbolizando como práticas que nunca haviam sido questionadas podem dominar a jornada de trabalho e fazer com que todos percam tempo. Reuniões mais curtas ajudam as empresas a entender melhor como sua cultura e certas amarras até então invisíveis podem ser empecilhos para mudanças. Na ELSE, Warren Hutchinson estimula as pessoas a marcar reuniões "para responder a uma questão específica, e depois a outra questão, e assim que tudo estiver respondido, fim de papo", ele diz. Apesar de todos estarem dispostos a fazer reuniões curtas e objetivas, "às vezes ainda rola o raciocínio 'reservei uma hora para nossa reunião', porque estamos sempre em contato com os clientes, e a cultura deles acaba afetando a nossa".

Algumas empresas esbarram em obstáculos técnicos na hora de encurtar suas reuniões. Na IIH Nordic, quando a duração média de reuniões foi reduzida de uma hora para vinte minutos, o software de agendamento ofereceu resistência. "O padrão para as reuniões em nosso sistema era de uma hora", conta Henrik Stenmann, "e tivemos muita, muita dificuldade para reconfigurá-lo". É um exemplo pequeno, mas emblemático de como ferramentas corriqueiras podem reforçar de forma insuspeita hábitos antigos, prejudicando a implementação de mudanças.

Todas essas práticas são boas, mas é preciso certo tempo para que se tornem hábitos. Ainda assim, questionar por que as reuniões tomam tanto de nosso tempo pode ser muito libertador, assim como se perguntar coisas tão simples como "quem decidiu que as reuniões devem durar uma hora?", "por que não podem durar apenas alguns minutos?" ou "quem gosta de trabalhar assim?". Mudar as reuniões serve de partida para questionarmos o modo como trabalhamos e o que podemos fazer para melhorá-lo. Essa mudança também é valiosa, pois demonstra que a economia e o desperdício de tempo são atos coletivos, sociais: é fácil perceber como todos perdem tempo em uma reunião se uma única pessoa deixar de traçar uma pauta clara ou se alguém se perder em divagações.

O ato de remodelar as reuniões ensina habilidades que poderão ser utilizadas para redesenhar o resto da jornada. É um ótimo exemplo de como podemos nos tornar mais eficientes fazendo "menos" – nesse caso, passando menos tempo sentados em salas de conferência. E esse redesenho abre espaço na agenda para que todos experimentem outras formas de economizar tempo, ou agrupar fragmentos de tempo antes espalhados ao longo do dia para criar períodos contínuos e ininterruptos, nos quais podem focar e produzir com grande qualidade.

DESFRAGMENTANDO A JORNADA DE TRABALHO

Depois de reduzir as reuniões, o próximo passo é consolidar a jornada de trabalho para criar bolsões de tempo mais longos, em que as pessoas possam trabalhar sem distrações. Estudiosos de administração e especialistas em produtividade argumentam há muito tempo que trabalhamos melhor e produzimos mais quando priorizamos a qualidade em detrimento da quantidade de tempo. As empresas que adotaram a semana de quatro dias mostram como isso é verdade.

Algumas empresas mapeiam seu tempo por uma ou duas semanas para detectar as maiores fontes de conflito ou ineficiência. Na Planio, por exemplo, "a primeira coisa que fizemos foi observar nosso uso do tempo durante a jornada", diz Jan Schulz-Hofen. "Logo ficou bem evidente que não organizávamos nosso tempo muito bem." Em especial, duas das funções principais (trabalhar nos softwares e interagir com os clientes) eram conflitantes, pois todos na empresa, incluindo desenvolvedores e gerentes de produto, passavam parte do tempo respondendo dúvidas dos consumidores. "Poderíamos ter muito tempo ao longo da semana se buscássemos trabalhar de forma focada, mas as ligações e e-mails dos clientes interrompiam nosso fluxo. Sempre que você passa de uma tarefa para outra, precisa de certo tempo para retomar o foco e se adaptar ao novo contexto, e esses momentos, quando somados, significavam muito tempo perdido."

Para resolver isso, eles criaram turnos de atendimento ao cliente, "quando as pessoas podem atender ligações ou escrever e-mails. Então, quando não estão neste turno, fica bem claro que elas não podem ser interrompidas, pois estão trabalhando em algo que exige foco total. Isso nos ajudou muito a retomar a concentração." No caso das empresas de software, criar um ambiente rico em foco é especialmente importante, porque muitas vezes as pessoas trabalham em problemas muito complexos que exigem longos períodos de concentração intensa.

***

Jan Schulz-Hofen, fundador da Planio, explica a importância do fluxo no ramo dos softwares

Ao trabalhar em um código, você vai mergulhando em camadas cada vez mais profundas do problema em questão. Isso significa que, se você está desenvolvendo uma funcionalidade ou tentando consertar um *bug*, encontrará algo que não está funcionando na superfície, e então escavará a camada seguinte para encontrar a raiz do problema; então você descobrirá que, na verdade, a raiz não está ali, e precisará ir ainda mais fundo, até outra parte do software, ou abrir outro componente e entender o que acontece ali dentro. Assim você pode descer por muitas, muitas camadas. É quase um buraco negro.

Mas, enquanto trabalha nisso, durante todo o tempo dedicado a percorrer as camadas, você precisa se lembrar de todos os passos anteriores, desde o ponto em que começou. Porque, depois de resolver a raiz do problema, que pode estar enterrada em uma parte central do software que você sequer conhece muito bem, será preciso empreender todo o caminho de volta, revisar tudo o que você fez desde o início. Por isso, enquanto trabalha, você deve lembrar cada passo dado, e isso exige uma dose imensa de concentração.

Acho que essa é a faceta mais difícil do trabalho de um engenheiro de software. Ele precisa ter todas essas coisas em mente ao mesmo tempo, porque um software é composto de diversas partes dinâmicas que operam em conjunto. Por isso, sempre que estou trabalhando diante do computador, mantenho uma pilha de múltiplas camadas no canto de minha mente, e quando alguém aparece em meu escritório, o telefone toca ou chega um e-mail, sinto essa pilha desmoronar. Preciso de muito tempo (trinta minutos a uma hora) para recuperar o foco e montar a pilha outra vez, para enfim retomar o problema no qual estava trabalhando.

***

CRIANDO BLOCOS DE TRABALHO FOCADO

Depois de cortar reuniões e identificar outras fontes de ineficiência, é preciso desenvolver uma escala que permita às pessoas se dedicar a suas tarefas principais com maior eficácia – e, muitas vezes, permitir que façam mais em quatro dias do que faziam em cinco.

Muitas empresas cuja produtividade depende de foco reservam períodos do dia para o trabalho mais sério. Na IIH Nordic, os programadores usam sessões de Pomodoro o tempo todo: períodos intensos de 25 minutos intercalados com descansos de cinco minutos. Quando a desenvolvedora de videogames sueca Filimundus implementou a jornada de seis horas, dividiu o dia em dois períodos focados de três horas, com intervalo de uma hora para o almoço.

Em outras empresas, os períodos de foco intenso são agendados formalmente. A flocc dividiu o dia em "tempo vermelho", "tempo amarelo" e "tempo verde", períodos de noventa minutos que representam diferentes graus de foco e silêncio.

O dia de trabalho típico da flocc começa com uma breve reunião, seguida de noventa minutos vermelhos de alta intensidade. Mark Merrywest explica a ideia por trás do sistema: "Conversamos sobre a nossa necessidade de um período em que pudéssemos dizer 'olha, a não ser que seja muito, muito importante, não me atrapalhe. Estou fazendo muito esforço para focar e resolver essa parte do meu trabalho. Se puder, me deixe em paz'. E isso valia não só para nossos colegas, mas também para os e-mails, telefonemas e outras distrações, tudo." Esse período é sucedido por dez a quinze minutos de tempo verde, uma *fika* (termo sueco para pausa do café) matinal. O restante da manhã é de tempo amarelo, quando ocorrem as reuniões, retornam-se as ligações, a caixa de e-mails é zerada e coisas assim. Depois de uma hora de tempo verde para o almoço e outras incumbências, o padrão se repete à tarde: período de tempos vermelhos de alta concentração e momentos menos intensos de luz amarela interrompidos pelo tempo verde da *fika*.

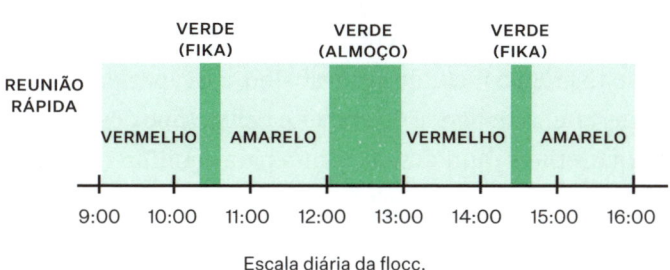

Escala diária da flocc

Escala diária da flocc.

Como expliquei em meu livro *Rest*, existe uma boa razão para começar o dia com as tarefas mais importantes: as pessoas têm mais energia e capacidade de concentração de manhã do que à tarde. Tradicionalmente, as empresas organizam sua escala diária partindo da premissa tácita de que nossa energia e nossos níveis de atenção não variam ao longo do dia e, portanto, cada hora pode ser remanejada. Essa mentalidade remete às fábricas, onde se esperava que os trabalhadores desempenhassem a mesma tarefa durante todo o turno de trabalho, mas psicólogos e pesquisadores do sono descobriram que nossa capacidade de focar e trabalhar em atividades cognitivas oscila ao longo do dia conforme nossos níveis de energia, atenção e lucidez. Pesquisas sobre os ritmos ultradianos mostram que a maioria das pessoas é capaz de manter foco intenso entre noventa e 120 minutos antes que sua atenção comece a vacilar. Muitas pessoas criativas acabam descobrindo esses ritmos e organizam sua jornada de acordo com ele: elas cumprem as tarefas mais importantes pela manhã e, assim, garantem longos blocos de tempo sem perturbações externas. Ernest Hemingway, Toni Morrison, Stephen King e muitos outros romancistas escreveram a maior parte de sua obra pela manhã.

Empresas que reduzem a semana de trabalho seguem uma estratégia semelhante. Elas sincronizam sua escala diária com os ritmos circadianos e ultradianos das pessoas, deixando-as livres para cumprir as tarefas mais intensas no horário em que têm maior capacidade de concentração.

RESPEITE O TEMPO DE TODOS

É necessário estimular os trabalhadores a assumir maior controle sobre o próprio tempo e valorizar o tempo de seus colegas tanto quanto o seu. Na nova jornada de trabalho, as pessoas não podem continuar fazendo as coisas como faziam: elas deverão ter autonomia para experimentar, priorizar e gastar seu tempo da forma mais eficaz possível. Mas esse controle precisa ser acompanhado de respeito mútuo e do reconhecimento de que, em uma empresa, o tempo é um recurso coletivo. Ninguém consegue folgar na sexta se todos não tiverem concluído seu trabalho, e a capacidade global de concluir todas as tarefas depende do respeito pelo tempo dos outros.

A Woowa Brothers mudou sua cultura para equilibrar essas duas necessidades. "Temos uma campanha para que as pessoas não digam 'tchau, até amanhã' antes de sair. Você apenas vai embora", aponta Bong-Jin Kim. Nas empresas coreanas, o ritual de dizer 'boa noite' reforça as hierarquias dentro do escritório e faz com que os funcionários "se sintam culpados quando saem do trabalho antes de seus gerentes", explica Yeon-ju Ahn, diretor da Equipe de Pessoal da Woowa Brothers. Embora se trate de uma peculiaridade asiática, estudos sobre a vida social em empresas ocidentais revelam que, sobretudo em escritórios sem divisórias, as pessoas tendem a notar e julgar aqueles que saem mais cedo.

Um dos trabalhos mais visíveis da Equipe de Pessoal é um pôster listando "11 maneiras de trabalhar bem", que vejo afixado em muitas paredes. O primeiro princípio é bastante ambíguo: "9h01 não é 9h00". Ele expressa duas ideias bastante substanciais, conforme explica o vice-presidente de relações públicas da empresa, Jin Ryu: respeito pelo tempo dos outros e o fato de que a autonomia só pode vigorar a partir do equilíbrio entre flexibilidade e disciplina.

"A cultura das empresas de tecnologia coreanas enfatiza a flexibilidade, e as pessoas podem chegar ao escritório às 10h ou às 11h", ele diz. "Algumas empresas permitem que os funcionários nem compareçam à empresa: eles podem ficar em casa o tempo que quiserem e desempenhar seu trabalho bem. Mas esse tipo de atmosfera, esse tipo de ambiente pode reduzir a disciplina. Aqui, o trabalho começa às 9h, então você deve chegar até 9h, e não às 9h01 ou 9h02. E se você tem uma reunião marcada com alguém, faça todo o possível para honrar seu compromisso."

Respeitar o relógio – e, por meio dele, o tempo das outras pessoas – é peça fundamental de disciplina em muitas empresas depois da redução da carga horária. Na desenvolvedora de jogos londrina Big Potato, por exemplo, a adoção da semana de quatro dias "foi muito auxiliada pela implementação de regras rígidas para estimular as pessoas a chegar no escritório na hora", segundo a revista *Wired*. Na Woowa Brothers, a pontualidade é uma demonstração de que você é capaz de administrar a si mesmo para preservar seu tempo – e o de seus colegas, tão importante quanto. Ela também indica que, quando precisar descobrir um modo de executar uma tarefa, você saberá conciliar autonomia e disciplina. "O que torna a Woowa Brothers diferente de outras start-ups é que os nossos funcionários sabem que ter flexibilidade implica seguir regras", diz Hanna Na, membro da Equipe de Pessoal. Sem disciplina e responsabilidade, a flexibilidade leva ao caos, e pode atrapalhar carreiras inadvertidamente, fazendo com que as pessoas se desconectem das necessidades da empresa. Na ausência de regras formais e rígidas, as normas culturais bem arraigadas se tornam necessárias, assim como um sentimento de obrigação mútua e o reconhecimento de que você e seus colegas devem cooperar para garantir o sucesso de coisas tão desafiadoras quanto a semana de quatro dias.

Pôster sobre "11 maneiras de trabalhar bem", da Woowa Brothers. O aviso "9h01 não é 9h00" é a primeira da lista, que também inclui "Execução vertical em uma cultura horizontal" (número 2), "Relatórios baseados apenas em fatos" (número 6) e "Lidere, siga ou saia do caminho" (número 11).

REDESENHANDO A TECNOLOGIA

Depois de dividir formal ou informalmente o dia em períodos de trabalho focado ou mais casual, você deverá pensar em como adotar tecnologias que estimulem maior foco, maior cooperação e melhor gerenciamento do tempo. Para algumas empresas, utilizar as ferramentas de que já dispõem de forma mais inteligente, automatizando tarefas que demandam tempo, e aprender a usar ferramentas colaborativas para trabalhar em grupo de forma mais eficaz são fatores importantes para o sucesso da carga horária reduzida. A IIH Nordic, por exemplo, construiu algumas ferramentas e procedimentos para automatizar a emissão de relatórios para os clientes ou permitir que eles construam seus próprios relatórios, tudo graças ao interesse de Henrik Stenmann em tecnologias de economia de tempo e ao foco da empresa em tecnologia.

Essas tecnologias operam em diversas camadas. O gerenciamento de projetos e as ferramentas de colaboração ajudam os grupos ou a empresa a trabalhar com mais eficiência. Sistemas automatizados podem auxiliar funcionários ou empreendimentos em tarefas específicas. Por fim, também pode ser boa ideia adotar ferramentas e práticas que reduzam a distração.

GERENCIAMENTO DE PROJETOS E FERRAMENTAS DE COLABORAÇÃO

A migração para jornadas mais curtas é um incentivo para que as empresas aperfeiçoem – ou desenvolvam novas – ferramentas de gerenciamento de projetos. Na flocc, o teste da jornada de seis horas revelou a necessidade de aprimorar processos internos e infraestrutura tecnológica. Até então, a empresa estava "usando tecnologias atualizadas para os nossos clientes, mas não tínhamos muitas estruturas próprias nem processos bem estabelecidos", conta Emily West. Eles deixaram de "escrever as coisas com papel e caneta, acredite ou não" para adotar o Google Drive e outras ferramentas que permitem aos designers e desenvolvedores coordenar suas atividades com maior facilidade. "Não só a comunicação melhorou", ela diz, "agora também trabalhamos melhor enquanto equipe".

Na Synergy Vision, todos os projetos passaram a ter sua própria conta de e-mail, que reencaminha automaticamente as mensagens para os membros da equipe, aprimorando a comunicação entre equipe e clientes. "Nós estimulamos os clientes a sempre copiar essa conta em seus destinatários. Assim, se alguém não estiver aqui, outra pessoa pode acessar a conta comum e resolver a demanda", diz Ffyona Dawber. "Nós também temos alguns canais no Slack, e a comunicação interna por ali reduziu o número de e-mails."

Na Blue Street Capital, a implementação do DocuSign, serviço que permite a assinatura eletrônica de contratos, acelerou muito o trabalho. Se havia alguma start-up da Costa Oeste dos Estados Unidos financiada por um banco do sul do país, os contratos e documentos autenticados podiam passar dias ou semanas voando de um lado para o outro até serem finalizados. A implementação do DocuSign "levou muito tempo, porque muitas pessoas precisam dar visto nos documentos, e algumas gostaram da ideia, mas outras não", diz Alex Gafford. Mas o impacto foi "imenso em nosso setor", pois reduziu a quantidade de trabalho necessária para enviar contratos às diferentes partes e o tempo necessário para coletar assinaturas.

AUTOMATIZANDO O TRABALHO

Utilizar ferramentas para automatizar ou acelerar tarefas que demandam certo tempo é uma fonte importante de economia de tempo em algumas firmas. Por exemplo, a Radioactive PR usa serviços automáticos para reduzir o número de horas dedicado ao *clipping* da imprensa. "Digamos que haja algumas centenas de artigos e matérias cobrindo uma campanha, o que é um resultado muito bom. Vai levar um dia para selecionar tudo e enviar para o cliente", explica Rich Leigh. "Agora, é possível pagar serviços de monitoramento on-line e ferramentas que ajudam a fazer esses recortes. Basta copiar e colar a URL, e o serviço disponibiliza recortes da página, a propriedade do domínio, uma estimativa de tiragem ou circulação, se existe em tinta [se há uma versão impressa]. Uma coisa que levava oito horas agora leva três minutos." Só com a utilização desse serviço, a Radioactive PR já garantiu tempo suficiente para folgar às sextas.

A automação pode ajudar a reduzir as jornadas de trabalho, e essa redução pode criar incentivos para a automação. Alguns meses antes do teste com jornadas de cinco horas, a Collins SBA passou a utilizar um software que aceleraria a produção de informativos de resultados para os clientes chamados Declaração de Conselho. Antes do teste, a absorção de uma nova ferramenta era lenta e gerava atritos. Assim que as pessoas perceberam que poderiam migrar para uma jornada de cinco horas caso aprendessem a utilizar o software, a absorção deu um salto de 100%. Os clientes também viram benefícios imediatos: em vez de precisarem de dias para a redação, agora os conselheiros eram capazes de "produzir um plano financeiro na frente de nosso cliente, durante a reunião, em vinte minutos".

A Farnell Clarke conseguiu migrar para o dia de seis horas porque havia aderido à contabilidade em nuvem, que facilitou a comunicação com os clientes e muitos outros processos (ver Perfil da empresa). Para eles, a adoção da jornada de trabalho mais curta não exigiu novas ferramentas: bastou explorar o potencial de uma plataforma que eles já usavam havia anos.

Algo importante a se observar aqui é que a maioria das automações é feita pelos próprios trabalhadores, e não pela diretoria. Isso significa que as empresas não estão usando a tecnologia contra as pessoas; em vez disso, as pessoas estão usando *elas mesmas* a tecnologia para se tornarem mais eficientes e valiosas. Sem que haja intenção, as empresas que reduzem a semana de trabalho acabam servindo de vitrine para modos de usar a tecnologia a fim de potencializar as capacidades e habilidades de seus funcionários, em vez de substituí-los por processos automáticos.

***

Perfil da empresa
Farnell Clarke e a contabilidade em nuvem

No senso comum, a contabilidade não é um ramo ligado à alta tecnologia, mas a Farnell Clarke de Norwich, na Inglaterra, mostra que a computação em nuvem, os dispositivos móveis e o *Big Data* podem viabilizar jornadas mais curtas até mesmo nos setores mais tradicionais.

A Farnell Clarke abriu as portas em 2009. Como muitas start-ups, ela começou suas operações na garagem de um dos fundadores, Will Farnell, e cresceu durante a década seguinte até chegar aos atuais 42 funcionários. A maioria dos funcionários tem 20 ou 30 e poucos anos, e os clientes são firmas jovens dos ramos da tecnologia ou da indústria criativa. A empresa se expandiu rápido na década de 2010, angariando novos clientes e funcionários enquanto migrava para escritórios cada vez maiores, mas um êxodo na equipe em 2016 ligou o sinal de alerta e revelou que a empresa havia se tornado grande demais para seus antigos processos e hábitos administrativos. Por isso, algumas mudanças importantes eram necessárias. "Nunca tomamos cuidado para garantir que nossa equipe e nossos processos fossem os mais adequados para se lidar com o crescimento constante", me conta a diretora de relacionamento com o cliente Frances

Kay. Eles contrataram James Kay (marido de Frances) para o cargo de diretor administrativo, e ele passou a trabalhar na implementação "de processos apropriados que nos permitissem acompanhar o que a equipe fazia e monitorar o nível de satisfação de nossos clientes" e em novos processos de recrutamento, "para termos a certeza de que contamos com a equipe certa", ele justifica.

A Farnell Clarke foi uma das pioneiras no uso de softwares de contabilidade em nuvem, que lhe permite acessar os dados de seus clientes em tempo real (e não apenas uma vez por ano), viabiliza a emissão de diversos tipos de relatórios automáticos e ainda possibilita à firma substituir a burocracia de praxe por uma gama de serviços mais técnicos e consultivos: por exemplo, a integração de softwares de controle de gastos a sistemas contábeis, ou a construção junto aos clientes painéis sobre sua saúde financeira.

James explica que "tradicionalmente, sempre tivemos uma quantidade brutal de documentos em papel", e os contadores dedicavam a maior parte de seu tempo a manusear papéis, quando poderiam estar dando consultoria a seus clientes. Os computadores ajudaram a modernizar parte desse trabalho, mas "com os softwares de contabilidade, o problema sempre foi a necessidade de selecionar, dentre catorze *backups* diferentes, o arquivo certo para carregar os dados certos antes de poder começar a trabalhar". De forma inversa, os sistemas contábeis em nuvem eliminam o problema das múltiplas versões de um mesmo arquivo, permite aos contadores emitir relatórios automáticos sobre a saúde financeira de uma empresa e facilita a personalização de serviços conforme as demandas do cliente – uma empresa de transporte rodoviário cujos motoristas cumprem turnos não convencionais, por exemplo, ou uma pequena empresa que precise lidar com o pagamento de impostos em diversos países. Eles também deixam contadores livres para trabalhar "em uma cafeteria, em casa ou em qualquer lugar", contanto que haja acesso à internet. Também permitem que, em vez de cobrar os clientes por hora de trabalho, estabeleça-se "um valor fixo por mês, como um serviço de TV a cabo", diz Frances.

A automação na Farnell Clarke "não é uma questão de reduzir os gastos" ou número de pessoal, explica James. Eles querem ter mais tempo para "conhecer o cliente, entender seu negócio, ajudá-lo e, por fim, oferecer outros serviços mais ligados à consultoria. Boas dicas, de caráter técnico, na hora". O trabalho de migrar os clientes para uma plataforma on-line e descobrir quais processos podem ser automatizados com segurança também é uma boa forma de conhecer melhor seus clientes. Supervisionar esse processo também garante que os clientes se adaptem aos sistemas da Farnell Clarke, "e isso nos ajuda a alcançar a máxima eficiência possível", afirma James.

A empresa começou a pensar em como utilizar essas ferramentas para encurtar a semana de trabalho alguns anos atrás. Will Farnell relatou em uma entrevista em 2017 que "estamos fazendo diversas coisas em termos de desenvolvimento de sistemas... para trazermos muita flexibilidade para os horários de trabalho de nossa equipe". Eles queriam desviar o foco administrativo das exigências para os resultados, e isso requeria ferramentas melhores. Visibilidade e flexibilidade são dois fatores conectados: para verificar se a nova carga horária estava funcionando, eles precisavam ser capazes de analisar a produção das pessoas e intervir caso as coisas começassem a dar errado. Eles também realizaram enquetes junto à equipe no final de 2016 para saber se os profissionais julgavam plausível uma jornada mais curta. A maioria da equipe disse "na verdade, sim, eu poderia fazer em seis horas o trabalho que hoje faço em sete e meia", relembra James. Agora, eles precisavam de uma meta para toda a empresa: o trabalho flexível e a jornada de seis horas se tornaram os fins que justificavam a exploração de novas ferramentas, o desenvolvimento de novos hábitos e processos e a tolerância a uma forma mais intensa de supervisão.

A empresa passou os 2 anos seguintes se preparando. Recrutar e treinar pessoas capazes de trabalhar da forma vislumbrada pela empresa se revelou "o maior desafio e o motivo por que demoramos 2 anos", diz James. Em dezembro de 2018, "houve um esforço imenso para colocarmos todos os processos e procedimentos em seu devido lugar antes do Natal, documentando todo o processo para que todos entendessem o fluxo de trabalho, soubessem onde procurar cada coisa e assim por diante", conta James. Eles haviam testado o Slack para a comunicação interna e o acompanhamento da localização de cada pessoa, acrescentado canais privados acessíveis também para os clientes; começado a emitir seu *status* atual para informarem uns aos outros sobre sua escala e grau de disponibilidade; e passado a utilizar algumas outras ferramentas, como as videoconferências. (O trabalho em nuvem tornou a Farnell Clarke atrativa para empresas de tecnologia mais jovens, e por isso seus funcionários e clientes mais recentes são todos "nerds de tecnologia.") Eles incorporaram novas ferramentas para mensurar o tempo de resposta dos e-mails e o Net Promoter Score junto aos clientes. (O NPS, muito utilizado pelas empresas da Fortune 1000, é uma ferramenta para medir a lealdade e satisfação dos clientes através de perguntas como qual a probabilidade de recomendarem a empresa a alguém.) Um novo sistema de agendamento de férias permitiu que eles previssem e evitassem situações em que um cliente não conseguisse a ajuda de que precisasse.

Finalmente, em fevereiro de 2019, satisfeitos por dispor de um sistema capaz de manter a empresa funcionando e a equipe adequada para manejá--lo, a empresa implementou a jornada de seis horas.

***

USE A TECNOLOGIA PARA REDUZIR DISTRAÇÕES

Por fim, existe todo um conjunto de iniciativas tecnológicas que têm por objetivo reduzir distrações e ajudar pessoas e grupos a se concentrar. Fones de cancelamento de ruído são comuns em escritórios com semanas reduzidas porque, além de darem privacidade às pessoas, indicam aos colegas que elas não desejam ser perturbadas. A Synergy Vision instalou uma máquina de ruído branco que "altera completamente o ambiente" do escritório, segundo Ffyona Dawber. A IIH Nordic e a Cockroach Labs equipam as escrivaninhas com luzes de LED vermelhas e verdes para indicar se os funcionários podem ou não ser interrompidos. Na ELSE, cada escrivaninha tem uma ampulheta e "se a sua está correndo, ninguém tem permissão para falar com você, a não ser que seja muito, muito importante", relata Warren Hutchinson. Um dos designers da ELSE também construiu um sinal de "No Ar" para o escritório sem divisórias da empresa. "O sistema funciona igual ao de uma emissora de rádio", explica Warren. "Ele está conectado ao nosso calendário e, quando uma reunião começa, o sinal de 'No Ar' se ativa, a música ambiente é interrompida e todos ficam sabendo que há um cliente em chamada."

Outros preferem focar no uso mais consciente de tecnologias. Muitas empresas estimulam seus funcionários a checar os e-mails ou o Slack em horários específicos do dia, em vez de fazê-lo o tempo todo. Na Rheingans Digital Enabler, que implementou uma jornada de cinco horas no final de 2017, os funcionários checam o e-mail duas vezes: pela manhã, ao planejarem suas tarefas do dia, e, depois, à tarde, quando organizam as demandas do dia seguinte. Diversas empresas desencorajam as pessoas a enviar ou conferir e-mails nos fins de semana. "Nós tentamos reduzir a comunicação quando estamos fora do escritório", diz Bong-Jin Kim, "sobretudo no caso dos funcionários de mais baixo escalão". Mas, como todas as empresas de tecnologia, a Woowa Brothers tem algumas funções fundamentais, como servidores e o *website* da empresa, que precisam ser monitorados 24 horas por dia, de segunda a segunda, e "os funcionários com cargos mais altos precisam responder a emergências".

Essas práticas aumentam a capacidade dos funcionários de escolher aonde direcionar sua atenção e energia e a mantê-las no local escolhido por mais tempo. A professora de informática da Universidade da Califórnia em Irvine, Gloria Mark, e seus colegas descobriram que trabalhadores com permissão para fechar sua caixa de e-mails permaneciam mais tempo concentrados em uma determinada tarefa, tinham maior poder de foco e se distraíam ou dispersavam menos. Criar normas para o local de trabalho também é importante porque estudos recentes indicam que as expectativas das empresas em relação à conectividade moldam o comportamento dos usuários ainda mais do que as expectativas de amigos.

REDESENHANDO AS INTERAÇÕES SOCIAIS

A ênfase em maior foco e produtividade não deveria – e não precisa – ocorrer apenas em detrimento das interações sociais.

No final de 2016, nas primeiras semanas depois de a Pursuit Marketing fazer a transição para a semana de quatro dias, Lorraine Gray percebeu que alguns trabalhadores ainda apareciam no escritório às sextas-feiras e ficavam uma ou duas horas ali antes de caírem fora. Ela logo descobriu por quê. "Eles não haviam contado às suas esposas sobre a semana de quatro dias", ela diz, "e por isso apareciam, trabalhavam algumas horinhas e iam juntos para um bar, chegando em casa apenas às cinco".

Essa história revela uma questão importante: muitos de nós temos amigos no trabalho. Uma pesquisa de 2018 realizada entre profissionais do ramo da tecnologia nos EUA revelou que 60% das entrevistadas e 56% dos entrevistados consideravam algum colega de trabalho um de seus melhores amigos. E, assim como o trabalho nos ajuda a fazer amigos, os amigos nos ajudam a trabalhar melhor. Ter um amigo próximo entre nossos colegas nos torna mais felizes e engajados com o trabalho, aumenta a produtividade individual e amplia nossa capacidade de cooperação em situações desafiadoras ou tempos difíceis. Se a redução da jornada ou da semana de trabalho enfraquecer esses laços acidentalmente, tanto as pessoas como as empresas sairão perdendo.

Como resposta, muitas empresas que adotaram a semana de quatro dias organizam eventos sociais. Em Tóquio, os funcionários da Zozo e da Cybozu recebem auxílio financeiro para participar de clubes e ter acesso a grupos de interesse nos mais diversos assuntos, desde esportes até o Nintendo DS, passando por K-pop e unhas postiças. Esses clubes também colocam pessoas de diferentes setores da empresa em contato e fortalecem a camaradagem e a conexão informal, ampliando as redes sociais dos funcionários. A empresa de produtos orgânicos para cuidados com a pele SkinOwl, de Los Angeles, nos Estados Unidos, promove todos os meses atividades que vão desde dias em um *spa* até trabalho voluntário em abrigos de animais. Outras empresas patrocinam aulas de ginástica, palestras semanais ou *happy hours* frequentes.

Eventos patrocinados lembram os funcionários de que até mesmo as empresas que priorizam o trabalho duro e o tempo livre fora do escritório, como obviamente é o caso das empresas que adotam a semana de quatro dias, entendem o valor da amizade e da socialização no escritório. Na Wildbit, Natalie Nagele reconhece que "um dos maiores riscos desse tipo de trabalho foco, foco, foco, em que tudo é assíncrono, é que nunca vemos a cara uns dos outros, e nós nos importamos muito com os outros". As empresas se esforçam para fazer com que o tempo de foco no escritório se pareça mais com uma ida ao cinema (em que amigos se reúnem e sentam lado a lado, mas não querem ter sua concentração perturbada durante o filme) e menos com algo que possa enfraquecer amizades. Na verdade, há ao menos um caso de empresa que testou a semana de quatro dias, mas desistiu por causa de seu impacto negativo sobre a vida social do escritório (ver Perfil da empresa).

***

Perfil da empresa
APV e os riscos de perder as amizades no escritório

A perda do espírito de sociabilidade e camaradagem no escritório fez com que a APV, empresa de produção audiovisual sediada em Hong Kong, abandonasse a semana de quatro dias depois de quatro meses de testes em

2018. O fundador Mark Erder havia lido sobre a semana reduzida no Perpetual Guardian e "coloquei ela na mesa durante uma reunião de segunda de manhã", ele diz. "Concluí que, se falássemos a respeito disso, acabaríamos debatendo até esgotar o assunto, e eu queria que aquilo disse certo." A produção audiovisual é uma atividade que atrai pessoas muito criativas e acolhe os profissionais que aprendem a trabalhar de forma muito colaborativa para cumprir prazos apertados sob grande pressão. Por isso, ele tinha certeza de que sua equipe levaria aquilo a sério.

A empresa decidiu que todos continuariam participando das tradicionais reuniões das manhãs de segunda, mas cada um poderia escolher seu dia de folga. Deixar o escritório fechado um dia inteiro seria uma mudança muito radical para os clientes: a demanda variava conforme a semana e as pessoas precisavam estar disponíveis para filmagens, conversas com os clientes e reuniões de produção. "Uma das nossas únicas regras era que, em seu dia de folga, você não poderia tirar só metade do dia nem trabalhar de casa", diz Mark. "Você passaria esse tempo com sua família, fazendo algo para a sua comunidade, fazendo trabalho voluntário ou algo de que você gostasse muito e considerasse importante. Eu queria que as pessoas tirassem o dia inteiro para que estivessem de fato fora do trabalho. E se dedicassem esse tempo a alguma atividade criativa, acabariam tendo ideias. Ideias que poderiam ser aplicadas ao trabalho."

Passados quatro meses, os aspectos financeiros, a satisfação dos clientes e a qualidade do trabalho continuavam bem. Mas Mark me contou que "como somos uma empresa pequena, quando algumas pessoas estavam em seu dia de folga, alguém estava de férias, outro ficava doente e as equipes de filmagem estavam em saída de campo", o escritório parecia uma cidade fantasma. "Isso não acontecia só uma vez por semana: podia acontecer alguns dias na mesma semana. Nosso espírito de convívio, interação social e cooperação e nossa alegria de estar no trabalho – ou seja, tudo o que nos fazia gostar de trabalhar aqui – foram prejudicados. Todos havíamos gostado da ideia de folgar um dia, e continuávamos gostando quando não estávamos no escritório. Mas não gostávamos tanto assim quando estávamos ali sozinhos". Por isso, concluída a fase de testes, eles decidiram retomar a semana de cinco dias.

Quando pergunto a Mark que conselho ele daria para que outras empresas evitassem as armadilhas que levaram ao seu fracasso com a semana de quatro dias na APV, ele responde: "Eu diria 'escolha um dia' em vez de fazer algo assimétrico, como nós fizemos. Escolha a sexta-feira, ou a segunda-feira, e dê um fim de semana de três dias para todos". Ele acha que talvez teste novamente a semana de quatro dias no futuro, pois ainda acredita que reorganizar a semana de trabalho para aumentar o tempo de folga dos seus funcionários vale a pena. "Precisamos desse dia de folga, sobretudo quando atuamos em um ramo criativo", diz. "Eu acho que, levando em conta o estresse que nós enfrentamos, esse modelo se tornará quase tão inevitável quanto a semana de cinco dias foi um dia."

***

As empresas também constatam que os resultados em grupo são mais memoráveis que as recompensas individuais. A Pursuit Marketing, por exemplo, começou a dar férias coletivas para todo o escritório no ápice do inverno escocês. "Nós bancamos férias de inverno em Tenerife, que custaram 400 libras por pessoa", conta Lorraine Gray. "Se déssemos um bônus de 400 libras para cada membro da equipe, o dinheiro seria gasto e logo esquecido. Mas, como todos viajaram juntos nessas pequenas férias, fala-se nisso até hoje."

Os trabalhadores estimulam muitas das iniciativas das empresas, mas também é comum que socializem por conta própria. Seu gesto mais importante é também o mais fácil: eles começam pelo almoço conjunto. O almoço é um momento importante de socialização e aproximação com os colegas, além de representar um descanso depois de uma manhã inteira focado.

Antes de migrar para a jornada de seis horas, a Filimundus tinha um almoço "muito disperso", como lembra o CEO Linus Feldt: algumas pessoas saíam para almoçar, outras voltavam para casa durante as refeições, e outros "ficavam sentados na frente do computador e comiam em dez minutos". Depois da implementação da jornada de seis horas, os funcionários espontaneamente "começaram a trazer marmita para o escritório e a sentar juntos, socializando durante uma hora", ele conta. "Por iniciativa própria, eles deram um jeito de compensar a menor interação social. As empresas buscam estabelecer laços sociais de todas as formas, e eles fizeram isso por conta própria."

Estimular pausas para as refeições é uma forma de sinalizar que a cultura de uma empresa está mudando. Alimentar as pessoas é um recurso poderoso dos chefes para demonstrar seu papel enquanto líderes e provedores. O gesto estabelece uma ruptura com o estilo de liderança calcado na supressão até mesmo das funções metabólicas básicas em prol das exigências do ambiente de trabalho. Quando o Noma reabriu e adotou a semana de quatro dias, o chef Rene Redzepi também inaugurou um almoço coletivo. Ele havia passado anos "comendo de pé de uma marmita de plástico, no meu cantinho da cozinha" e "não queria que meus cozinheiros se habituassem com isso." Ele queria demonstrar que, enquanto chef principal, sua função era moldar a cultura e o cuidado com seus subordinados. Para os chef-proprietários criados em uma cultura de longas cargas horárias e privações, separar um tempo para refeições verdadeiras é uma forma simples, mas poderosa, de mostrar aos funcionários (e à futura geração de chefs) que é possível construir uma cultura mais saudável dentro da cozinha, e que ambientes abusivos não são pré-requisito para um ótimo trabalho. Em outras empresas, as pessoas pulam o almoço ou comem na escrivaninha porque temem que comer fora seja interpretado como falta de comprometimento. E, em muitos lugares, elas têm razão: uma pesquisa de 2018 realizada entre administradores americanos e canadenses descobriu que um terço dos chefes leva em conta nas suas avaliações de performance se os funcionários fazem pausas para o almoço, e quase um quarto deles acredita que parar para almoçar é um sinal de que não estão trabalhando tão duro quanto os outros. Nesse cenário, estimular as pessoas a comer juntas simboliza a intenção dos líderes de tratar seus funcionários como pessoas, reconhecer a importância do autocuidado e decretar que o fato de nosso corpo precisar de combustível não é uma fraqueza a ser explorada contra os funcionários.

Refeições compartilhadas também tornam as organizações lugares melhores para trabalhar e elevam a qualidade geral da produção. Elas permitem que as pessoas se conheçam, ajudam os recém-chegados a aprender mais sobre a cultura da empresa, dão aos novatos uma chance para escutar as histórias e a voz da experiência e deixam que as pessoas se aproximem de muitas formas sutis, convertendo um grupo de indivíduos em um time. Na verdade, estudos com bombeiros mostram que as brigadas que comem juntas são mais coesas e se saem melhor do que aquelas cujos membros comem separadamente: elas ganham notas melhores de seus supervisores, e os brigadistas relatam maior sentimento familiar. Nos quartéis de bombeiros, todos participam de vaquinha para comprar comida, elaboram uma escala de quem cozinhará ou lavará os pratos e definem os cardápios.

Além disso, cozinhar é uma forma de consolidar o valor e a identidade de cada um dentro de um grupo. Ao final de um dia estressante, cozinhar pode ser uma terapia.

***

A importância do almoço na flocc
Emily West, da flocc:

Queríamos ser mais colaborativos enquanto equipe, mas também queríamos nos conhecer melhor. Geralmente, quando o relógio batia meio-dia, as pessoas não tinham vontade de enfrentar o frio de inverno, e por isso se sentavam juntas no sofá e acabavam se conhecendo de forma orgânica. Quando conhecemos melhor a outra pessoa, fica muito mais fácil trabalhar com ela, e isso foi crucial para nós. A nossa equipe se tornou outro fator que faz com que muitas pessoas queiram trabalhar na flocc.

Durante o horário de trabalho, acabamos não travando conversas sobre o que quer que seja, mas durante a hora do almoço nós podemos nos reunir sem distrações e, assim, acabam rolando papos muito engraçados, o melhor tipo de conversa entre amigos. O intervalo de almoço tem sido central para a comunicação no escritório. É um jeito incrível de conhecer as pessoas, muito mais significativo que os pequenos momentos em que falamos bobagens no escritório. E depois nós voltamos a trabalhar, e não tem problema se não conversarmos.

Mark Merrywest, da flocc:

Antes da jornada de seis horas, as pessoas chegavam e saíam atrasadas e comiam em horários diferentes, de modo que era bem difícil reunir todo mundo, administrar o tempo das pessoas e gerenciar seu fluxo de trabalho.

O horário de almoço me propicia uma hora inteira com a minha equipe reunida, estabelecendo laços. Ninguém está trabalhando; todos podem fazer o que quiser, mas ficam ali. Acabei conhecendo melhor o lado pessoal de cada um, e eles se conhecem muito bem porque passam esse tempo de interação juntos, sem precisarem se concentrar no trabalho. E, sabe, o espírito de equipe e a compreensão mútua que acabam sendo criados durante essa hora... Isso é algo que o dinheiro não compra.

***

REDESENHE O ESPAÇO

Depois de reestruturar o dia de trabalho, introduzir novas ferramentas para ajudar as pessoas a trabalhar de forma focada e cooperativa e criar novas regras para as interações sociais no escritório, as empresas muitas vezes encontram a necessidade de adaptar seu espaço físico para abrigar novas formas de trabalho e socialização.

Na maioria dos casos, isso significa elaborar diversos ambientes que estimulem o foco, a colaboração e as reuniões informais, que reflitam uma divisão mais clara e cotidiana entre tempo dedicado ao trabalho e tempo de socialização. Quando visitei o escritório da ELSE no Metropolitan Wharf, um armazém vitoriano reformado na margem norte do Rio Tâmisa, Warren Hutchinson me mostrou o refeitório ao fundo, alguns sofás e cadeiras muito macias no centro do ambiente (para reuniões com clientes e intervalos) e uma pequena mesa com cadeiras duras em um canto (para breves "reuniões para resolver uma única questão"). As reuniões são curtas e objetivas, ele diz, porque "ninguém quer ficar muito tempo sentado nessas cadeiras".

Quando a flocc se mudou para a nova sede em 2019, construiu uma sala de conferência com paredes de vidro perto do escritório, para receber os clientes sem perturbar os períodos de luz vermelha, e outra sala, para a equipe, situada na parte traseira, mais privada, para o almoço e a *fika*. Outras empresas redesenham seu espaço para promover a colaboração e o foco. Quando a Big Potato Games migrou para a semana de quatro dias em 2019, eles organizaram uma sala silenciosa em seu escritório de Shoreditch, em Londres, e uma segunda sala onde a equipe podia fazer todas as vendas por telefone junta. Na Normally, "nós temos quadros brancos em todas as superfícies do estúdio e mesas para trabalhar de pé junto a esses quadros", explica Chris Downs. "Assim, ao olharmos para o outro lado do estúdio, se virmos duas pessoas de pé em uma dessas mesas junto a um quadro e alguma delas estiver escrevendo, sabemos que estão trabalhando. Essa é a imagem do trabalho sendo feito: duas pessoas conversando e escrevendo na parede." Ninguém tem escrivaninha própria, mas a abundância de espaços colaborativos cria "eficiências no ambiente físico" e incita as pessoas a serem mais produtivas. "Todos chegam pela manhã e, na maioria das vezes, se reúnem no local que julgam necessário para o seu projeto naquele determinado dia."

Muitas vezes, essas mudanças surgem por insistência dos funcionários – o que traz um benefício sutil, mas importante. Dar às pessoas mais controle sobre a configuração física de seu local de trabalho aumenta seus níveis de satisfação e produtividade. Em um experimento, pesquisadores colocaram pessoas em três escritórios diferentes: um escritório minimalista, quase sem divisórias; um escritório decorado com algumas plantas e pinturas; e um escritório que elas próprias podiam decorar. Eles descobriram que as pessoas que decoravam seus escritórios se sentiam melhor em relação a seus empregadores, diziam-se mais confortáveis fisicamente, apresentavam níveis mais elevados de satisfação com seu trabalho e eram mais produtivas que outros grupos. A presença de objetos decorativos teve um pequeno efeito positivo sobre a produtividade, mas a liberdade para decorar o espaço teve um efeito ainda maior. Não importava tanto se o escritório parecia saído de uma revista de arquitetura ou uma república estudantil em época de provas: o controle sobre o espaço tinha um impacto real sobre a produtividade. Em seguida, foi realizado outro experimento: os pesquisadores deixaram que as pessoas decorassem seus espaços, mas então disseram a elas que a disposição escolhida não era adequada e fizeram mudanças. Nesse caso, a produtividade despencou.

Foi interessante quando, depois de seis meses de testes com a semana de quatro dias, Hutchinson disse aos seus funcionários: "Durante os próximos três meses, desafio vocês a vivenciar e tornar" – a semana de quatro semanas – "visível. Quero sentir e ver os efeitos. Quero ser capaz de apontar a diferença entre ser ou não uma empresa que trabalha quatro dias. Assim, quando alguém entrar em nosso estúdio, eu poderei dizer 'tem isso, e tem aquilo ali, por causa da semana de quatro dias'. Isso inclui coisas simples, como reorganizar um pouco os móveis, promover mais reuniões enquanto caminham e separar algumas mesas para fazer chamadas telefônicas em pé, ou criar áreas silenciosas destinada à leitura".

DANDO MAIS CONTROLE AOS FUNCIONÁRIOS

O desafio de Warren destaca outro aspecto importante para motivar a equipe a reduzir a jornada diária. "A semana de quatro dias é uma mudança que parte dos líderes", ele me diz, "mas é necessário que todos se apropriem dela. Enquanto líder, você abre as portas e diz 'beleza, agora nós vamos fazer isso'. Mas você precisa que todos descubram seu próprio ritmo e sua maneira de abraçar o projeto. Tomo muito cuidado para garantir que a equipe encontre suas próprias respostas".

Nas empresas que migram para semanas de quatro dias, um bom líder define os marcos e metas gerais, como consolidar a semana de quatro dias ou a jornada de seis horas sem comprometer a satisfação dos clientes, a produtividade ou os lucros. Um grande líder, contudo, permitirá propositalmente que os próprios funcionários descubram como atingir essas metas.

"Dar autonomia para que os trabalhadores façam o que julgarem apropriado e construir uma bolha onde eles possam fazer isso, mantendo sempre uma cultura que põe a honestidade em primeiro lugar, é fundamental", diz Amritan Walia, diretora de operações de negócios da Type A Media, consultoria de SEO de Londres. Mark Merrywest concorda. "O microgerenciamento não aumentará sua eficiência, sobretudo se estiver lidando com desenvolvedores", ele diz. "Mas se você fornecer a eles os intervalos e a estabilidade de que precisam, eles criarão códigos melhores e serão muito mais eficazes na correção de *bugs* ou em qualquer outra atividade. E eles não conseguirão fazer isso se você insistir em microgerenciá-los."

Por que é benéfico deixar que os funcionários conduzam a transição para a nova jornada? Em primeiro lugar, eles conhecem seu trabalho melhor do que seus chefes. Portanto, encontram-se em melhor posição para colocar na prática as ideias da semana de quatro dias.

Na Synergy Vision, alguns dos instrumentos mais utilizados pela empresa foram criados por grupos de planejamento compostos por seus próprios funcionários. "Tínhamos um colaborador muito jovem, recém-saído da universidade. Nós fomos o seu primeiro emprego, e ele era brilhante, muito prático e proativo", conta Ffyona Dawber. A experiência da empresa também mostra como trazer diferentes perspectivas e funções para o processo de planejamento é importante na hora de gerar novas soluções. Por exemplo, "a ideia de criar endereços de e-mail para cada projeto veio de um grupo acostumado a organizar eventos, e o trabalho que eles realizam é muito diferente daquele desempenhado pelos escritores médicos". As equipes do projeto também descobriram que "uma tabela complexa de Excel" para registrar faltas e garantir que funções essenciais estivessem cobertas cinco dias por semana não funcionaria tão bem quanto "simplesmente conversar com as pessoas". As soluções "precisam vir das equipes do projeto", diz Ffyona. "Eu não tinha todos os detalhes necessários para saber como fazer isso."

As pessoas também tendem a criar regras que funcionem melhor para si e a seguir as regras que elas mesmas criam. A experiência da IIH Nordic mostra que a inclusão dos funcionários no processo resulta em regras e ferramentas mais populares e bem-sucedidas. Muitas das ferramentas adotadas pela empresa foram descobertas, testadas e aprovadas pelos próprios funcionários: algumas delas se baseiam em conhecimentos internos e locais, e não nas opiniões de consultantes externos ou dos considerados especialistas. Quando as pessoas têm liberdade para descobrir a própria forma de garantir o sucesso do experimento, elas ficam satisfeitas ao resolver algo que antes parecia um desafio intransponível.

Nunca é fácil mudar a forma como você trabalha, aprender novos sistemas e substituir seus procedimentos de rotina por algo novo. As jornadas mais curtas facilitam as mudanças ao gerarem uma nova estrutura de incentivos calcada na inovação.

Com a semana mais curta, a recompensa para aqueles que trazem novas boas ideias é tangível e imediata: termine suas tarefas mais cedo que você poderá ir embora. Na maioria dos ambientes de trabalho, ela também acaba se tornando mais social: todos podem ir embora assim que todos terminarem seus afazeres. Nas jornadas mais curtas, em vez de representar um jogo de soma zero no qual os trabalhadores perdem e a empresa se beneficia, a inovação é um processo em que todos saem ganhando: a maior produtividade e um trabalho mais eficiente dão aos trabalhadores mais tempo, geram mais retorno para o negócio e garantem um serviço mais rápido para os consumidores.

Jonathan Elliot, CEO da Collius SBA, observa que, em circunstâncias normais, quando as empresas adotam novas ferramentas, o fardo de aprender a usá-las e se adaptar a elas recai sobre os trabalhadores, enquanto os clientes e gerentes colhem os benefícios. "Esse é o enigma de muitos empresários. Nós dizemos aos nossos funcionários 'ei, equipe, temos uma ótima ferramenta que tornará seu trabalho mais eficiente, teremos um crescimento de 30% na produtividade, aqui, peguem e disfrutem'", ele explica. "Na posição de empresários, fazemos isso porque ganharemos algo em troca: teremos um aumento de produtividade. Nossos clientes podem se beneficiar disso, porque receberão resultados melhores e mais rápidos. Mas e quanto às pessoas que usam essa ferramenta? Elas não têm nada a ganhar, porque continuarão lá oito horas por dia. Não há nada para motivá-las a explorar essa ferramenta ao máximo." Quando os trabalhadores extraem algum benefício direto – nesse caso, mais tempo livre –, eles têm uma razão para fazer isso. A jornada mais curta serve como um contrato social que permite aos funcionários colher imediatamente os benefícios da maior produtividade.

Delegar às pessoas o poder para redesenhar seu trabalho também aumenta a fidelidade à empresa e a satisfação com o emprego. As pessoas valorizam aquilo que constroem mais do que o resto das coisas. O professor de psicologia da Duke University Dan Ariely desenvolveu certa vez um experimento durante o qual um grupo montou uma caixa de papelão, enquanto um segundo grupo recebeu caixas pré-montadas. Quando perguntaram a cada grupo o quanto gostavam da caixa e o valor que atribuía a elas, o grupo "construtor" gostava mais de suas caixas e as considerava mais valiosas do que o grupo "inspetor". Os pesquisadores batizaram esse fenômeno, verificado por cientistas e marqueteiros em diversos contextos, de "efeito IKEA", em alusão à rede de lojas sueca especializada em móveis de montagem simplificada. É por isso que as misturas de bolo que exigem algo além de ovos e óleo são consideradas mais saborosas do que os bolos feitos com misturas que só requerem água. É por isso que as lojas de iogurte onde você pode escolher sua própria cobertura conseguem cobrar um preço mais alto, e por isso que bichinhos de pelúcia com peças opcionais são mais caros do que brinquedos prontos. Fazer algo com as próprias mãos, mesmo quando apenas seguimos instruções, torna esse algo mais valioso para nós.

De forma consciente ou não, Warren Hutchinson aplicou o mesmo princípio quando deixou que as pessoas descobrissem a própria receita para garantir o sucesso da semana de quatro dias. "Hoje, quando vejo que as coisas não estão acontecendo na velocidade que eu esperava ou que alguém está com dificuldades, tornou-se um desafio para mim abordá-las e ajudá-las a resolver a questão", ele diz. "Não quero dizer aos meus funcionários que eles devem fazer isso ou aquilo. Eles devem passar por esse processo por conta própria. Assim, o que posso fazer é estimulá-los a conversar sobre se a semana de quatro dias está dando certo para eles, os modos de trabalho que adotaram e o que podemos repassar para o resto da equipe." Isso vale para coisas pequenas, de caráter pessoal, e para questões que dizem respeito à empresa inteira. "Adoro fazer listas, e por isso gosto de produtos como o Trello, mas ele não é para todo mundo. Algumas pessoas gostam muito da fisicalidade. Temos uma pessoa em nosso escritório que adora colar post-its em seu monitor, porque assim pode ver as tarefas e limpá-las aos poucos. Há, portanto, muitas coisas em jogo no momento, e conversamos muito sobre o que dá certo para mim e o que dá certo para você, porque queremos encorajar as pessoas a adotar procedimentos".

A sensação de controle sobre o modo de trabalho também traz benefícios. Um estudo com as tripulações da Força Aérea Real e da Luftwaffe durante a Segunda Guerra e as tripulações americanas durante a Guerra do Vietnã descobriu que membros das frotas de alta performance se sentiam livres para cumprir suas ordens como quisessem. A autonomia dá às equipes a margem de que precisam para o sucesso.

Para pequenas empresas de ramos não convencionais, escolher pessoas que saibam trabalhar em um ambiente onde "todos são meio que os próprios chefes" é essencial, segundo Annie Tevelin, CEO da SkinOwl. Como chefe de uma empresa de apenas seis pessoas, mas dotada de uma base global de fãs na internet e parceiros comerciais nos Estados Unidos, em Hong Kong, na Austrália, no Canadá, no Líbano e na África do Sul, um *podcast* e uma série de eventos sobre autocuidado, Tevelin precisa cuidar de tudo, desde o desenvolvimento de produtos até a fonte de seus ingredientes, passando pelo marketing. Como resultado, "não quero ficar o tempo todo em cima das pessoas, e nem consigo".

As pessoas gostam de ter autonomia em seu trabalho e domínio sobre o ambiente em que atuam, além de darem maior valor àquilo que elas constroem. Por isso, faz todo sentido que permitir aos funcionários redesenhar suas jornadas de trabalho e comandar as mudanças necessárias para a implementação da semana mais curta aumente sua lealdade e seu interesse no sucesso do experimento. Isso, por sua vez, aumenta as chances de um desfecho positivo para o teste. Anna Ross, fundadora da Kester Black, expressa isso com as seguintes palavras: "Quando você estiver tentando mudar a cultura de sua empresa, sua equipe terá todas as respostas".

CONTANDO PARA OS CLIENTES

Um dos maiores empecilhos para a semana de quatro dias é a crença de que os clientes jamais apoiariam a medida. Com frequência, os líderes me contam que imaginaram os piores cenários para o momento em que contariam aos clientes sua intenção de experimentar semanas mais curtas. Na The Mix, "eu estava muito nervosa" com a reação dos clientes depois da transição para os quatro dias, lembra Tash Walker. "Eu me perguntava, 'será que isso pode dar certo?' Será que as pessoas não me ligariam para dizer coisas como 'onde você se enfiou? Precisamos desse trabalho pronto agora!'?"

A maioria dos líderes sofre para explicar aos seus clientes a opção por uma jornada menor, o que esperam ganhar com isso e o que não mudará em seu relacionamento. Para mostrar aos clientes que você está levando as coisas a sério, é importante garantir que você pensou sobre como implementar o experimento sem comprometer a relação com eles, continuar entregando um ótimo trabalho, não deixar de cumprir os prazos e permanecer acessível em situações de emergência.

Se a sua empresa já construiu uma rede de relacionamentos calcada na inovação, as mudanças em sua escala de trabalho serão mais fáceis. "As pessoas que optam por trabalhar com a Kin&Co buscam algo diferente", diz Rosie Warin. Tirar as quartas-feiras de folga para que a equipe tenha tempo de recarregar as baterias mostrou aos clientes que "aplicamos nossos princípios na prática". Para uma firma que ajuda empresas a definir e divulgar seus próprios valores, essa foi uma mensagem poderosa. Além disso, como "podíamos dizer 'nós acreditamos nisso, há uma base psicológica, há evidências'", o teste se tornou um símbolo da capacidade da empresa de converter a ciência em ações.

Na The Mix, eles foram "muito transparentes com os clientes ao explicar por que estávamos fazendo isso", conta Gemma Mitchell, "e apresentamos o projeto não como uma ameaça, mas como um benefício. Escolhemos muito bem as palavras para garantir que todos entendessem por que estávamos fazendo isso, pois, obviamente, pode parecer que é apenas uma tentativa de reduzir os gastos. Todos os salários permaneceram iguais, sem tirar nem pôr, e isso foi muito importante para comunicarmos que aquilo era um sinal da saúde de nosso negócio, de nosso desejo de fazer as coisas de um jeito diferente".

Para a agência de publicidade Type A Media, eliminar as sextas-feiras foi uma forma de valorizar mais as horas pagas pelos clientes. "Os clientes preferem pagar por horas de sexta-feira", quando as pessoas já estão de ressaca e o dia é interrompido por almoços no *pub* e carrinhos de bebida, "ou por nossas horas de segunda-feira?", pergunta o fundador Ross Tavendale de maneira retórica. Reduzir a semana de trabalho foi uma forma de garantir mais horas de segunda-feira aos clientes.

Quando os clientes exprimiram seu medo de que a semana de quatro dias pudesse afetar a capacidade da ELSE de reagir a situações de emergência, Warren Hutchinson apontou que "não precisamos fazer nada tão urgente assim, então é bem provável que isso não aconteça". Além disso, agora a consultoria "faria suas entregas nas quintas, de modo que tudo será entregue um dia mais cedo". Ainda assim, eles combinaram com um dos clientes que "sempre haveria um apoio remoto preestabelecido, para casos de necessidade" nas sextas-feiras.

Esses receios são compreensíveis. Afinal de contas, "sem clientes felizes, nada disso existiria", diz Rich Leigh, apontando para a sala de reuniões do escritório da Radioactive PR.

APRIMORANDO O TRABALHO NA IIH NORDIC

Henrik Stenmann estima que a IIH Nordic tenha conduzido até trezentas experiências distintas para automatizar tarefas rotineiras, estimular o foco, eliminar distrações, destacar as tarefas cruciais e relegar as menos importantes ao segundo plano. A certa altura, eles não estavam apenas questionando hábitos e práticas da semana de cinco dias, mas reavaliando coisas implementadas no início da semana de quatro dias. Por exemplo, a empresa passou a dedicar pela primeira vez dez minutos diários a vídeos instrutivos ou TED Talks, mas fazer disso um hábito se mostrou difícil. Eles substituíram essa prática cotidiana por uma "Terça Tech" semanal e um *hackhaton* opcional às sextas.

A maioria dos experimentos foi proposto e conduzido pelos próprios funcionários. O lado bom dessa abordagem é permitir que todos se envolvam, reflitam sobre seu modo de trabalhar, testem coisas novas e aprendam com as experiências uns dos outros. O ruim é que algumas técnicas que são "muito, muito interessantes e realmente poderiam aumentar nossa produtividade" às vezes não recebem a atenção que merecem, ou são tratadas como opcionais, e não essenciais. "Nós implementamos muitas ferramentas, e as pessoas gostam de usá-las de jeitos diferentes", conta Henrik.

Assim, no final de 2018, eles decidiram que chegara a hora de lançar uma IIH Nordic 2.0, "para juntar todas as coisas que funcionavam e exigi-las de toda a empresa", explica Henrik. "Precisamos garantir que todas as pessoas atuem no mesmo nível, e queremos que todos sigam o mesmo conceito e entendam o que é a semana de quatro dias." Todos, dos recém-chegados aos veteranos da casa, passaram por uma nova fase de aclimatação para se familiarizar com as ferramentas e práticas mais importantes. "Exigimos que todos saibam algumas coisas específicas", ele diz, "porque são muito importantes para a empresa e para a nossa cultura de trabalho".

Fazer a semana de quatro dias dar certo não se resume a descobrir formas de trabalhar mais rápido, como aponta Henrik. Claro, seja você o chefe, seja um membro da equipe, você precisa pensar em jeitos de ser mais eficiente, explorar seu tempo ao máximo e conseguir terminar suas tarefas até o final de quinta-feira. Mas algumas mudanças culturais e cognitivas também são necessárias. Elas o ajudarão a encarar o tempo como algo moldável e a jornada de trabalho como algo que pode ser prototipado, da mesma forma que você prototiparia uma nova peça de hardware ou uma experiência.

A ideia do tempo como algo moldável não é apenas um daqueles conceitos abstratos que você encontra em guias de instruções. Ela é mais como uma jogada de uma equipe esportiva ou uma regra linguística: algo que se aprende através da prática. Sendo assim, como praticar isso? No caso dos líderes e empresas, há uma série de coisas a serem feitas.

- **Tornar as reuniões mais curtas, pequenas e objetivas.** Reduzir e reestruturar as reuniões é uma boa meta inicial. O objetivo não é eliminar completamente as reuniões, mas mantê-las sob controle e tratá-las como o que de fato são, ferramentas, e usar essas ferramentas do melhor modo possível. As reuniões não devem ser mais longas que o necessário, nem maiores que o necessário, e seu objetivo precisa ser o mais claro possível. Em outras palavras, devem ser curtas, pequenas e objetivas.

- **Redesenhando a jornada.** Depois de transformar tempo de reunião em tempo livre, o passo seguinte é criar blocos de tempo para que as pessoas possam se concentrar em trabalhos de grande importância sem se distrair. Garanta que, durante esses períodos, as pessoas possam focar em atividades cruciais em detrimento de coisas menos importantes e possam ignorar e-mails e outras fontes de desatenção. Em termos de estrutura geral da empresa, isso significa designar momentos específicos do dia para reuniões ou estabelecer novas normas referentes a interrupções, troca de mensagens e envio de e-mails.

- **Esboce um processo experimental para redesenhar as funções e testar novas ferramentas**. É surpreendente como, muitas vezes, pensamos muito pouco em como trabalhamos ou como usamos as tecnologias (ou até mesmo em como tomamos diversas decisões, como demonstraram economistas comportamentais). Isso é verdade tanto para as empresas como para as pessoas. Vale a pena articular um processo de testes individuais ou coletivos para tecnologias promissoras, sejam elas instrumentos pessoais, sejam sistemas para todo o empreendimento.

- **Tenha uma história para seus clientes.** Saber explicar aos clientes e consumidores por que você está migrando para uma jornada menor pode ajudá-los a entender por que você está tomando uma medida tão drástica. Antecipar e responder às suas preocupações mostra que você os valoriza ao ponto de incluí-los em seus planos – e aumenta a probabilidade de que eles o apoiem em vez de criticá-lo.

Os trabalhadores também descobrem que redesenhar a jornada de trabalho não é uma tarefa individual. Não é apenas a própria produtividade que está em jogo, e a questão não se resume à criação de uma escala que funcione melhor para você.

- **Tempo e atenção são recursos sociais.** Sua capacidade de focar depende da capacidade dos outros de respeitar sua concentração. Isso significa que você não pode focar apenas em aumentar sua produtividade: ao redesenhar sua jornada, é preciso criar e seguir normas coletivas que ajudem todos a ser mais produtivos.
- **Compartilhe o que dá certo.** Durante a etapa de testes, todos irão se adaptar e testar coisas novas. Não guarde esses experimentos para si. Será de seu interesse compartilhar tudo o que aprendeu, tanto o que dá certo como o que não dá.
- **Compartilhe também outras coisas.** Um dos prazeres do trabalho é que ele nos propicia laços sociais. Você não precisa abdicar deles para focar e trabalhar duro. Uma das coisas boas da jornada de trabalho mais concentrada é que ela pode criar tempo para interações sociais de maior qualidade – almoços e conversas reais, em vez de mensagens de texto. Encare a vida social do escritório como algo que pode ser redesenhado, como todo o resto.

Um protótipo pode ajudá-lo a pensar em um desafio com maior clareza e lhe dá a chance de pensar e agir com criatividade para superá-lo. Mas, como qualquer designer pode confirmar, não basta desenhar e construir um protótipo. Para ver se ele funciona mesmo – e averiguar como pode ser aprimorado –, é preciso testá-lo.

5
TESTE

A etapa de testes do processo de *design thinking* é quando você reúne informações sobre o desempenho de seu protótipo e, então, as utiliza para aprimorar seus planos e guiar o protótipo seguinte. Em sua forma mais simples e direta, o design de produtos é um processo interativo no qual grupos se mobilizam em torno de diversas gerações de ideias, protótipos e testes antes de entregar um produto final.

No nosso mundo, o desafio de criar uma jornada de trabalho é um processo aberto e contínuo. Ele nunca chega de fato ao fim. Os clientes mudam e funcionários vão e vêm, enquanto novas tecnologias surgem para nos ajudar a automatizar tarefas ou potencializar as capacidades dos trabalhadores, e cada um desses elementos carrega consigo oportunidades para aprimorarmos a jornada de trabalho.

Aqui, contudo, acompanharemos um único ciclo desta etapa. Veremos o impacto da semana de quatro dias sobre a produtividade e a rentabilidade. Veremos como ela afeta o recrutamento e a retenção de profissionais. Examinaremos alguns dos efeitos mais sutis – e, em alguns casos, inesperados – que ela pode ter sobre a criatividade, a vida e a carreira de mães trabalhadoras, a saúde e o bem-estar dos funcionários, o espírito inovador de uma empresa e a qualidade de seus líderes. E, claro, veremos como os clientes reagem. (Spoiler: se tudo correu bem na fase anterior, a reação deverá ser positiva.)

RUA SCRUTTON, LONDRES, INGLATERRA

"Somos experimentais por natureza. Sempre nos perguntamos: 'Por que determinada coisa existe? Por que é do jeito que é? Poderia ser diferente?'", diz Marei Wollersberger. Marei é uma das fundadoras da agência de design Normally, e estou sentado ao lado dela e de Chris Downs na sala de conferência de seu escritório em Shoreditch, um descolado bairro londrino. "E duas das coisas que pensamos que poderíamos alterar eram o número de horas trabalhadas e a estrutura da semana laboral. Então para nós foi um experimento: vamos ver se conseguimos trabalhar com uma semana mais curta."

Marei e Chris abriram a Normally com dois amigos em 2014. A agência atende clientes como Facebook e BBC, e a maioria de seus projetos está situada na intersecção de design, estratégia e análise de dados. *Nós acha-*

mos que há uma oportunidade neste mercado, dizem os clientes. *Você pode nos ajudar a construir um novo produto para atendê-la?* Antes de fundar a Normally, Chris e Marei atuaram em outras agências e como profissionais autônomos, no Reino Unido e na Europa. Eles são "*workaholics* em recuperação", segundo Marei. Ela sempre trabalhou "uma quantidade insana de horas, mesmo nos fins de semana", porque "achava que essa era a única forma de manter o nível que eu julgava aceitável". Mas os dois se desiludiram com as cargas horárias e perspectivas de carreira das agências convencionais e vislumbraram a chance de criar algo diferente na Normally.

No início de sua carreira, Chris atuou em agências onde "trabalhávamos nos fins de semana, trabalhávamos até tarde, muitas vezes trabalhávamos a noite inteira". No entanto, quando tinha a opção de tirar um dia de semana de folga, "eu percebi que era muito mais produtivo naquelas semanas com um dia livre". Mais ou menos na mesma época, ele lembra, "meus pais haviam chegado à idade de aposentadoria", e eu vi a geração deles se aposentando depois de "trabalhar muito duro e sacrificar muitas coisas, até não serem mais capazes de aproveitar porque já estavam com problemas de saúde e sua situação financeira não era a esperada, em decorrência das crises do mercado".

As duas experiências o levaram a repensar se valia a pena abdicar da felicidade e trabalhar em ambientes insustentáveis para atingir um futuro que não parecia muito promissor. "Assim, será que não seria possível antecipar parte da aposentadoria?", ele se perguntou. "Será que eu não poderia trabalhar um pouco menos agora mesmo e desfrutar dos benefícios do tempo livre enquanto meu corpo ainda é mais ou menos capaz de fazer as coisas de que gosto – passar tempo ao ar livre, praticar esportes, ficar com meus filhos? Isso nos levou à pergunta: 'Diante desses problemas, o que podemos fazer de diferente?'".

Marei começou a questionar suas certezas sobre a vida profissional depois do nascimento do primeiro filho. "Percebi que ser mãe era completamente incompatível com meu trabalho à época", ela diz, e por isso mudou para um emprego em que trabalhava apenas três dias por semana. Com uma criança em casa, "eu precisava terminar em um horário específico. Pela primeira vez na vida, eu não podia trabalhar sem saber em que horário pararia". Mas, para sua surpresa, ela descobriu que podia realizar a mesma quantidade de trabalho cumprindo uma carga horária normal.

"Acho que, se você perguntar a qualquer pai ou mãe que trabalha meio período, eles lhe responderão exatamente a mesma coisa: eles achavam que produziriam menos" no trabalho depois de se tornarem pais, "e descobriram que podiam realizar as mesmas tarefas, ou até mais. Então Chris disse: 'Essa deveria ser uma política da empresa. Todos deveríamos trabalhar quatro dias'".

Mas como a Normally gerencia a semana de quatro dias? "A produtividade está no âmago de nossa cultura, faz parte do DNA da empresa. Todo o restante é construído em torno disso", afirma Chris. "Por isso, buscamos maior eficiência em nosso espaço físico, na disposição do escritório, para fornecer às pessoas um ambiente de trabalho mais eficiente." Diferentemente de outras organizações, contudo, a Normally busca aprimorar sua produtividade para viabilizar uma semana mais curta, e não para extrair ainda mais das pessoas em uma jornada convencional.

"As ferramentas de software que usamos são quase todas colaborativas", afirma Chris. "É muito raro utilizarmos um software que só pode ser visto por uma pessoa por vez." Isso torna mais fácil para as equipes trabalhar junto e torna todos mais responsáveis.

Eles também subverteram o processo tradicional de design, que segue a ordem de pesquisa, estratégia, prototipagem e construção. Em contraste, "todo mundo na Normally é híbrido, e por isso desempenha dois papéis", ele prossegue, de modo que os trabalhadores formam pequenas equipes que "pesquisam, desenvolvem e constroem, tudo ao mesmo tempo. Nossas equipes têm a capacidade de construir coisas em menos tempo do que a maioria das pessoas levaria para definir precisamente essa mesma coisa". Além disso, "nós incorporamos a eficiência ao estilo e à estrutura de gerenciamento, e damos muita autonomia às nossas equipes".

Não são muitas as pessoas que conseguem operar dessa forma. "Todos trabalham nesses quatro dias em um nível muito alto, de grande foco e produtividade. Seria impossível manter esse patamar por cinco dias semanais", diz Chris. Trabalhar duro e com uma abordagem multidisciplinar para resolver problemas desafiadores exige muito das pessoas. "Às vezes, sobretudo ao trabalhar em problemas complexos, precisamos descansar um pouco para pensarmos nas coisas a partir de outra perspectiva", diz Marei.

Talvez você pense que é difícil encontrar esses híbridos intelectuais, capazes de focar, trabalhar em equipes pequenas e autônomas e apreciar o valor da semana de quatro dias. Mas a indústria gera um excedente de pessoas que se adequam a esse perfil, porém, nem sempre se encaixam em firmas mais tradicionais. Algumas são introvertidas. "Em nosso ramo, existe uma cultura de recompensar a extroversão e a busca por visibilidade", diz Marei. "Costuma-se correlacionar esses traços de personalidade com sucesso, capacidade de gerência e liderança." Outras pessoas são mais velhas ou têm filhos. Em particular, "temos aqui algumas mulheres com filhos para quem a semana de cinco dias é simplesmente impossível", diz Chris, e "não conseguem retomar suas carreiras em outras empresas, ao menos não em nosso patamar de atuação, porque têm filhos". Mas elas se encaixam bem na Normally.

Então eu pergunto: como os clientes reagem à semana de quatro dias da empresa?

"Para ser sincero, quando abrimos nosso negócio, estávamos preocupados", diz Chris. "Parte de nosso experimento era descobrir se os clientes aceitariam nossa semana de quatro dias. E aconteceram algumas coisas dignas de nota. Em primeiro lugar, nunca ouvimos um cliente dizer 'não' para a nossa semana de quatro dias, o que, pensando agora, é incrível."

"É incrível mesmo", prossegue Marei. "Achei que seria um problema, mas não houve nenhuma consequência negativa".

"Na verdade, passamos a ser mais respeitados por nossos clientes", diz Chris. "Eles respeitaram muito o fato de que estávamos preparados a pôr em prática os nossos valores, e a nossa disposição de colocar esses valores acima de nossas oportunidades comerciais."

"A maioria dos clientes entende bem a proposta", diz Marei. "Eu acho que, na verdade, a maioria das pessoas entende que isso é uma boa ideia. Elas lamentam não poder escolher a mesma coisa. Mas tenho certeza de que a maioria de nossos clientes preferiria trabalhar quatro dias por semana se pudesse, e é por isso que sua primeira reação é sempre positiva – o que não esperávamos."

"Sim, achávamos que talvez alguns deles dissessem 'ah, pra nós isso não serve, nós precisamos que vocês estejam sempre disponíveis'", conta Chris. "Mas as respostas são sempre algo na linha 'que maravilha que vocês conseguiram fazer isso, a gente adoraria implementar a mesma coisa aqui'."

"Sem dúvidas", concorda Marei. "Geralmente, o que acontece logo depois é que eles esquecem de tudo no instante em que começamos a trabalhar. Porque, no fim das contas, eles avaliam os resultados de nosso trabalho, e não a forma como nos organizamos internamente. Por isso, é comum que os clientes se esqueçam da semana de quatro dias. Então eles veem o nosso trabalho, cuja qualidade quase sempre supera suas expectativas – afinal, temos uma equipe experiente, que sabe trabalhar de forma eficiente e dispõe de um fim de semana mais longo para pensar nos problemas mais cascudos. E quando os clientes percebem isso eles dizem: 'Não acredito que vocês fizeram isso trabalhando quatro dias!'."

A REAÇÃO DOS CLIENTES

O medo que os líderes têm de serem abandonados pelos clientes em razão da semana de quatro dias é bem compreensível. Em uma economia que opera 24 horas por dia, sete dias por semana, estar sempre disponível e acessível parece fundamental. Muitos profissionais estão familiarizados com "a falsa crença de que nossos clientes esperam que retornemos as ligações em cinco minutos, caso contrário nos trocarão pela concorrência", afirma Steve Glaveski, um dos fundadores da Collective Campus. Se, por um lado, as longas jornadas demonstram seriedade, por outro, a redução dessa mesma jornada pode passar uma sensação de desleixo. Em setores nos quais a maioria dos colegas e todos os concorrentes trabalham até tarde ou nos fins de semana, abreviar a semana de trabalho parece um passo arriscado, um ato de rebeldia. Para as pequenas empresas, sobretudo de ramos criativos ou de grande especialização, manter os clientes felizes é questão de sobrevivência: os líderes temem que, ao perder clientes, possam perder o negócio inteiro.

A reação dos clientes da Normally – que atuam em ambientes hipercompetitivos onde é preciso estar sempre disponível – ilustra uma das maiores surpresas de minha pesquisa: quase sem exceções, os clientes respondem positivamente. O diretor administrativo da Farnell Clarke, James Kay, relata que "99,9% dos clientes que deram alguma resposta reagiram de forma positiva". Os clientes da Kin&Co "amaram", diz Rosie Warin. "Quando você oferece resultados brilhantes, e eles sabem que você folgará nas tardes de quarta-feira, seu comentário é 'que maravilha! Como vocês fazem isso?'."

As respostas positivas dos clientes se repetem ao redor do mundo. A Sinergy Vision, com sede em Londres, trabalha sobretudo com empresas farmacêuticas da Europa, e "90% dos clientes gostaram", conta Ffyona Dawber. "Eles dizem coisas como 'isso é incrível', e afirmam que somos uma empresa à frente de nosso tempo." Na atrain, em Hong Kong, "recebemos comentários muito bons" sobre a semana de quatro dias, relata Grace Lau. Em Melbourne, na Austrália, Anna Ross conta que "temos quatrocentas contas de clientes atacadistas, e ninguém reclamou do fato de trabalharmos quatro dias". Por que os clientes reagem positivamente?

CLIENTES SE PREOCUPAM MAIS COM TRABALHO DO QUE COM TEMPO

Em primeiro lugar, a maioria dos clientes se preocupa com resultados, e não com o número de horas dedicadas a eles. O primeiro cliente para quem Rich Leigh falou sobre a nova escala da Radioactive PR disse: "Contanto que você faça o trabalho pelo qual é pago e os resultados sejam tão bons quanto antes, ou melhores, para nós tanto faz". Pesquisas formais confirmam que os clientes aprovam o trabalho das empresas que operam em semanas mais curtas. Quando testaram a semana de quarenta horas em sua firma, o escritório de Londres da Weiden+Kennedy informou apenas metade de seus clientes sobre o teste. Aqueles que não foram informados relataram o mesmo nível de satisfação com o trabalho da firma do que aqueles que foram informados. A Farnell Clarke mede a satisfação dos clientes através do Net Promoter Score, uma enquete sobre a probabilidade (em uma escala de 1 a 10) de recomendar a empresa a outras pessoas. O Net Promoter Score de uma empresa é calculado a partir da porcentagem que respondeu 9 ou 10, subtraindo-se a porcentagem que respondeu 6 ou menos. Qualquer pontuação positiva é boa, e uma empresa com 50 ou mais é considerada excelente; pontuação igual ou superior a 70 indica uma empresa de ponta. No Reino Unido, John Lewis, Aldi e a Virgin Trains têm pontuações em torno dos 40. Nos Estados Unidos, Costco, Apple e Nordstrom têm, todas, pontuação acima dos 70. A Farnell Clarke tem 79.

JORNADAS MAIS CURTAS SÃO BOAS PARA OS CLIENTES

Em segundo lugar, alguns clientes veem benefícios diretos para si nas cargas horárias menores. "Eles entendem que compram o tempo das pessoas, e esse tempo é inútil se as pessoas estiverem exaustas", diz Rosie Warin. Os clientes da Pursuit Marketing "sabem que os resultados serão melhores, porque dispõem de uma equipe bem cuidada e muito motivada", diz Lorraine Gray.

A semana de quatro dias também dá aos clientes um pouco mais de tempo livre. As tardes de quarta-feira da Kin&Co "propiciam aos clientes mais equilíbrio entre vida profissional e privada", diz Rosie Warin. A firma de arquitetura Bauman Lyons descobriu que "folgar nas sextas pode ser vantajoso para os nossos empregadores *e* colaboradores", segundo escreveu um de seus designers, pois isso dá a todos a oportunidade de colocar o trabalho em dia. Em tempos nos quais todos querem tudo neste exato instante, não incomodar as pessoas pode ser um dom.

CLIENTES GOSTAM DE TRABALHAR COM INOVADORES

A Pursuit Marketing "trabalha com algumas das principais empresas de tecnologia ao redor do mundo", conta-me Lorraine Gray. "No setor da tecnologia, existem pessoas acostumadas ao trabalho remoto e pessoas que trabalham jornadas mais longas, mas menos dias por semana." Em razão da própria experiência, elas tendem a ter "uma cultura muito progressista, e foi muito boa a aceitação" da semana de quatro dias. De acordo com Lorraine, mesmo os clientes com postura cética "acabam aceitando depois de nos visitarem, conhecerem a equipe e verem as operações".

VOCÊ ESTÁ PROTOTIPANDO O FUTURO DELES

Talvez os clientes tirem lições da semana de quatro dias que poderão colocar eles mesmos em prática. É provável que eles mesmos trabalhem 24 horas por dia, sete dias por semana, e estejam bem familiarizados com o excesso de trabalho e o *burnout*. Alguns têm seus próprios problemas para manejar horários flexíveis de trabalho ou equilibrar vida pessoal e profissional, e por isso serão bem mais receptivos aos esforços para encontrar uma solução. Ao apoiar uma empresa que promove uma forma inédita e inovadora de enfrentar esses problemas, eles nutrem a esperança de que também possam mudar.

Assim como outras reações positivas, essa visão é algo que se repete ao redor do mundo. "Muitos dos clientes" da thoughtbot "são start-ups que decidem trabalhar conosco especificamente porque desejam implementar em sua empresa valores e uma cultura semelhantes aos nossos", diz Chad Pytel. Na Austrália, Michael Honey conta que a maioria dos clientes da Icelab "gostam da ideia. Eles ficam empolgados com ela porque também apreciariam fazer algo parecido, de modo que entendem o valor da proposta. E gostaram da ideia de trabalhar com uma equipe de pessoas que é formada por, digamos, seres humanos bem equilibrados". Em Hong Kong, os clientes perguntam "o que podemos fazer para ajudar o projeto a dar certo, e a conversa acaba sendo sobre como eles podem colaborar", conta Grace Lau, da atrain. E uma coisa é citar experimentos realizados em outros países ou setores ao defender uma grande mudança em sua empresa; outra, muito mais persuasiva, é ver essas inovações ocorrendo em seu próprio ecossistema, executadas por empresas que você conhece e com as quais trabalha há anos, que conquistaram sua confiança e compartilham sua cultura e visão.

Na verdade, alguns clientes se interessam tanto pelo experimento que até fazem força para que a semana de quatro dias seja um sucesso. Se a Normally envia um e-mail na sexta-feira, recebem respostas do tipo: "Vocês não deveriam estar de folga?". É algo semelhante ao que ocorre na The Mix: Tash Walker me contou que "às vezes, envio algum e-mail na sexta-feira e o cliente responde 'por que você mandou esse e-mail quando deveria estar de folga?'. Eles apoiam a nossa semana de quatro dias, a nossa relação é muito boa". De modo geral, ela diz que "os clientes oferecem um grande apoio. Eles descobrem que o teste é ótimo, algo de que gostam muito, e passam a nos cobrar. Se você conversar sobre o assunto e eles entenderem e comprarem a ideia, acabarão respeitando o projeto. Você receberá menos ligações e e-mails às sextas, e eles ajudarão a tornar a semana de quatro dias um sucesso".

***

Sobre contar aos clientes
Emily West, da flocc:

Nós tentamos ser o mais honestos e transparentes que podemos. Traçamos expectativas e explicamos o que fazemos e como trabalhamos. Isso atrai muitos clientes e muitas pessoas que desejam trabalhar conosco. Quando você explica direitinho por que está fazendo isso, eles entendem muito bem. Nunca aconteceu de um cliente chegar e dizer "vocês não me deram um retorno" ou "preciso de uma resposta pra ontem". Muitas pessoas ficaram bem interessadas, e uma até disse "vou apresentar essa ideia para os meus diretores".

Tash Walker, da The Mix:

Passados três meses, telefonei para várias pessoas e mandei diversos e-mails para os clientes, contando o que havíamos feitos e pedindo um retorno. Todos eles ficaram surpresos e maravilhados. Ninguém havia percebido a mudança. Eles ficaram muito empolgados e deram um apoio incrível. Algumas pessoas tiveram reações maravilhosas. Alguns clientes enviaram e-mails muito, muito empolgados, e acho até que com um pouco de inveja. Algumas empresas que trabalham conosco disseram que também estavam discutindo essa mudança internamente.

E percebi de cara que, independentemente do que pensávamos, havia um mar de gente lá fora que estava praticamente esperando alguém tentar isso para depois adotá-las como exemplo para suas próprias práticas laborais. Por exemplo: muitos de nossos clientes trabalham meio período ou têm jornadas flexíveis, mas sentem que não recebem qualquer apoio de suas empresas. Essas pessoas nos viram como uma espécie de parceiro conspirador, como colegas que entendiam sua realidade. Conversamos muito sobre isso, e essas pessoas nos apoiaram muito. Eram mães que estavam se reinserindo no mercado de trabalho, pessoas que trabalhavam em horários flexíveis por diferentes motivos, e todos buscavam alguém que pudesse ser seu parceiro. Acho que isso ficou bem claro quando entramos em contato com eles para dizer: "Nós vamos fazer o seguinte", e o retorno imediato foi "que coisa incrível, que bom que alguém está fazendo isso, podemos falar mais sobre o assunto?". Ou seja, durante o teste ninguém percebeu que as coisas haviam mudado, e depois que nós contamos o apoio foi unânime.

***

SEMANAS DE QUATRO DIAS MELHORAM O DESEMPENHO

De acordo com diversas métricas, as empresas que adotam semanas mais curtas se mostram capazes de manter um desempenho igual ou superior ao de antes.

As empresas relatam que a semana de quatro dias estimula a cooperação interna. "Acabamos nos comprometendo bem mais com o pensamento em equipe" na The Mix, diz Tash Walker. "Isso realmente inibe a ideia de que, para alcançar o sucesso, um indivíduo deve se destacar de sua equipe.

Todos sentimos que devemos trabalhar juntos para que a semana de quatro dias dê certo, e assim acabamos colaborando mais. Quando se trabalha quatro dias, ninguém consegue cumprir as próprias tarefas sozinho, de forma isolada: precisamos contar com a ajuda dos membros de nossa equipe. Isso estimula o trabalho em equipe em sua forma mais essencial." "Em uma jornada de cinco horas, as pessoas *precisam* agir como membros de uma equipe", diz Jonathan Elliot. "Fomentar a responsabilidade e o trabalho conjunto foram duas medidas muito importantes, porque as coisas não dariam certo se alguém decidisse simplesmente largar tudo assim que o relógio batesse as cinco horas e deixasse trabalho para os outros."

Uma semana de trabalho mais curta também estimula as empresas a adotar algumas ferramentas que, a curto prazo, não tornam os indivíduos mais produtivos, mas aumentam a eficiência da empresa como um todo. Hoje, a flocc está construindo uma biblioteca de componentes a partir dos projetos que elabora para seus novos clientes. Escrever e documentar os novos programas da forma adequada requer alguns dias a mais de trabalho, mas também gera uma economia de tempo dos desenvolvedores a longo prazo.

As pessoas também podem trabalhar com maior intensidade. No Maaemo, restaurante de Oslo, na Noruega, com três estrelas Michelin, "as pessoas ficaram mais felizes, enérgicas [e] empolgadas" depois de migrar para a semana de quatro dias, contou Esben Holmboe Bang no simpósio Food on the Edge realizado em 2017 em Galway, na Irlanda. Então eles deram mais um passo e aderiram à semana de três dias. "Os chefs que trabalham três dias por semana parecem coelhinhos da Duracell", ele relatou.

Como já vimos, muitas empresas relatam crescimento de receitas depois da adoção de jornadas mais curtas. Alguns desses crescimentos são bastante drásticos. A produtora sul-coreana de cosméticos orgânicos Enesti começou a testar a semana de quatro dias em 2010 e a adotou como padrão para todos os funcionários em 2013. Nos 3 anos seguintes, seu faturamento saltou de 6 bilhões para 10 bilhões de wons, e a folha de pagamento cresceu de 32 para cinquenta funcionários. Depois de implementar a semana de seis dias, a start-up sueca Brath viu seu faturamento dobrar todos os anos entre 2012 e 2015. Os negócios da SkinOwl duplicaram de tamanho todos os anos desde sua fundação em 2013, e agora seus produtos são vendidos em lojas de Hong Kong, dos Estados Unidos, da Austrália e do Líbano, bem como em lojas on-line. No primeiro ano depois de a empresa migrar para a semana de quatro dias, o faturamento da The Mix cresceu 57%. No mesmo período, as receitas da VERSA cresceram 46% e seus lucros triplicaram.

As empresas também conseguiram atrair investimentos, mesmo rejeitando as jornadas normais das start-ups. A Zipdoc recebeu investimentos de 1,5 bilhão de wons em seus primeiros 2 anos. A Cockroach Labs teve três sessões exitosas de captação de fundos que atraíram um total de 53,5 milhões de dólares. A Administrate recebeu um investimento de 2,5 milhões de dólares de investidores escoceses do Banco Escocês de Investimentos no final de 2015, e mais 4,6 milhões de dólares no início de 2019. A Woowa Brothers arrecadou 320 milhões de dólares de financiamento em uma rodada de captação em dezembro de 2018 que atraiu investidores de Singapura, Coreia do Sul e Estados Unidos. Investidores de risco têm a merecida reputação de estimularem uma cultura de excesso de trabalho no ramo da tecnologia. Mesmo assim, eles acabam investindo em empresas que trabalham menos horas depois que essas firmas apresentam ótimos produtos e um grande potencial.

SEMANAS DE QUATRO DIAS MELHORAM O RECRUTAMENTO

De forma pouco surpreendente, a semana de quatro dias tem um efeito positivo sobre o recrutamento. Muitas empresas que apareceram em veículos de comunicação por causa da semana de quatro dias relatam aumento do envio de currículos, mas é fácil separar quem quer apenas trabalhar menos horas de quem nutre interesse genuíno pela ideia de redesenhar a jornada de trabalho. Por isso, mesmo deixando os preguiçosos de lado, as empresas ganham visibilidade no mercado. O mais importante, contudo, é que passam a atrair mais profissionais experientes e maduros e, assim, tornam-se mais competitivas em relação a empresas que oferecem salários mais altos ou estão instaladas em grandes cidades ou centros industriais.

A semana de quatro dias também ajuda pequenas empresas e start-ups a competir com empresas maiores e de mais recursos.

Quando a Normally precisa contratar profissionais, "nossos concorrentes são a Google, o Facebook, a Apple, e nem sempre somos capazes de competir com eles em termos de benefícios financeiros – sabe, não temos ações para distribuir entre os funcionários", diz Chris Downs. Embora a disputa por talentos entre as empresas do ramo da tecnologia em Edimburgo seja muito acirrada, John Peebles me conta que "a semana de quatro dias e 32 horas permitiu que a Administrate crescesse e atraísse profissionais aos quais não teríamos acesso de outra forma".

As empresas situadas em grandes cidades como Nova York, Londres ou novos *hubs* tecnológicos como Edimburgo não são as únicas capazes de utilizar as jornadas mais curtas para atrair profissionais mais experientes. Rich Leigh conta que o fato de a Radioactive PR ter "sede em Gloucestershire, não exatamente um centro tradicional das relações públicas no Reino Unido," poderia ser uma desvantagem, mas ele aprendeu a tirar vantagem disso. "Tive meus anos em Londres, conheço o setor muito, muito bem, e sei que as pessoas tendem a migrar para cá depois de passarem uns 10 anos em Londres", confidencia. "As pessoas se mudam para Cheltenham, Gloucester, Cotswolds, Bath e áreas adjacentes porque esses são lugares agradáveis para morar, e elas querem fugir da muvuca." Como resultado, "temos uma série de profissionais talentosos, que se encontram em um estágio mais maduro da carreira" bem no seu quintal. São pessoas que querem seguir ativas na profissão, gostam de se deslocar menos até o trabalho e não querem mais trabalhar sessenta horas semanais. Para elas, a escala e a proposta da Radioactive PR são muito atrativas. De forma semelhante, a jornada de cinco horas fez com que a Collins SBA chamasse a atenção de candidatos que também têm propostas de grandes firmas de contabilidade em Sydney e Melbourne, e sequer cogitariam trabalhar em uma pequena firma em Hobart, na Tasmânia, a 600 quilômetros de Melbourne, não fosse a carga horária reduzida.

A semana de quatro dias torna pequenas empresas que dispõem apenas de recursos próprios atrativas para trabalhadores mais velhos e experientes que, de outra forma, provavelmente só buscariam trabalho em firmas maiores e com salários mais polpudos. Como os fundadores, esses funcionários não são preguiçosos, e sim veteranos que desejam empregar sua experiência e seus talentos, muitas vezes extraordinários, em um ambiente que não cobre sacrifícios. A Type A Media busca "pessoas no ápice de suas capacidades que atuam em grandes redes, mas estão exaustas", diz o fundador Ross Tavendale. Seu candidato ideal? "Você tem um cartão corporativo, mas é tratado feito lixo." A firma de contabilidade Farnell Clarke monitora trabalhadores juniores que concluíram seu treinamento em firmas maiores, mas não têm perspectiva de se tornarem sócios, ou pessoas mais velhas que "estão lá há uns 10 ou 15 anos e têm contato direto com os sócios ou a diretoria", relata Frances Kay. Muitos dos designers da Normally se desiludiram com a cultura de excesso de trabalho na maioria das agências e "esperavam que seu ambiente de trabalho acabasse se adequando à realidade", diz Marei Wollersberger. Assim como os fundadores, esses trabalhadores se desencantaram com a perspectiva de encarar longas jornadas como algo normal, e já não se impressionam com benefícios como massagens gratuitas ou lavanderias corporativas. Eles entendem o valor de coisas simples, como um fim de semana de três dias ou uma fronteira clara entre o trabalho e a vida pessoal. Eles valorizam o próprio tempo, e sua experiência permite que entendam o que está por trás da semana de quatro dias, seja em relação ao modo como a empresa é administrada, seja ao foco de suas ambições. Para eles, uma semana de trabalho mais curta pode ser tão atrativa quanto um salário mais alto.

SEMANAS DE QUATRO DIAS REDUZEM A ROTATIVIDADE

Depois que implementou a semana de quatro dias em 2015, a Pursuit Marketing viu sua rotatividade anual despencar para 2%, um número memoravelmente baixo em um ramo em que a prática de saltar de um emprego para outro é comum. Isso não apenas ajudou a manter a produtividade alta e a justificar seus investimentos (acima da média) no treinamento de seus funcionários, como também gerou uma economia de mais de 250 mil libras com gastos de recrutamento. Em Glasgow, recrutadores corporativos costumam cobrar cerca de quatro mil libras para selecionar um único operador de telemarketing; graças à semana de quatro dias, a empresa foi capaz de ampliar sua equipe de cinquenta para 120 pessoas sem pagar nenhuma taxa de recrutamento. Jornadas reduzidas também facilitam o recrutamento, e dificultam a vida de concorrentes interessados em "roubar" talentos. "Alguns concorrentes já tentaram roubar funcionários de mim", conta Steve Goodall, fundador do Goodall Group, "e a semana de quatro dias fez com que eles ficassem comigo".

A maioria das empresas que implementou semanas menores durante alguns anos relata queda de rotatividade. Na desenvolvedora japonesa de softwares colaborativos Cybozu, a rotatividade caiu de 28% para 4% depois da implementação de um sistema flexível de trabalho, que oferecia a opção de uma semana de quatro dias. Na IIH Nordic, a rotatividade caiu 20% depois da implementação da semana de quatro dias. E muitas casas de repouso conseguiram reduzir a rotatividade de seus auxiliares de enfermagem de elevado grau de instrução (ver Perfil da empresa na página 167) graças à semana de quatro dias.

Restaurantes também constatam uma queda drástica da rotatividade. No Aizle, "nossa retenção de funcionários melhorou" com a semana de quatro dias, afirma o chef Stuart Ralston. "A equipe de atendimento ao público é a mesma há mais de 1 ano, então acho que estamos fazendo as pessoas ficarem mais tempo no restaurante." No Maaemo, em Oslo, na Noruega, a rotatividade caiu para zero depois que o restaurante com três estrelas Michelin migrou para a semana de quatro dias em 2016.

Há uma exceção à regra de menor rotatividade: algumas pessoas não gostam de jornadas mais curtas e pedem demissão. Alex Gafford conta que quando a Blue Street Capital anunciou a jornada de cinco horas "algumas pessoas disseram 'que maravilha, vamos testar!', mas o sistema não deu certo para elas porque não eram capazes de focar, de eliminar as distrações e se livrar das tarefas paralelas". No entanto, os pedidos de demissão abriram espaço para "pessoas incríveis que amam trabalhar aqui e fazem um ótimo serviço para nós", acrescenta David Rhoads, CEO da Blue Street Capital. Na Collins SBA, "nos tornamos muito mais criteriosos na hora de contratar" depois da adoção da jornada de cinco horas, diz Jonathan Elliot. "Oferecemos algo muito generoso, e não queremos entregar isso de mão beijada para qualquer um. Precisamos de pessoas de um certo calibre em nossa equipe." Depois de substituir trabalhadores pouco entusiasmados e contratar de forma mais seletiva, Elliot sente que sua equipe ficou mais forte. "Se você me perguntasse 1 ano atrás 'você recontrataria todas as pessoas que trabalham para você caso fosse recomeçar do zero?', eu responderia que não", ele diz. "Agora, posso responder 'sim, recontrataria'." Uma equipe de trabalho forte ajuda a consolidar a semana mais curta que, por sua vez, consolida uma equipe mais forte.

Sendo assim, como filtrar os preguiçosos cujo único interesse é trabalhar menos? Stephan Aarstol criou uma forma elegante de identificá-los. Todos os que enviam currículo para a Tower Paddle Boards precisam "mandar uma carta de apresentação em vídeo, com duração de dois a três minutos, antes da entrevista", ele me conta. "Metade dos candidatos diz 'sou esse tipo de gente que produz o triplo dos meus colegas de escritório, e acho que me encaixaria bem no que vocês fazem aí'. Então, não há dúvidas de que a proposta atrai pessoas de excelente performance. Mas ela também atrai, não sei bem como chamá-los... tipo... uns caras basicamente preguiçosos. Eles gravam o vídeo sentados no sofá, comendo Doritos e dizendo 'pode crer, cara, não dá pra acreditar que ninguém pensou nisso antes, eu *sempre* disse que as coisas deviam ser assim'." O vídeo permite que ele veja, literalmente, quem encara a semana de cinco horas como um desafio e quem a considera uma simples forma de trabalhar menos.

Talvez você imagine que o excesso de candidatos ruins seja um problema, mas não é o caso. Desde que anunciou a semana de quatro dias na Radioactive PR, "mal consigo andar em meio às pilhas de currículos de profissionais excelentes. Essa foi uma das grandes vantagens dessa mudança", Rich Leigh me contou alguns meses depois de encurtar a semana de trabalho. "Eu quero que os melhores profissionais pensem 'eles não só fazem um ótimo trabalho, não apenas se destacam no setor, como exigem apenas quatro dias em troca do mesmo salário, o que ninguém mais faz. Por que não entrar em contato com eles?'". Anna Ross diz que "a semana de quatro dias atrai gente muito trabalhadora" para a Kester Black, pessoas que "ficam realmente intrigadas com nosso trabalho". No Japão, a empresa de *e-commerce* Zozo parou de contratar pessoas recém-saídas da universidade. Já faz muitos anos que eles conseguem contratar apenas profissionais com experiência prévia no setor.

***

Perfil da empresa
The Glebe: usando a semana de trinta horas para reduzir
a rotatividade dos enfermeiros e melhorar os cuidados
The Glebe é um lar de aposentados próximo à cidade de Roanoke, nos Estados Unidos, que abriga duzentos residentes. Como muitos outros asilos modernos, ela é dividida em diferentes setores que oferecem níveis variados de serviços aos seus residentes: aposentos independentes para idosos ainda ativos, assistência para aqueles com limitações permanentes de memória ou mobilidade e enfermeiros competentes para quem está se recuperando de alguma doença.

Nos Estados Unidos, cerca de 1,3 milhão de pessoas vivem em casas de repouso, e auxiliares de enfermagem certificados (CNA, na sigla em inglês) são responsáveis pela maioria dos cuidados diários dessa população. Os

CNAs ajudam os pacientes a entrar e sair da cama, trocam os lençóis e os auxiliam a comer, se vestir e tomar banho, além de promover atividades de socialização. Jonathan Cook, CEO da LifeSpire (empresa proprietária da Glebe), conta que o trabalho de "prestar cuidados a pessoas que são idosas, suscetíveis a quedas e têm diversos problemas clínicos e fraquezas" é difícil. Na maior parte do país, essa não é uma função bem remunerada: os auxiliares "poderiam receber o mesmo salário em uma lanchonete, sem precisarem lidar com penicos ou famílias raivosas", diz James Berman, jornalista que cobre o setor. Muitos enfermeiros precisam manter dois ou três empregos para pagar as contas. Por consequência, a rotatividade anual pode ultrapassar os 100% em algumas unidades. É caro para as casas de repouso ter que repor constantemente seus funcionários, e isso também perturba a vida dos residentes. "Acredito que, afora cuidar de pessoas que estão no fim de suas vidas, não há nenhuma questão mais complexa em nosso setor do que a formação de uma equipe capacitada", conta-me James.

Embora esteja situada em uma zona rural, a Glebe jamais foi imune a problemas de recrutamento e rotatividade dos enfermeiros qualificados. Em maio de 2018, a diretora executiva Ellen D'Ardenne começou um teste: os auxiliares de enfermagem certificados receberiam o equivalente a quarenta horas para trabalhar trinta. O programa 30/40, como é chamado, foi estruturado como um programa de incentivo. Trabalhadores pontuais, que não "cancelam" nenhum de seus turnos em uma semana, recebem remuneração de quarenta horas por trinta de trabalho; quem chega atrasado ou fica doente perde o bônus. A jornada de seis horas tampouco inclui tempo para refeições, o que reduz o tempo gasto com trocas de turno quando há poucos funcionários em atividade. A estrutura de incentivo é mais estrita do ponto de vista formal se comparada a experimentos de menor carga horária em outros setores, mas mesmo locais como a EDGE e a Woowa Brothers têm expectativas culturais em relação à presença e à pontualidade, e é óbvio que os enfermeiros precisam estar presentes em seu local de trabalho para que possam exercer suas funções. Além disso, faltas anunciadas em cima da hora são custosas para os colegas e estabelecimentos, que precisam exigir de outros funcionários jornadas duplas ou contratar trabalhadores temporários de alto custo.

A Glebe não é a primeira casa de repouso a testar um programa assim. Jonathan Cook se deparou com o conceito de 30/40 pela primeira vez em uma clínica de cuidados especializados no Marquette, um asilo de Indianápolis, nos Estados Unidos. "Fiquei estupefato ao ver como a comunidade atraía e mantinha (e aqui manter é o mais importante) auxiliares de enfermagem de alto calibre", ele relembra. "Tínhamos uma lista de espera de auxiliares de enfermagem que estavam só esperando para trabalhar no Marquette. Podíamos escolher entre os melhores."

Para que tudo desse certo, a Glebe incorporou nove auxiliares de enfermagem à sua equipe de dezoito pessoas. Isso implicava mais gastos com salários, mas "levando em conta o dinheiro que dedicávamos aos recrutamentos constantes... [e] os custos de rotatividade, a decisão foi fácil", contou D'Ardenne a uma revista especializada no setor. O programa custou 145.023 dólares em salários e benefícios durante o primeiro ano, mas propiciou uma economia de 122.762 dólares em gastos de contratação, horas extras e pagamentos a profissionais autônomos, de modo que o custo total foi de 22.261 dólares.

O que eles ganharam em troca desse dinheiro? Um ano depois da adoção do novo programa, o tempo de resposta às chamadas de emergência caiu 57% e o número de infecções foi reduzido em 65%. Quedas e ferimentos superficiais despencaram drasticamente, um indício de que os enfermeiros estavam mais disponíveis para auxiliar os pacientes e melhoraram seu auxílio aos deslocamentos. (Quedas também são uma das principais causas de morte entre idosos.) A ministração de medicamentos psicoativos vem caindo, porque os enfermeiros conseguem passar mais tempo com os pacientes e garantir cuidados contínuos. No que tange à equipe, a rotatividade anual caiu de 128% para 44%, e o recebimento de currículos saltou quatro vezes.

Experimentos semelhantes foram conduzidos em outros países. Em Gotemburgo, na Suécia, o centro de enfermagem estatal Svartedalens empreendeu um teste de 2 anos durante o qual os turnos dos enfermeiros foram cortados de oito para seis horas sem que houvesse redução de pagamento. (O teste foi encerrado depois da ascensão de um novo governo, de centro-direita, mais conservador do ponto de vista fiscal.) Eles precisaram contratar mais quinze enfermeiros, e os custos trabalhistas subiram 20% – ou 700 mil euros – durante o teste; no entanto, cerca de metade desse aumento foi compensada por economias geradas pela redução de 15% nas faltas e licenças médicas e pelos impostos pagos por novos trabalhadores, que deixaram de gozar de auxílios estatais. Os residentes também afirmaram que os cuidados melhoraram no regime de seis horas: enfermeiros passaram a organizar mais atividades e se tornaram mais felizes e responsáveis. Monica Axhede, diretora do centro, contou a um repórter que os pacientes acometidos por demência, que podem exigir graus elevados de interação, ficaram "visivelmente mais tranquilos" sob os cuidados de enfermeiros mais descansados. Comparado a um centro de cuidados situado próximo dali, que seguiu na escala de oito horas, os enfermeiros estavam mais saudáveis e menos estressados. "Durante o teste, toda a equipe tinha mais energia", contou Emilie Telander, assistente de enfermagem do Svartedalens, à BBC em 2017. "Dava para ver que todos estavam felizes."

No setor de atendimento médico, é necessário olhar para além dos gastos mais elevados com pessoal na hora de calcular os custos totais da redução de carga horária. Não muito longe do lar de cuidados Svartedalens, o Hospital Universitário Sahlgrenska alterou a rotina de sua equipe de 89 médicos ortopedistas e enfermeiros em 2015, quando reduziu seus turnos de oito para seis horas. Isso não é barato – os doze novos membros incorporados à equipe custam cerca de um milhão de coroas suecas por mês –, mas alguns desses gastos são compensados pelo fato de que hoje o hospital é capaz de realizar mais operações e precisa abrigar menos pacientes com complicações. Eles também reduziram drasticamente a lista de espera, e hoje são capazes de tratar pacientes em poucas semanas, em vez de submetê-los a uma espera de meses.

***

SEMANAS DE QUATRO DIAS E PAIS TRABALHADORES

Não é de surpreender que algumas das pessoas mais beneficiadas (e procuradas) por empresas com semanas mais curtas são mães. Para as empresas, a semana de quatro dias cria uma oportunidade para atrair trabalhadores experientes e maduros que, em situações normais, não teriam as condições para trabalhar num nível compatível com suas habilidades. Do ponto de vista de pais e mães, as semanas mais breves permitem que eles passem mais tempo com os filhos, evitem o estigma gerado pelo esforço de equilibrar as exigências conflitantes de trabalho e de ser pai ou mãe e consigam se sair melhor tanto em casa como no trabalho.

Quando implementam jornadas mais curtas, as empresas logo descobrem que algumas habilidades – como de focar, priorizar e traçar limites bem definidos – passam a ser mais relevantes que o vigor físico necessário para suportar longas jornadas. E quem tem experiência profissional e essas habilidades individuais? "Mães que retornam ao trabalho, mães que passaram um tempo fora do mercado [...] são, na verdade, o tipo de pessoa que buscamos atrair, porque elas são competentes e têm muita experiência", diz Anna Ross, CEO da Kester Black. Em Glasgow, Lorraine Gray afirma que a Pursuit Marketing "arranjou alguns bons colaboradores" depois de "criar funções de meio período totalmente compatíveis com o horário das escolas" para se adequar às agendas de pais e mães.

Chris Downs diz que a semana de quatro dias da Normally "possibilita que mulheres brilhantes, experientes, superfocadas e produtivas voltem a trabalhar sem se sentir menos que ninguém, em nenhuma situação". Mas também fez com que ele percebesse como as mães são tratadas de forma injusta na maioria dos ambientes de trabalho. "Fico muito irritado quando penso que construímos uma sociedade que permite isso", ele diz. Durante anos, as empresas precisaram lidar com o desafio de manter e prestar apoio a mães trabalhadoras e, em menor grau, também aos pais. Quando se trata de profissões de alto nível de estresse, como a medicina, que já precisa lidar com atritos e *burnout* na prática diária, esses problemas acabam piorando uma situação que já era ruim. Substituir pessoas com boa performance, mas que se veem forçadas a abandonar a profissão por volta dos 30 ou 40 anos (muitas vezes a época da vida em que atingem seu ápice de produtividade e lucratividade) pode custar bem caro: um relatório de 2009 estimou que escritórios de advocacia estadunidenses gastam 20 milhões de dólares por ano para substituir advogados de alto nível, que constituem "perdas muito lamentadas na equipe".

JORNADAS MENORES × TRABALHO FLEXÍVEL

Um problema é que, em termos relativos, são poucos os trabalhos que oferecem muita flexibilidade. De acordo com um estudo realizado pela Timewise em 2015, apenas 6% das vagas anunciadas no Reino Unido com remuneração superior a 20 mil libras anuais ofereciam alguma opção de trabalho flexível. Para os trabalhos que pagavam acima de 100 mil , o número caía para 2%. Na maioria das empresas, a flexibilidade é uma exceção, e não uma opção.

Mas algumas empresas perceberam que as pessoas não aderem a essas modalidades de emprego mesmo quando há oferta de trabalhos formais de meio período ou escalas de trabalho flexíveis. Por exemplo, 90% das grandes firmas estadunidenses de advocacia têm programas assim, mas apenas 4% dos advogados que podem optar por elas o fazem.

Por que essas medidas não são mais populares? Mesmo em escritórios inovadores, os trabalhadores que aproveitam as opções de trabalho flexível estão suscetíveis ao que os sociólogos chamam de "estigma da flexibilidade". Em épocas de aperto, esses profissionais correm o risco de serem vistos como menos ambiciosos ou confiáveis, e não raro seus colegas sentem que eles deixam parte de seu trabalho para os outros.

Como resultado, mesmo quando dedicam algum esforço extra para não serem esquecidos por seus chefes e trabalham para garantir que sua ausência não crie problemas para os colegas nem inconveniências para o sistema, as pessoas que cumprem escalas flexíveis tem grande probabilidade de assumir os trabalhos menos interessantes e relevantes, demorar mais para serem promovidas e ganhar menos aumentos. Por fim, é maior a chance de que elas deixem seus empregos. Espera-se que os profissionais que – ao menos em teoria – têm grande controle sobre seu tempo "optem" por trabalhar o tempo todo. Mesmo no âmbito acadêmico, eles acabam punidos quando não dedicam voluntariamente e de modo visível o seu tempo livre ao trabalho.

O estigma da flexibilidade atinge mais as mulheres que os homens. A probabilidade de uma mulher precisar de flexibilidade é maior, e o pressuposto de que elas precisarão dividir sua atenção entre o trabalho e a família as põe em desvantagem na hora de contratar e promover. Mas os homens que aproveitam as opções flexíveis também correm o risco de serem considerados por seus chefes menos ambiciosos, agressivos ou focados em sua carreira.

JORNADAS MAIS CURTAS E PAIS E MÃES QUE RETOMAM A CARREIRA

Profissionais que reservam um período sabático para criar os filhos acabam se deparando com outros problemas estruturais. Um estudo da KPMG de 2017 estimou que, no mundo todo, 96 milhões de mães trabalhadora com idades entre 30 e 55 anos estão em um hiato de sua carreira; delas, 55 milhões atuaram como gerentes, executivas ou ocuparam cargos seniores. Como muitas mulheres que tiraram esse tempo podem confirmar, o desafio de retomar a carreira pode levar a uma série de questões sobre escolhas de carreira, comprometimento profissional e a probabilidade de se manter no cargo. Segundo um estudo da PwC, somente no Reino Unido mais de 400 mil profissionais do gênero feminino – administradoras, advogadas, médicas, engenheiras – encontravam-se em pausas (voluntárias ou não) de suas carreiras em 2016. Caso se reinserissem no mercado de trabalho, mais de 250 mil precisariam trabalhar em funções de menor qualificação ou cumprir menos horas do que gostariam. Isso resultaria em "uma redução imediata de 12% a 32% de horas remuneradas" e uma perda anual de 1,1 bilhão de libras em salários.

O impacto a longo prazo desses hiatos de carreira sobre a renda total ao longo de uma vida pode ser dramático. Um estudo com homens e mulheres com MBA nos Estados Unidos descobriu que, uma década após a graduação, os homens recebiam 60% a mais que suas colegas do gênero feminino com filhos, e a maior parte dessa diferença se devia ao fato de que as mulheres passaram por uma pausa depois do nascimento de um filho. Mesmo na Dinamarca, onde a política de licença-maternidade remunerada é bastante generosa, um estudo recente apontou que mulheres com filhos sofrem uma queda imediata e acentuada de renda, e mesmo 10 ou 20 anos depois do nascimento é provável que elas recebam 20% a menos que homens ou mulheres sem filhos. Em contraste, os efeitos da paternidade sobre a renda são estatisticamente insignificantes.

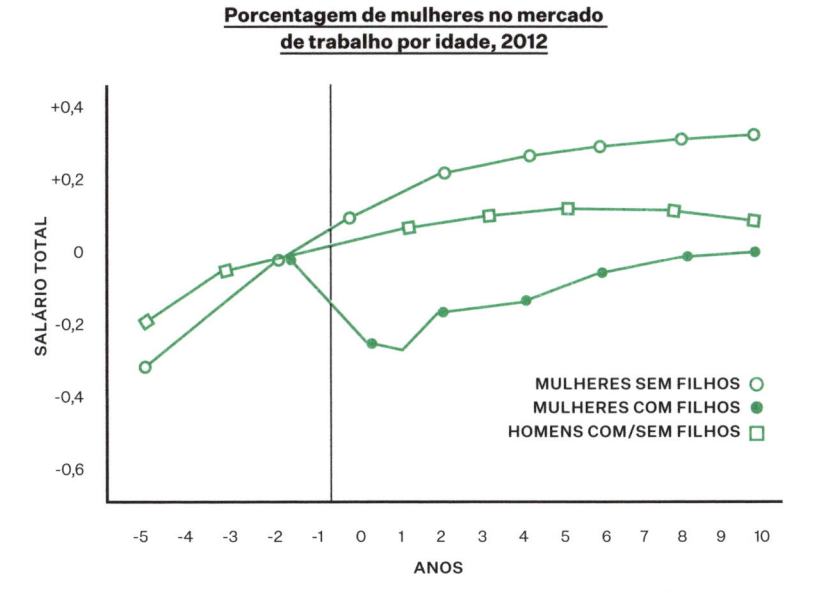

Porcentagem de mulheres no mercado de trabalho por idade, 2012

MULHERES SEM FILHOS ○
MULHERES COM FILHOS ●
HOMENS COM/SEM FILHOS ☐

Impacto do primeiro filho sobre a renda a longo prazo. Dados coletados pelo governo dinamarquês entre 1980 e 2013 revelaram que depois do primeiro filho a renda das mães sofreu uma queda aguda, colocando-as atrás dos homens (com ou sem filhos) e das mulheres sem filhos.

A semana de quatro dias muda esse quadro. Em média, mulheres com MBA e filhos cumprem cargas horárias 24% menores que os homens. A adoção de uma semana mais curta equaliza essa disparidade. O estigma da flexibilidade sai de cena, e a necessidade de interromper a carreira decai. Ao proporcionar mais tempo livre para todos, a semana mais curta acaba com a desconfiança e o ressentimento que, de outra forma, seria associado a sair mais cedo do trabalho. Sua natureza igualitária faz com que as pessoas não se sintam obrigadas a dedicar horas extra para compensar o "presente" do trabalho flexível. Ela torna o equilíbrio entre vida pessoal e profissional um desejo de todos. O fato de que as empresas estimulam os trabalhadores a se desconectar quando estão fora do horário de trabalho e a dedicar seus três dias a atividades restaurativas, desenvolvimento profissional, *hobbies* sérios ou autocuidado faz com que a divisão entre tempo pessoal e profissional seja mais sólida.

***

Sobre jornadas mais curtas, trabalho flexível e pais e mães trabalhadores

Tash Walker, da The Mix:

Constatei que o maior desafio do trabalho flexível é o surgimento de um desequilíbrio de poder dentro das organizações. De certa forma, a pessoa que trabalha em jornadas flexíveis se vê quase obrigada a sentir gratidão pela empresa: existe praticamente uma sensação de que o profissional fica em dívida com ela. Ele é obrigado a se organizar, a avisar sua escala para todos, a cumprir diversas tarefas adicionais – e ainda se dedicar mais que os outros ao trabalho para provar que os horários flexíveis funcionam. Assim, quase todos os trabalhadores de horários flexíveis com quem conversei sentiam que trabalhavam o dobro de seus colegas, porque precisavam se provar o tempo todo. Acho que surge uma série de equilíbrios e desigualdades de poder que dificultam muito a realização do trabalho.

Michael Honey, da Icelab:

Na Icelab, o período integral de todos consiste em uma semana de quatro dias. Mas se você trabalha quatro dias em uma empresa onde a norma é trabalhar cinco, será visto como um funcionário atípico. Você terá um déficit. E não sei se é possível combater isso em uma empresa convencional, porque você acabará faltando a reuniões importantes ou deixará de ficar responsável por projetos importantes, o que fará com que você não seja promovido.

Quando você trabalha apenas uma fração do que as outras pessoas na empresa trabalham, surge um problema incontornável. E isso significa que aquelas pessoas que não desejam cumprir a carga integral (e não é de surpreender que muitas delas sejam mulheres) precisarão enfrentar um problema sistêmico e suas consequências, como remuneração inferior. Assim, do ponto de vista da justiça social, não basta permitir às pessoas trabalhar em períodos parciais. Isso pode até ser bom do ponto de vista da empresa, mas é difícil para o profissional que se submete a esse regime, além de apresentar custos ocultos a longo prazo.

Jen Anderson, da Administrate:

A julgar por minhas amigas que tiveram filhos, é comum que mães não consigam retomar suas funções anteriores ou cumprir as jornadas que pretendiam quando retornam ao trabalho depois da licença-maternidade. Durante meu tempo aqui eu tive um filho e acho que, sob circunstâncias normais, ou seja, se estivesse trabalhando cinco dias por semana, eu preferiria trabalhar quatro dias semanais logo depois do meu retorno. Mas, com o sistema que temos aqui, não precisei mudar nada em minha vida profissional, exceto pelo fato de que agora tenho um filho e preciso pensar em diversas outras coisas. O meu trabalho continua o mesmo, e não sofri reduções salariais nem nada do tipo. Tudo deu muito certo para mim, do ponto de vista pessoal, e sei que outras famílias na empresa também se beneficiaram muito, muito com isso.

Georgina Robilliard, da Insured by Us:

A combinação de uma semana de quatro dias com jornadas flexíveis nos permitiu contratar pais e mães que desejam participar de perto da vida de seus filhos. Por isso, é comum que nossos funcionários deixem os filhos no colégio ou sob cuidados de alguém durante a semana, mas passem o quinto dia com as crianças. Assim, acredito que a nossa diversidade em termos de idade e gênero seria menor caso oferecêssemos apenas vagas em Sydney para trabalhar cinco dias por semana.

***

SEMANAS MAIS CURTAS AJUDAM PAIS E MÃES A SE SAIR MELHOR

A semana de quatro dias não apenas proporciona às pessoas mais tempo para dedicar aos filhos, como também permite que se tornem pais e mães melhores. Na casa de enfermagem Svartedalens em Gotemburgo, na Suécia, o enfermeiro e pai solteiro Arturo Perez afirmou que a jornada de seis horas tornou a paternidade menos estressante. "Não preciso mais pressionar [meu filho] para ir à escola de manhã", ele disse a um jornalista em 2016. "Tudo ficou mais tranquilo [...] acho que me tornei um pai melhor e um enfermeiro melhor."

Pais e mães relatam maior qualidade do tempo que passam com os filhos. Mark Merrywest diz que, algumas semanas depois de a flocc aderir à jornada de seis horas, uma funcionária lhe disse que, ao sair do trabalho mais cedo, "'agora eu consigo chegar em casa e conversar com meus filhos antes da janta, quando ainda não estão muito cansados, antes de ficarem mal-humorados. Sabe, não preciso mais conversar com eles só dentro do carro ou no caminho para casa. Posso interagir com meus filhos de novo.' E isso é incrível".

Os pais e mães dessas empresas não ganham apenas mais tempo com seus filhos: os dias que passam com eles também representam uma economia com o dinheiro pago a babás e cuidadores. Esse foi um tema destacado por muitos pais que conversaram comigo em Londres, uma cidade onde as famílias gastam em média 50% de seu orçamento (excluídos os gastos essenciais) com profissionais para cuidarem de seus filhos. Assim, migrar para uma semana de quatro dias significa economizar milhares de dólares por ano e passar centenas de horas a mais com as crianças – exemplo perfeito de uma situação onde só há vantagens.

Pais e mães têm uma percepção semelhante dos efeitos da jornada mais curta. As mães trabalhadoras enfrentam muitos desafios para equilibrar o trabalho e a maternidade, mas uma porção cada vez maior de homens com filhos em países desenvolvidos reclamam dos desafios estruturais para que sejam bons pais.

Na Icelab, a jornada menor e o trabalho remoto "permitiram às pessoas ser bons pais e mães e, ao mesmo tempo, bons funcionários. Não tenho dúvidas de que eles conseguiram se tornar pais melhores", diz Michael Honey, porque a situação oferece mais flexibilidade "para situações inevitáveis, como quando as crianças ficam doentes ou precisam fazer alguma coisa". A semana de quatro dias também beneficia os cônjuges dos funcionários da Icelab "porque permite que deem continuidade às suas carreiras. Mencionei que temos um bom número de pais em nossa empresa, e muitas vezes o papel de sacrificar a carreira recai sobre a mulher. Acho que nosso sistema viabiliza um acordo mais equilibrado entre os pais". Muitas crianças jovens cujos pais trabalham na Normally agora contam com "um dia por semana para conhecer seus pais", diz Chris Downs. "É algo que nenhuma empresa pode oferecer a eles. De todas as coisas que fiz na Normally, esse é o feito pessoal do qual mais me orgulho."

Envolvimento de pais trabalhadores com os filhos

REINO UNIDO

SÃO MUITO ENVOLVIDOS COM A CRIAÇÃO	58%
TÊM PROBLEMAS COM OS CHEFES PARA EQUILIBRAR CARREIRA E PATERNIDADE	45%
SENTEM IMPACTO SOBRE A SAÚDE MENTAL	37%
SENTEM-SE CULPADO PELO IMPACTO DO TRABALHO SOBRE A PARCEIRA	61%
SENTEM-SE CULPADO PELO IMPACTO DO TRABALHO SOBRE OS FILHOS	51%

EUA

CONSIDERAM CRIAR OS FILHOS IMPORTANTE	57%
TÊM DIFICULDADE PARA EQUILIBRAR A VIDA PROFISSIONAL	52%
PASSAM TEMPO DE MENOS COM OS FILHOS	63%

Pesquisas recentes com pais trabalhadores mostram que mais homens estão levando a sério seu papel como pais e sentem que a estrutura do trabalho prejudica sua capacidade de se sair bem nessa função.

SEMANAS DE QUATRO DIAS TURBINAM A CRIATIVIDADE

Em diversos setores, as semanas de quatro dias são atrativas porque prometem uma turbinada na criatividade. Agências criativas, start-ups de softwares e restaurante estão sempre em busca de novas ideias e novas maneiras de ter ideias, desde *brainstorms* e sessões de ideação até a adoção de ferramentas que estimulem o fluxo e a concentração, passando pela realização de "estágios" em outros restaurantes. As semanas de quatro dias turbinam a criatividade de diversas formas: aumentam a capacidade de resolução de problemas, dão às pessoas mais tempo para se dedicarem a experiências que estimulem a criatividade e fomentam uma mentalidade inovadora dentro das organizações.

CRIATIVIDADE NO TRABALHO

Períodos ininterruptos de concentração durante o horário de trabalho ajudam as pessoas a mergulhar mais fundo nos problemas e lhes dá a capacidade de trabalhar com maior intensidade para resolvê-los. Com mais tempo de folga, os trabalhadores também têm a chance de se recuperar do trabalho intensivo.

A redução das horas de trabalho estimula os trabalhadores a se concentrar nos problemas mais importantes e a dedicar menos tempo a distrações ou tarefas menos essenciais. "Funcionando de segunda a quinta, sinto que temos uma equipe mais focada e engajada, pois eles dizem: 'Preciso garantir que cumprirei as tarefas fundamentais'", conta Spencer Kimball, CEO da Cockroach Labs. "Cumprir menos horas não significa perder em criatividade", diz o designer de videogames Linus Feldt, pois ao se tornar "mais focada, nossa equipe ficou mais criativa e melhor em encontrar soluções". Na firma de *web design* Reusser Design, a semana de quatro dias dá aos desenvolvedores "mais tempo de concentração, e isso, aliado a um esforço consciente para minimizar as interrupções, resulta em dias mais produtivos" do que aqueles da semana de cinco dias, escreve o designer de experiência de usuário Andy Welfle. "Você nem acreditaria se soubesse a quantidade de trabalho que conseguimos fazer" em uma semana comprimida, declarou à CNN o CEO Nate Reusser em 2015.

Reservar partes consideráveis do dia para o trabalho focado também beneficia muito designers e programadores, que trabalham melhor quando são capazes de mergulhar fundo nos problemas. Cristian Rennella, fundador da firma de software el Mejor Trato (que experimentou a semana de quatro dias em 2015) escreve que "um desenvolvedor precisa, em média, de quatro horas consecutivas de trabalho ininterrupto para desenvolver um trabalho de boa qualidade e obter avanços significativos". Eliminar empecilhos constantes, como reuniões e outras distrações, não resulta apenas em uma melhoria linear na qualidade do trabalho de um programador: essa evolução é de caráter mais exponencial.

A semana de quatro dias também melhora a criatividade ao dar às pessoas mais tempo para recarregar as baterias mentais e físicas esvaziadas durante o trabalho. Esse tempo de recuperação é especialmente necessário para aqueles que passam a trabalhar de forma mais intensa, requisito da semana de quatro dias e da jornada de seis horas. O trabalho criativo "é pesado para a mente", diz Linus Feldt, "e é difícil aguentar uma jornada completa de oito horas quando se é um artista ou programador criativo. Mas, com seis horas divididas em dois turnos, as pessoas conseguem manter o foco com facilidade". Maria Brath, CEO da empresa sueca de SEO Brath Ab, diz que a jornada de seis horas permite à sua firma manter o foco e a criatividade em alto nível de intensidade, e isso a ajuda a concorrer com empresas maiores e mais convencionais; no entanto, "nós não conseguiríamos fazer isso por oito horas". Os funcionários de sua empresa conseguem "condensar oito horas" de trabalho útil "em nossas seis horas, pois chegamos descansados no trabalho, fazemos o que temos que fazer e então vamos embora".

Os programadores também exaltam a semana de quatro dias porque ela os ajuda a encarar o trabalho com a mente mais vazia e descansada. "A criatividade floresce na mente limpa, e o fim de semana de três dias nos dá uma imensa capacidade de limpar nossas mentes", diz Natalie Nagele. Os desenvolvedores da Cockroach Labs trabalham em problemas que requerem "pensamento abstrato contínuo" e são mais bem resolvidos com "uma mente limpa e descansada", em vez do método de força bruta das "jornadas de catorze horas e imensas doses de cafeína", afirma Spencer Kimball. Claro, todos se beneficiam de horários menos rígidos. "Cérebros criativos precisam de horários de folga", diz Iain Tait, diretor executivo-criativo da W+K London, e seu experimento com jornadas reduzidas foi desenvolvido "para garantir a saúde mental das pessoas". Por experiência própria, ele sabe que os períodos "em que estou com o cérebro exausto e tento espremê-lo para continuar pensando à força" não são "aqueles em que as ideias surgem".

Semanas mais breves também propiciam às pessoas tempo e energia para experimentar e desenvolver novas ideias. Chefs que antes cumpriam semanas de setenta horas relatam ter mais tempo para elaborar novos pratos depois de aderir à semana de quatro dias. "Com a semana de quatro dias, tenho tempo para pesquisar mais e desenvolver mais os produtos", diz Stuart Ralston. "Sem dúvidas, tenho dedicado mais tempo a elaborar novos pratos e passado mais tempo com minha equipe para prepará-la. Acho que nossa comida nunca foi tão boa."

Na Rheingans Digital Enabler, Lasse Rheingans observa que, desde que migrou para a jornada de cinco horas, "uma das coisas que mais me impressiona, e uma das descobertas em relação à minha equipe, é que todos chegam no trabalho pela manhã e se concentram muito na parte operacional do trabalho, nas tarefas que devem cumprir". Esse foco ampliado leva as pessoas a resolver os problemas mais depressa, mas Rheingans percebeu que a jornada mais curta também turbina a criatividade de outras formas. "Então eles saem, fazem o que gostam de fazer (alguns tiram um cochilo, outros almoçam com amigos e depois vão nadar ou fazer uma caminhada), e de repente, quando você menos espera, uma grande ideia surge. Percebo isso em mim mesmo. Venho reparando muito nisso." Jornadas mais curtas exacerbam a criatividade ao propiciar mais tempo para que a mente vagueie e encare os problemas sem pressão.

Todos já tivemos esses *insights* inesperados que Rheingans descreve: se você já tentou resolver um problema e fracassou, mas a solução pipocou em sua mente alguns minutos depois, quando já estava pensando em outra coisa, você experimentou uma versão cotidiana do mesmo fenômeno. Há quase um século, os psicólogos utilizam um modelo de quatro etapas para descrever o surgimento de ideias criativas. Ele começa com a preparação, período de investigação e esforço consciente para resolver o problema; em seguida vem a incubação; e, então, o momento de *insight*; por fim, temos a verificação, quando o *insight* é avaliado e tem sua validade analisada.

Esse momento de iluminação é um fenômeno ao mesmo tempo corriqueiro e misterioso, mas em tempos recentes os neurocientistas têm chegado perto de identificar um processo cerebral que ajude a explicar sua existência. Quando descansamos nossa atenção, as redes neurais que processam e interpretam o mundo são desativadas e substituídas pelo que os cientistas chamam de rede de modo padrão. A rede de modo padrão une regiões associadas, dentre outras coisas, ao pensamento criativo e à resolução de problemas. O modo padrão também parece orbitar problemas recentes não resolvidos: relatos autobiográficos de resolução espontânea de problemas por parte de figuras como o matemático do século XIX Henri Poincaré e da bióloga do século XX Barbara McClintock sugerem que a rede de modo padrão trabalha nesses problemas de forma proporcional à intensidade e ao esforço consciente que dedicamos a eles. Problemas não resolvidos que ainda estão frescos em nossa mente recebem mais atenção de nosso subconsciente criativo do que problemas abordados apenas de forma passageira ou que fomos incapazes de resolver muito tempo atrás.

Esse modelo de criatividade combina pesquisas de laboratório e material histórico. Por isso, cabe observá-lo com uma dose de ceticismo. No entanto, se ele estiver correto em linhas gerais, as semanas de trabalho mais curtas – com sua mescla de horas de trabalho mais intensas e estruturadas e longas pausas – parecem feitas quase sob medida para turbinar *insights*, pois elas fornecem à rede de modo padrão material no qual trabalhar e, logo em seguida, tempo para trabalhar nele. Como afirma Rosie Warin, os dias de folga são uma forma de "abrir espaço e permitir que nossos próprios pensamentos criativos venham à tona".

Isso ajuda a explicar por que diversas pessoas que entrevistei mencionam ideias surgidas depois do trabalho. "Noto que sempre curti pensar sobre o meu trabalho" fora do horário de escritório, diz Emily West, da flocc, mas isso mudou depois de a empresa aderir à semana de seis horas. Em seus cargos anteriores, "quando não estava no trabalho, eu pensava o tempo todo 'ah, eu devia estar fazendo tal coisa'". Agora, contudo, "como sei que fiz minhas obrigações do dia e não estou exausta, gosto de pensar no trabalho durante o tempo que passo em casa, algo que antes eu detestava".

À primeira vista, pode parecer paradoxal que mais capacidade de resolver problemas criativos durante o tempo livre seja decorrência do próprio tempo livre, mas acredito que a maioria de nós concorda que existe uma grande diferença entre, digamos, analisar uma ideia sem qualquer tipo de pressão enquanto fazemos uma caminhada e espremer nossos cérebros sentados diante de uma escrivaninha. Spencer Kimball diz que "às vezes, eu sigo trabalhando nas sextas" em algum desafio de programação, "mas de forma bem mais despretensiosa". De forma semelhante, Anna Ross me conta que "ainda trabalho algumas horas às sextas, mas na prática se trata mais de um processo criativo", e não de um esforço para riscar mais uma tarefa de sua lista.

***

Sobre criatividade e tempo livre
Mark Merrywest, da flocc:
Um dos principais efeitos colaterais, que me agrada muito, é que agora as pessoas têm mais tempo para pensar no trabalho fora do trabalho,

de um jeito que não é estressante. Elas voltam no dia seguinte e dizem "olha, sabe, pensei a respeito disso de ontem pra hoje e essa é a melhor forma de abordar a questão". Estou 90% certo de que isso acontece porque seus cérebros tiveram mais tempo para relaxar e se concentrar em alguma outra coisa, e isso lhes permite processar a questão. Se nós os pressionássemos durante mais horas para resolver o mesmo problema, eles ficariam loucos para chegar em casa e se esparramar no sofá em vez de pensar nele. Assim, embora passem apenas seis horas dentro do escritório para fazer seu trabalho, percebo que eles pensam mais a respeito dos problemas quando não estão aqui. É um efeito colateral natural.

Spencer Kimball, da Cockroach Labs:

Muitas vezes eu uso esse tempo para ficar com minha filha. Mas, quando estou trabalhando, acabo aproveitando o dia para observar meu trabalho de uma outra perspectiva. Na verdade, essa foi a grande revelação: as pessoas não têm mais reuniões, a maioria não vem para o escritório, a quantidade de e-mails diminuiu. Assim, se tenho um problema durante a semana, corro o risco de ficar preso em meio a reuniões e uma série de funções, mas nas sextas eu posso me sentar e focar no problema. E é quando estou em casa, no meu escritório, e posso preparar um café. Assim eu abordo o problema de outra forma, e é comum que eu fique muito surpreso com o resultado, porque quando você consegue recuar um passo e explorar um problema de forma mais espontânea, não raro acaba encontrando soluções melhores. Desse modo, eu consigo resolver problemas que poderiam me deixar travado durante a semana inteira, em parte porque não poderia focar de verdade nele, mas também em parte porque estaria sob pressão para resolver aquilo na hora. Às vezes, isso pode ser contraproducente. E escutei relatos semelhantes de muitas das pessoas que trabalham aqui.

Lasse Rheingans, da Rheingans Digital Enabler.

Não há como forçar a criatividade. Você não pode dizer à equipe criativa "tenham suas melhores ideias, agora!". Mas, se ela tiver uma oportunidade para relaxar e fazer o que quer que seja, todos voltarão com vinte ou cinquenta ideias, e todas serão boas. É o que acontece aqui: as pessoas tiram uma folga, têm ótimas ideias e voltam bastante motivadas para discuti-las com seus colegas. Elas empoderam umas às outras para que trabalhem melhor. Quando você tira uma folga da rotina de trabalho, seu cérebro encontra a energia necessária para ter essas ideias.

***

SEMANAS DE QUATRO DIAS CRIAM TEMPO PARA NOVAS EXPERIÊNCIAS

Jornadas mais curtas também dão às pessoas tempo para explorar coisas novas e mergulhar em assuntos ou atividades que possam enriquecer sua vida profissional e criativa. Na Kester Black, Anna Ross diz que "quando minha equipe entra no escritório segunda-feira, depois de um dia de folga para fazer outras coisas, ela traz novas ideias criativas que beneficiam ainda mais nossa marca".

Hoje em dia, sair da cozinha é essencial para os chefs do mais alto padrão, para quem cozinhar bem não consiste tanto em dominar um cânone de receitas ou um método consolidado, mas antes em explorar culinárias exóticas e combinar ingredientes e procedimentos de diferentes partes do mundo a fim de criar formas totalmente novas de cozinhar. Ben Shewry, do restaurante Attica (conhecido pela alta culinária com ingredientes nativos da Austrália), contou a um entrevistador em 2018 que "a inspiração para a maioria das novidades que realizei em minha cozinha nos últimos anos veio de observações alheias aos ramos da alimentação e do turismo". Da mesma forma, Esben Holmboe Bang disse em 2017 que 1 ano cumprindo semana de três dias permitiu à equipe do Maaemo ter tempo para descansar, mas também "tempo para nos tornarmos melhor em nosso trabalho".

Quando a W+K London testou uma jornada de trabalho mais curta, segundo me contou por e-mail a diretora administrativa Helen Andrews, um de seus objetivos era dar a todos "mais tempo para serem criativos, entrarem em contato com a cultura e buscarem momentos de inspiração longe das reuniões constantes e da interrupção dos e-mails". "Nossos dias são repletos de colaborações frenéticas e geração de ideias", diz o colega dela, Iain Tait. "Nós precisamos de tempo e espaço para podermos processar ideias e estímulos gerados ao longo da jornada. Mas, para a maioria de nós, os momentos de silêncio e reflexão são raridade."

As pessoas não precisam ir a galerias de artes e aberturas de exposições para que sejam expostas a grandes ideias. Michael Honey diz: "Penso muito enquanto corro, enquanto corro em trilhas. Meus *insights* costumam surgir quando estou fazendo algo sem ligação com o problema – ou seja, encontro análogos e analogias úteis para o meu pensamento. Se você dedicar todos os instantes de sua vida a atividades do seu campo profissional, acabará não tendo essa oportunidade". Na Skift, conta Rafat Ali, diversos funcionários são músicos ou comediantes de improviso. A arte do improviso ensina aos atores que é possível construir ordem (e humor) a partir do caos, contanto que escutem com cuidado, pensem rápido, desenvolvam ideias dos outros atores e trabalhem em equipe. São qualidades que muitas organizações adorariam cultivar em seus funcionários, mas os funcionários da Skift a desenvolvem por conta própria.

***

Perfil da empresa
Baumé: como usar a semana de quatro dias para focar no essencial

A semana de quatro dias estimula as pessoas a se concentrarem na parte mais importante do seu trabalho, além de incitar as empresas a redesenhar sua cultura e suas escalas de trabalho para priorizar o foco e eliminar distrações. A vantagem é que esse processo torna as pessoas mais produtivas, estimula a continuidade e cria um espaço melhor para o desenvolvimento do pensamento criativo. A longo prazo, isso também lhe permitirá focar nos aspectos mais importantes de sua vida e reestruturar seu trabalho de forma compatível.

Bruno Chemel e sua esposa, Christie, abriram o Baumé, um restaurante em Palo Alto, nos Estados Unidos, em 2010. Ele está situado em uma rua agradável, mas discreta, de edifícios baixinhos. O restaurante divide a quadra com uma loja de impressão e envio dos correios, academias CrossFit e uma loja de tabaco. Perto dali há também uma pizzaria barata e um famoso boteco copo-sujo ("copo-sujo" para os termos do Vale do Silício, mas enfim). O restaurante conquistou sua primeira estrela Michelin em seu ano de abertura. Em 2011, ganhou mais uma, que mantém desde então.

O local é muito diferente do lugar onde Bruno teve seu primeiro emprego aos 15 anos de idade, um restaurante e pousada no interior da França. Lá, a equipe era "eu sozinho, trabalhando na cozinha ao lado do chef por muitas e muitas horas", ele me conta com sotaque e gramática peculiares, que não foram atenuados pelos anos vividos nos Estados Unidos. Depois de deixar o cargo, ele acumulou experiência no Guy Savoy, em Paris, e no bicentenário Le Grand Véfour. Depois, trabalhou em cozinhas em Nova York, Tóquio e Honolulu antes de conhecer Christie em San Francisco e se instalar na Califórnia. Ele passou 2 anos como chef principal de outro restaurante no Vale do Silício antes de deixar o cargo para abrir o Baumé.

O cardápio de Bruno combina elementos da culinária francesa clássica, uma abordagem japonesa na escolha de ingredientes e a precisão da gastronomia molecular. O Guia Michelin exalta o foco de Bruno em "descobrir sabores em níveis profundos" a partir de ingredientes locais e sazonais. (O Baumé é parceiro de um fazendeiro da região, que cultiva para o restaurante alguns vegetais difíceis de encontrar.) Quando abriu as portas pela primeira vez, o Baumé tinha 24 mesas, servia almoço e jantar e contava com um total de doze funcionários. Mas Bruno e Christie não gostavam das longas jornadas e do estresse de administrar um restaurante daquele tamanho. Para servir múltiplas refeições cinco dias por semana, Bruno precisava de um grupo maior, mas "como eu tentava corrigir os erros da equipe e dos cozinheiros, não conseguia focar em meu trabalho. Eu me estressava muito, gastava muita energia", ele me conta. "Eu sempre chegava exausto ao fim do dia. E a troco de quê?".

Eles alteraram sua escala para uma semana de quatro dias, e isso foi uma revelação. "Quando era mais jovem, meu medo era deixar de ter novas ideias, mas quando trabalhava seis ou sete dias por semana eu me sentia tão exausto que mal sabia o que estava fazendo. Esse era o motivo por que não tinha novas ideias", conta-me Bruno. Como muitos de nós, sua versão mais jovem era capaz de suportar jornadas longas e exigentes, mas preso dentro da cozinha ele tinha menos oportunidades para explorar, construir e desenvolver experimentos para enriquecer sua gastronomia. A decisão de abrir apenas quatro noites por semana permitiu que ele passasse mais tempo nos jardins e mercados de vegetais, explorasse a diversificada culinária da região e desenvolvesse novos pratos. "Hoje eu tenho mais ideias, porque passo menos tempo no restaurante. Isso me torna automaticamente mais criativo. E abrir apenas quatro dias aumentou nosso foco e nossa eficiência." Eles acabaram reduzindo ainda mais a carga horária: passaram a fechar na hora do almoço, reduziram o número de mesas de 24 para nove e, em 2015, decidiram tocar o restaurante por conta própria. Trabalhar sozinho na cozinha é "um alívio", diz Bruno. "Eu não preciso gritar com ninguém. Só grito comigo mesmo, quando dá vontade."

A comida melhorou mesmo? "Melhorou?", Bruno dá de ombros. "Não sei, ainda não temos três estrelas." Mas não me parece que ele e Christie estejam muito preocupados com uma terceira estrela. "Nos estressamos muito menos trabalhando quatro dias", diz Christie. "Temos mais tempo para nós, para nos organizarmos e para a nossa família." Nenhum dos dois parece disposto a abdicar disso.

O Baumé é um exemplo de como jornadas mais curtas podem ajudar líderes a canalizar suas ambições e estimulá-los a focar em fatores como qualidade e sustentabilidade, em vez de correrem atrás de modalidades mais custosas e potencialmente autodestrutivas de sucesso. Para Bruno e Christie, isso significa não ter que administrar uma grande equipe de cozinheiros e garçons, ter um restaurante pequeno o suficiente para que possam fazer todo o trabalho por conta própria e recusar oportunidades de consultoria ou aparições em programas de culinária (ao contrário de Gordon Ramsay, também oriundo do Guy Savoy, chef que treinou Stuart Ralston). Não é uma questão de reduzir os parâmetros: o Baumé, afinal de contas, pertence a um seleto grupo de apenas quatrocentos restaurantes ao redor do mundo com duas estrelas Michelin. Mas, para a maioria dos chefs, manter este nível requer imensas doses de sacrifício, serve de justificativa para um mau comportamento dentro e fora da cozinha e pode cobrar um preço alto do ponto de vista pessoal. Depois de duas décadas de longas jornadas, a semana de quatro dias propiciou a Bruno e Christie uma rotina muito menos estressante e mais sustentável, que permite a eles focar na criação de pratos incríveis, oferecer serviços de primeira linha e ter mais controle sobre seu empreendimento e sua vida. "A vantagem de ter um negócio pequeno assim é não precisar se estressar e, ao mesmo tempo, manter controle sobre tudo", diz Bruno. "A desvantagem é que não ganhamos muito dinheiro. Jamais seremos as pessoas mais ricas do cemitério, isso eu garanto."

"Mas somos felizes", diz Christie.

"Somos felizes e ganhamos dinheiro suficiente para sermos felizes de acordo com os nossos parâmetros", afirma Bruno. "Algumas pessoas querem ganhar muito, muito, muito dinheiro. Elas querem ter dez Ferrari na garagem. Eu já fico contente se tiver um Porsche." Para os padrões do Vale do Silício, essas palavras parecem vindas de um monge.

***

SEMANAS DE QUATRO DIAS ESTIMULAM UMA MENTALIDADE INOVADORA

"Quase imediatamente" depois de a Goodall Group, agência de marketing e gerenciamento de marcas, adotar a semana de quatro dias, "a equipe inteira começou a agir da mesma forma que os proprietários", contou-me Steve Goodall. Ele já estava contente com a performance de seus funcionários antes disso: a semana de quatro dias foi uma espécie de retribuição, um jeito de manter a equipe feliz, e não um estratagema sagaz para aumentar sua produtividade. No entanto, paradoxalmente, ao trabalhar menos dias "eles assumiam responsabilidades que normalmente não assumiriam. Agora recebo telefonemas e e-mails de minha equipe às sextas, aos sábados e aos domingos. Isso nunca aconteceu antes. Eu digo a eles 'vocês não precisam fazer nada hoje, é sábado!' E eles dizem algo tipo 'não, não, é que eu estava fazendo compras e tive uma ideia, que tal se nós...'". Alguns meses depois do início do experimento ele ainda balança a cabeça, incrédulo. "Eles começaram a se sentir mais como proprietários", diz. "E não fiz nada além de dar a eles um dia extra de folga."

A ideia de que dar mais tempo às pessoas fortalece seu vínculo com o trabalho pode soar contraditória, mas o mesmo fenômeno aconteceu em outras empresas. Tash Walker diz que se tornou mais comum alguém na The Mix dizer "vamos pensar no modo como trabalhamos. Vamos trabalhar melhor, de forma mais inteligente. Vamos pensar novas formas de fazer as coisas". Jonathan Elliot ama o modo como a jornada de cinco horas "criou uma mentalidade nova, que empoderou toda a equipe para que pense maneiras melhores de fazer as coisas e identifique frustrações, empecilhos e soluções" na Collins SBA. Assim como Goodall, a percepção de Elliot é que todos estão agindo mais como se fossem fundadores da empresa. Os funcionários "dizem o tempo todo 'ei, tem um jeito melhor de fazer isso, eis a solução'. Enquanto gerente da empresa, posso afirmar que a sensação quando um membro da equipe procura você e diz 'ei, identificamos esse problema, há uma solução melhor, isso vai nos tornar mais eficientes' é ótima".

Por que isso acontece? A jornada mais curta é um claro incentivo à inovação individual e uma ótima oportunidade para que todos se beneficiem diretamente de melhorias na eficiência da empresa. Nas empresas tradicionais, os maiores benefícios das inovações vão para a empresa, que então (em alguns casos) recompensa o profissional inovador. Mas reduzir a jornada de trabalho não é o mesmo que engordar o balanço da empresa: as contribuições de cada um trazem resultados quase imediatos e se traduzem em economia de tempo, um benefício gozado por todos.

Depois que essa mentalidade for enraizada, ela adquire autonomia e acaba se espalhando por todo o negócio. A experiência de testar novos processos, disposições no escritório ou escalas de horário impele todos (líderes, trabalhadores, a empresa como um todo) a um estado mais cético e observador. Assim, é mais provável que todos reparem e olhem de forma mais crítica para aspectos consolidados da rotina. Em um ambiente de trabalho normal, qualquer um é capaz de identificar problemas (sempre existe algum assunto em voga nas pausas em torno da garrafa térmica). Jornadas mais curtas exigem que os ambientes de trabalho sejam mais flexíveis, que as mudanças que vêm de baixo sejam aceitas e que medidas que economizem o tempo dos trabalhadores e aumentem os lucros da empresa sejam incorporadas. Isso cria uma via para inovações que partem dos funcionários.

Na prática, depois de iniciarem o processo, os gerentes devem estar preparados para perguntas frequentes dos funcionários, contestações a práticas convencionais e pressão contínua por melhorias. "Nós melhoramos os nossos processos para aumentar nossa eficiência em um tempo menor" depois de migrar para a jornada de cinco horas, conta Alex Gafford, da Blue Street Capital, "mas esse é um processo contínuo". Na verdade, "não tenho dúvidas de que continuaremos aprimorando nossos processos até o ponto em que, um belo dia, acabaremos trabalhando menos de cinco horas diárias".

***

Sobre jornadas mais curtas como estímulo para a inovação
Natalie Nagele, da Wildbit:

Para dar continuidade à semana de quatro dias, precisamos trabalhar do jeito certo, precisamos saber por que fazemos as coisas do jeito que fazemos, e por isso há um exercício constante de nos perguntarmos: "Bem, por quê, por quê, por quê, por quê?". Fazer essa pergunta a nós mesmos e tentar extrair o máximo de nós e dos outros tem sido um processo muito empolgante, e acho que o resultado é que hoje a equipe realiza um trabalho altamente criativo e muito bem pensado.

Patrick Byrne, da Pursuit Marketing:

Acho que, conforme o tempo vai passando, percebemos que há cada vez mais trabalhos repetitivos (ou que seguem um processo estrito) sendo automatizados. As pessoas falam sobre como o *machine learning* e a inteligência artificial acentuarão ainda mais esse fenômeno. Mas o que jamais desaparecerá, pois não pode ser automatizado, é a criatividade. Por isso, quanto mais pudermos empoderar nossa equipe para que seja criativa, encontre soluções que agreguem mais valor em um tempo menor e eliminar tarefas repetitivas, melhor será não apenas para a nossa empresa, mas também para a economia como um todo e, na verdade, para a sociedade como um todo.

Trata-se de encontrar novas formas, mais eficientes e eficazes, de fazer as coisas, em benefício do empreendimento ou da sociedade como um todo – o que, no fim das contas, é a mesma coisa. Para nós, o crucial é não aceitar nada e questionar tudo. Foi com essa filosofia que construímos esse negócio. Quando as pessoas diziam "por que você vai migrar para uma semana de quatro dias, como uma coisa dessas vai dar certo? Todo mundo trabalha cinco dias", eu sempre perguntava: "Por quê? Por que as pessoas fazem as coisas de determinado jeito?". E em todas as funções de nossa empresa, do setor financeiro aos diretores de operação, passando pelo CEO e o gerente administrativo, devemos questionar o que fazemos e refletir se há um jeito melhor de fazer a mesma coisa, se estamos usando nosso tempo de uma forma benéfica para o nosso próprio enriquecimento e o negócio como um todo. Essa é o verdadeiro ponto: questionar tudo.

***

A SEMANA DE QUATRO DIAS TURBINA A FELICIDADE E A SATISFAÇÃO COM O TRABALHO A LONGO PRAZO

Há um século, em Hawthorne Works, nos Estados Unidos, psicólogos industriais que buscavam meios para incrementar a produtividade dos trabalhadores fabris pensaram ter encontrado um conjunto de mudanças capaz de aumentar a produtividade. Mais tarde, contudo, eles descobriram que os trabalhadores estavam dando mais duro por saberem que estavam sendo observados. Será que os ganhos de produtividade e maiores índices de satisfação dentro das empresas que adotam semanas mais curtas são exemplos do efeito Hawthorne e, portanto, acabarão desaparecendo em breve?

Por sorte, algumas das empresas que adotaram a semana de quatro dias mediram a felicidade dos funcionários e a satisfação com o trabalho ao longo do tempo. Quando visitei a Synergy Vision em Londres, a diretora administrativa Eileen Gallagher havia coletado havia pouco tempo os resultados de sua pesquisa de satisfação com o trabalho mais recente, realizada quando a empresa completou seis meses de testes com a semana de quatro dias. Conforme ela apontou, os níveis de felicidade começaram altos e caíram no segundo mês, quando as pessoas tiveram que descobrir na prática como fazer a semana de quatro dias dar certo (algo que não se enquadraria na lógica do efeito Hawthorne). No terceiro mês, a felicidade voltou a crescer e se manteve alta. Depois de seis meses, 97% dos funcionários avaliaram o próprio nível de felicidade com nota 7 ou maior em uma escala até 10. Ainda mais impressionante é o fato de que o número de pessoas muito felizes havia aumentado mais de quatro vezes: 12% haviam marcado nota 9 ou 10 no início, mas, seis meses depois, esse índice era de 51%.

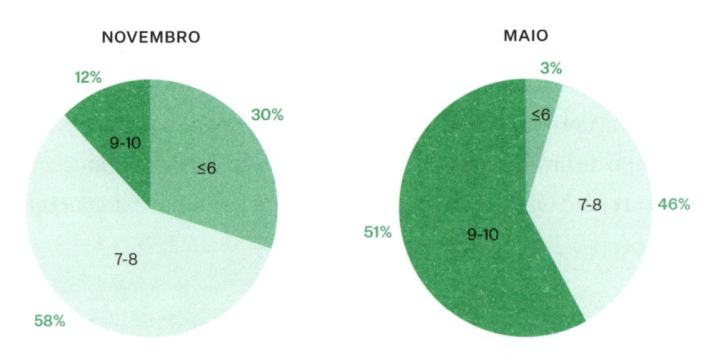

Resultados da pesquisa da Synergy Vision

PESQUISA DE FELICIDADE (1-10)

OUTRAS QUESTÕES DA PESQUISA:

	NOV	MAI
Tem um *hobby*?	69%	85%
Bom equilíbrio entre carreira e vida	23%	48%
Intromissão do trabalho em casa	65%	45%
Consegue manter tarefas pessoais em dia	54%	88%
Consegue manter o trabalho em dia	50%	79%

Felicidade, equilíbrio entre vida pessoal e profissional e pressão dos prazos na Synergy Vision antes e depois da adoção da semana de quatro dias.

Quer saber de algo ainda mais impressionante? A porcentagem de participantes que disseram encontrar tempo suficiente para realizar seu trabalho *aumentou* de 50% para 79%. Em parte, isso é reflexo do uso mais eficiente do tempo, mas também existe uma explicação psicológica: períodos ininterruptos e maior engajamento com o próprio trabalho geram uma sensação subjetiva de que o tempo está passando mais devagar. Quando as pessoas prestam atenção no modo como gastam suas horas e em qual deve ser o foco de sua atenção, a sensação de controle sobre o tempo cresce. Adentrar o estado mental que o psicólogo Mihaly Csikszentmihalyi chama de "fluxo" também distorce nossa sensação do tempo: quando ficamos mais absortos em um problema, o tempo passa mais devagar.

Quanto aos ganhos de produtividade, algumas dessas empresas adotaram as semanas mais curtas anos atrás e têm observado ganhos constantes de produtividade. Na Pursuit Marketing, por exemplo, os níveis de produtividade seguem mais altos do que quando o *call center* funcionava cinco dias por semana. Além disso, quando se estudam as empresas por dentro, fica bem evidente que o aumento de produtividade não é resultado apenas de mudanças simples e visíveis de fora: cortar horas não aumenta automaticamente a produtividade, nem mesmo em caráter temporário. Os funcionários descobrem como fazer a jornada mais curta dar certo, e as mudanças que implementam não são mero truque psicológico.

Por fim, um estudo sueco de 2017 analisou com rigor o impacto em longo prazo da jornada reduzida sobre a felicidade e a qualidade de vida. Eles selecionaram 636 trabalhadores do setor público alocados em escritórios, casas de repouso, *call centers* e outros estabelecimentos e reduziram sua carga semanal (mas não seus salários) em 25%. Destes, 75 viviam com parceiros e metade tinha filhos. Os participantes tiveram que registrar durante uma semana o modo como gastavam seu tempo em diários em três momentos: antes de o experimento começar, nove meses após o início do teste e, por fim, mais nove meses depois. Os pesquisadores descobriram que, depois do primeiro período de nove meses, a maioria das pessoas dedicava seu tempo extra a tarefas domésticas e *hobbies* relaxantes, e não a segundos empregos ou atividades não restaurativas. Os pesquisadores também observaram mais equilíbrio entre vida pessoal e profissional, níveis mais baixos de conflito entre o ambiente doméstico e de trabalho e, em termos gerais, menos tempo gasto com trabalho, remunerado ou não (em outras palavras, eles não ocuparam mais de seu tempo livre com afazeres domésticos ou cuidando dos filhos). Embora pegar as crianças na escola e limpar a cozinha não costume ser encarado como atividade restaurativa, o fato de os participantes terem mais tempo para elas e não precisarem realizá-las com pressa parece ter tornado até mesmo essas obrigações menos estressantes. "Ter mais tempo para as obrigações domésticas", especularam os pesquisadores, "pode tornar mais fácil se desligar das obrigações e relaxar" e "livrar mais tempo para atividades restaurativas nos dias de folga". Depois de dezoito meses, os números permaneceram iguais: assim que as pessoas se adaptavam ao novo padrão, a tendência era que continuassem da mesma forma, gozando dos mesmos benefícios.

A SEMANA DE QUATRO DIAS PRODUZ LÍDERES MELHORES

Adotar a jornada de cinco horas permitiu a Lasse Rheingans "ser o CEO que eu desejava ser havia muito tempo, mas não tinha o poder, a energia ou a criatividade necessária porque trabalhava o tempo todo", ele diz. Reduzir a carga horária gera desafios para os líderes, mas também lhes dá abertura para que sejam melhores em suas funções.

LÍDERES SÃO TREINADORES, NÃO COMANDANTES

A semana de quatro dias altera a natureza da liderança. Quando você preside uma empresa cujos funcionários agem mais como se ela lhes pertencesse, trabalham de modo mais intenso e questionam todos os aspectos do funcionamento da instituição, você deixa de ser um comandante para se tornar um treinador.

Em entrevista para uma revista de negócios dinamarquesa, Henrik Stenmann se comparou a um treinador que designa dias de descanso para seus melhores jogadores, mesmo que eles desejem estar sempre em campo. Em outra entrevista, ele diz que a semana de quatro dias amplia a capacidade dos funcionários de sobreviver no mundo acelerado de hoje. Quem sobrevive não é o animal mais ágil, e sim o mais adaptável, e a semana de quatro dias dá aos trabalhadores a margem de que precisam para evoluir.

Às vezes, esse papel de treinador fica muito claro. Na Radioactive PR, "se um dos rapazes ainda está aqui às seis, eu chego para ele e digo 'o que você está fazendo?'", conta Rich Leigh. "Se você está aqui a essa hora e não se trata de uma situação anormal, você está administrando mal seu tempo, e se você está administrando mal seu tempo, como posso ajudá-lo a corrigir isso?". Mais uma vez, a escolha de palavras (ajudar alguém a resolver um problema em vez de simplesmente intervir) ecoa a mentalidade de um treinador, e não de um comandante.

Em outros momentos, o espírito de treinador é incorporado discretamente ao ritmo da empresa. Na Cockroach Labs, por exemplo, as Sextas Livres não são apenas um dia para os engenheiros brincarem com a tecnologia. "Engenheiros adoram trabalhar com esse tipo de problema", diz Spencer Kimball, mas, como "é difícil convencê-los a pegar leve, dar um passo atrás e respirar fundo", eles se mantêm obcecados com determinados problemas mesmo depois de serem capazes de resolvê-los. As Sextas Livres os ajudam a calibrar o ritmo de trabalho na hora de criar tecnologias novas e complexas. Assim, eles aprendem a importância de fazer pausas e descansar até mesmo – ou sobretudo – quando trabalham em problemas difíceis.

***

Sobre ajudar as pessoas a se adaptar a jornadas menores
Lorraine Gray, da Pursuit Marketing:
Temos que reforçar o tempo todo junto à equipe a ideia de que não esperamos eles no escritório às sextas, desejamos mesmo que eles saiam às cinco e meia nas quintas e que curtam os três dias de folga. Todos têm uma noção de sucesso específica em relação ao próprio cargo, sejam eles operadores de telemarketing, sejam membros do departamento de TI, do setor financeiro ou de marketing digital. Todos sabem o que precisam fazer para serem lucrativos para a empresa, ganhar bônus e concretizar vendas, e por isso todos vão embora nas quintas sabendo que cumpriram as expectativas. Não deve haver nenhuma culpa ou incerteza por ficarem três dias fora, e eles tampouco devem pensar que terão problemas por não aparecerem aqui nas sextas.

***

Como líder, você precisa se distanciar da noção de que precisa extrair o maior tempo possível das pessoas (o que supostamente significaria extrair o máximo de valor delas) e, em vez disso, pensar em extrair o maior valor possível delas. Um jeito de fazer isso é moldar um bom comportamento.

"Já escutei outros administradores dizerem que as pessoas se sentem obrigadas a responder e-mails meus ou da diretoria que chegam durante o fim de semana", diz Ffyona Dawber. "Precisei de um esforço consciente para parar de enviar essas mensagens e programar uma entrega posterior para os e-mails que escrevo no fim de semana, pois percebi que não estava dando um bom exemplo." Como líder da Kin&Co, Rosie Warin sabe que cabe a ela dar o tom dos funcionários, e em uma empresa com trinta pessoas as coisas que o chefe faz são tão importantes quanto a política da empresa. Esses exemplos profissionais têm ainda mais peso em uma era na qual as promoções e a progressão de carreira se tornaram mais difíceis e incertas, as pessoas se preocupam em se adequar à cultura da empresa e demonstrar garra suficiente e as hierarquias das empresas foram obliteradas, dando espaço a uma infinidade de trabalhadores autônomos e responsáveis por dar visibilidade aos próprios feitos.

TRABALHAR QUATRO DIAS CRIA MAIS TEMPO PARA O PENSAMENTO ESTRATÉGICO

Implementar uma semana ou jornada mais curta, mobilizar a empresa para adotá-la e manter um ambiente onde isso possa trazer benefícios, e não desvantagens, também exige que os líderes pensem com mais clareza sobre suas prioridades e as da empresa e saibam o caminho que desejam trilhar.

Na prática cotidiana, isso significa não deixar que a caixa de e-mail ocupe o seu dia e impedir que as prioridades de outras pessoas determinem as suas. Em termos da empresa como um todo, isso significa priorizar o bom trabalho, ser bastante claro quanto às metas de crescimento e faturamento e não exigir longas jornadas dos funcionários enquanto corre atrás do sonho de dominar o mercado, realizar um IPO ou atingir um bilhão de dólares em valor de mercado. Os líderes precisam ter uma visão melhor das normas e do futuro da empresa, para que ambos reflitam suas próprias prioridades, e não as imposições sociais de como medir o processo ou que desejos e ações nutrir. Isso, por sua vez, requer que os criadores da empresa pensem mais sobre estratégias e objetivos em longo prazo.

As jornadas mais curtas, ao reduzir o tempo gasto pelos gestores com contratação e manutenção de funcionários, problemas de escala, microgerenciamento e emergências, permitem que eles pensem a longo prazo e sejam mais criativos. Em empresas comuns, o pensamento em longo prazo só tem espaço uma ou duas vezes no ano, muitas vezes durante algum retiro ou processo formal de planejamento. Por isso, integrar esse tipo de reflexão ao trabalho diário constitui um desafio.

Robert Yuen, um dos fundadores da Monograph.io, observa que a maioria de seus colegas fundadores de empresas tecnológicas "dedicam as noites e fins de semana a traçar estratégias e fazer coisas que não trazem retorno financeiro imediato". Como a sua empresa, que desenvolve softwares de gerenciamento para pequenos escritórios de arquitetura, folga nas quartas-feiras, "tenho tempo durante a semana para fazer isso. Não preciso esperar até sábado para me perguntar 'o que aconteceu essa semana? Qual a estratégia para a semana que vem?'". Na semana de quatro dias, você tem tempo durante o ano para refletir e pensar sobre novos produtos e prestar atenção aos sinais sutis que podem indicar uma redução do mercado ou uma mudança de preferência dos consumidores. "Quando você ocupa um papel de liderança dentro da empresa, em que precisa melhorar e alterar as coisas o tempo todo, é muito importante ter um tempo livre para brincar com ideias em sua mente", diz Jonathan Elliot.

AS SEMANAS DE QUATRO DIAS DÃO AOS LÍDERES MAIS TEMPO PARA SEREM CRIATIVOS

Para Anna Ross, ter "um dia para o pensamento criativo... me dá muita clareza acerca de todas as coisas nas quais eu gostaria de trabalhar". Esse dia extra permite a ela analisar novas oportunidades que talvez não descobrisse de outra forma. (Esse tipo de clareza é bom para líderes e empresas, mas também para profissionais da área da saúde. Em uma pesquisa de 2018 realizada com trabalhadores do ramo da tecnologia, a "má liderança e falta de direcionamento" foi apontada como causa principal do *burnout*.) A Kester Black concebe novas cores o tempo todo, e Anna descobriu logo no começo que as horas extras de reflexão poderiam ajudá-la a investigar mercados ainda não explorados. As vendas da empresa cresceram de forma substancial depois que ela ajustou a fórmula de seus esmaltes para que mulheres muçulmanas pudessem utilizá-los – mudança surgida depois de ela ouvir uma cliente se queixando porque os esmaltes tradicionais costumam ser impermeáveis a água e óleo. "Consigo refletir bastante sobre as coisas" em seus dias de folga, e isso deu a ela tempo para amadurecer a ideia de um esmalte permeável a água e óleo.

Folgar nas tardes de quarta também ajuda Rosie Warin a "ser estratégica, criativa, calma e a gerenciar a empresa de um jeito que garantiu grande sucesso". O hábito de reservar algum tempo livre em seu dia, reconhecer o valor do descanso e levar o repouso mais a sério lhe garante mais tempo para pensar de forma estratégica e criativa. "Suas melhores ideias surgem ao fim de um dia atribulado ou no início da manhã, quando você sai para caminhar?", ela pergunta. "Nosso cérebro foi feito para trabalhar de forma mais criativa quando estamos descansados e em um lugar calmo."

A SEMANA DE QUATRO DIAS TORNA OS LÍDERES MAIS ALEGRES

Migrar para a semana de quatro dias também é "um grande desafio como líder", diz Natalie Nagele. "Você pode colocar na cabeça algo como: 'Vou aprimorar minha equipe e torná-la mais feliz, mas sem deixar de garantir que o meu negócio cresça'. Depois, precisa pensar em como fará isso".

A semana de quatro dias tem outras vantagens além de abrir um espaço para o lazer nas semanas apertadas dos empreendedores: sua combinação específica de foco, descanso e controle também pode ser especialmente benéfica para os fundadores. Um estudo de 2012 realizado nas Filipinas para investigar como empreendedores lidavam com a pressão comparou o valor do "enfrentamento ativo" (abordar os problemas de cabeça erguida assim que eles surgem) e do "enfrentamento evasivo" (deixar os problemas descansarem e sair do escritório para desopilar) para empreendedores jovens e maduros. Descobriu-se que os empreendedores maduros se davam melhor com o "enfrentamento evasivo" – por exemplo, sair do escritório ou fazer coisas que afastem sua mente do escritório – do que os novatos. Mas os pesquisadores também descobriram que os empreendedores que combinavam o enfrentamento ativo (tentar resolver logo os problemas) com o enfrentamento evasivo apresentavam níveis mais elevados de bem-estar. Por fim, eles observaram que leva muitos meses para que se perceba com clareza os benefícios dessa abordagem dupla.

As semanas de quatro dias, portanto, geram novos desafios para os líderes e exigem um estilo de liderança marcado pela reflexão e a visão em longo prazo. Mas elas também possibilitam que as pessoas se tornem líderes melhores e mais felizes.

COMO AS PESSOAS USAM SEU TEMPO LIVRE

Quando visitei a The Mix, diversas pessoas me contaram o que faziam às sextas-feiras. Gemma Mitchell disse: "Administro todos os aspectos de minha vida. Lavo a roupa, saio para nadar. Tende a ser um dia pouco movimentado, e eu gosto disso". (O termo "administrar minha vida" veio à tona em diversas entrevistas no Reino Unido e na Austrália.) Ter um dia extra para zerar a lista de tarefas significa que "nos sábados e domingos eu posso fazer o que quiser, em vez de me dedicar às coisas que preciso fazer, e isso é muito melhor", diz a designer Kay Pollingsworth. Tash Walker faz marmelada. "Essa é uma de minhas paixões, mas ela consome muito tempo e faz muita sujeira, por isso não é algo a ser encarado de forma leviana", ela diz. "Então, é gostoso ter as sextas-feiras para fazer isso. Caso contrário, a cozinha ficaria parecendo uma zona de guerra até o domingo."

Em outras empresas, algumas pessoas trabalham em projetos paralelos. Em Edimburgo, o *scrum master* (e ex-jogador de rúgbi) Iain Brown está se tornando *personal trainer*. Em Sydney, a chefe de pessoal e cultura empresarial da Insured by Us, Georgina Robilliard, administra com um amigo uma empresa de bufê, enquanto o designer gráfico da Kester Black realiza alguns serviços de *freelancer* para incrementar seu portfólio (ele tem planos de abrir o próprio estúdio). Dado que Ross inaugurou a Kester Black em seu quarto quando trabalhava em outro emprego, ela vê esses projetos paralelos como "uma grande liberdade que transmito à minha equipe".

Na Aizle, as pessoas têm usado seu dia extra para recuperar a forma. Stuart Ralston começou a correr. "Eu já perdi tipo uns dez quilos", ele me conta. "Todos os membros da equipe começaram a se exercitar", diz Jade Johnston. "Isso causa uma grande transformação em nosso ritmo de vida e, como ficamos empolgados e motivados, trabalhamos muito melhor." Esse aumento de produtividade relacionado ao exercício já foi observado por cientistas em outros lugares. Pesquisadores suecos compararam a produtividade de trabalhadores que reduziram sua carga horária e passaram a cumprir rotinas obrigatórias de exercícios às de um segundo grupo que trabalhava menos horas, mas não se exercitava. Eles constataram que os dois grupos eram mais produtivos se comparados aos colegas que cumpriam escalas normais, mas o grupo que se exercitava era mais produtivo do que o que não o fazia.

É comum subestimarmos as demandas físicas do trabalho intelectual, mas em períodos de grande concentração o nosso cérebro exige quantidades maiores de comida e oxigênio, e sistemas cardiovasculares mais fortes podem alimentar melhor o cérebro. O exercício também reorienta a nossa postura em relação ao estresse: em vez de recuarmos diante dele, nossos corpos e cérebros passam a encará-lo de frente, pois a probabilidade de que se deixem intimidar diminui. Em quase todas as empresas que adotam jornadas mais curtas, as pessoas afirmam se exercitar mais e se sentir melhor e mais saudáveis. Na Pursuit Marketing, Sam Werngren já organizou caminhadas nas sextas pelos Munros, montanhas escocesas com mais de 900 metros de altura. "Se as pessoas precisassem abrir mão do sábado para participar dessa atividade, seria muito mais difícil convencê-las", ele diz, mas "às sextas é bem mais fácil vender essa ideia para a equipe. Assim, nós nos tornamos amigos tanto fora como dentro do trabalho". Henrik Stenmann diz que, desde que a IIH Nordic migrou para a semana de quatro dias, "perdi dez quilos, porque voltei a ter tempo para me exercitar. Quando a noite chega eu me sinto mais inteiro e disposto, menos cansado". Com mais energia e vigor, ele diz, "trabalho menos, mas produzo mais. Parece loucura, mas é verdade".

Mais exercício também pode significar mais tempo para novas ideias. Alguns fundadores passaram a correr ou andar de bicicleta porque assim encontram tempo para refletir ou deixar a mente vagar à toa. "Faço a melhor parte de meu trabalho enquanto pedalo", conta-me Jonathan Elliot. Nas estradas ao redor de Hobart, "você encontra um espaço meditativo enquanto a endorfina rola solta". Durante as longas corridas, ele muitas vezes encontra respostas para problemas que não havia conseguido resolver no escritório. No dia anterior à nossa conversa, ele conta, "resolvi algumas coisas e tive ideias brilhantes" durante uma pedalada de duas horas. "Se estivesse no escritório, sentado em frente ao computador, isso não teria acontecido."

Dar às pessoas mais tempo para se exercitar também reduz as licenças médicas. "Observamos uma redução significativa de licenças médicas" na The Mix, diz Gemma Mitchell. "As pessoas estão descansando um pouco mais, e assim conseguem estar no ápice da saúde nos outros quatro dias." Como resultado, as faltas caíram 75% no primeiro ano depois da implementação da semana de quatro dias. A média anual de faltas por questão de saúde na Pursuit Marketing caiu de 1,3 dia por pessoa para 0,5 no primeiro ano depois da adoção da semana de quatro dias. Na consultoria de marketing digital islandesa Hugsmidjan, as licenças médicas caíram 44% depois da adoção da jornada de seis horas em 2016. Hoje, menos de 2% dos funcionários da IIH Nordic faltam por problemas de saúde a cada ano.

Na Normally, a semana de quatro dias dá às pessoas mais tempo para cuidar de si e dos outros, o que é melhor para a saúde de todos. "Acho que a semana de quatro dias reduz muito nosso custo para o poder público", diz Chris Downs. "Não usamos tanto o National Health [sistema público de saúde], pois conseguimos cuidar de nosso bem-estar mental e físico." Os funcionários gastam menos com babás e podem passar mais tempo com pais idosos.

De fato, a maioria da Normally usa seu tempo livre "para cuidar de alguém", diz Marei Wollersberger. "Essa pessoa pode ser você mesmo, sua saúde e seu bem-estar. Pode ser seu filho. Pode ser que um pai ou mãe fique doente e as pessoas queiram passar mais tempo com eles."

"Sem dúvidas", concorda Chris. "Então, sim. Se for para resumir o que as pessoas fazem no quinto dia, podemos dizer que elas cuidam."

A etapa de testes é uma chance para observar como o seu protótipo se sai na prática, ver como as pessoas o aprimoram ou expandem e, por fim, decidir se vale a pena seguir trabalhando nele ou se é melhor voltar à antiga rotina:

- **Documente novas normas sociais e culturais.** Quando a semana é reduzida, as pessoas trabalham de diferentes maneiras e aprendem a cooperar de outras formas. Elas desenvolvem novas regras e normas referentes ao trabalho conjunto, às interrupções, a emergências, intervalos e refeições conjuntas, dentre outros. Pode ser uma boa ideia pôr no papel essas regras informais: assim, a adaptação dos novos funcionários será mais fácil. Isso também lhe ajudará a pensar em como expandir ou modificar essas ideias ao longo do tempo.

- **Crie procedimentos internos para compartilhar novas ideias.** Como o objeto de entusiasmo varia muito de uma pessoa para outra (pode ser que alguém se ligue muito em macetes comportamentais, mas não curta softwares colaborativos, enquanto outros amam temporizadores, mas não estão nem aí para a organização do escritório), procedimentos para compartilhar resultados experimentais com a empresa são fundamentais. Isso pode ocorrer por meio de (breves) reuniões regulares, ferramentas on-line, conversas no horário de almoço ou até mesmo miniconferências ou pequenas palestras no estilo TED.

- **Converse com os clientes.** Para a maioria das pessoas, informar os clientes ainda no início do período de testes é essencial. Também costuma ser bom checar as opiniões deles acerca de seu trabalho e da relação entre vocês ao término do período de testes, sobretudo se a comunicação com os clientes não é muito frequente em seu ramo.

- **Confira seus KPIs.** Repasse seus KPIs iniciais e avalie o desempenho da empresa. Às vezes, é fácil perceber que o experimento foi um sucesso segundo seus objetivos iniciais; em outras, alguns benefícios indiretos também pesam na balança na hora de tornar a nova jornada permanente. Também é possível que surjam efeitos indesejados (em relação à socialização, por exemplo) que pesarão contra a semana mais curta.

- **Tome uma decisão.** Ao final do período de testes, é importante tomar uma decisão formal sobre adotar ou não a semana mais curta em definitivo, mantê-la como uma opção apenas durante o verão ou abandoná-

-la de vez e retomar a jornada normal. Se a opção for por não a adotar, é importante que todos entendam as justificativas dessa decisão. Mas as empresas que aderirem às jornadas mais curtas devem continuar prototipando, testando novas ferramentas conforme elas se tornam disponíveis e buscando formas de se tornar ainda mais eficiente.

Durante os testes, as pessoas compartilharam os resultados de seus experimentos com novas ferramentas, trabalharam juntas para aprimorar processos coletivos e tiveram o trabalho (por vezes árduo) de retraçar dentro do escritório as fronteiras entre foco, vida pessoal e socialização. Mas talvez também seja bom discutir como a semana de quatro dias afetou a vida de cada um fora do escritório.

- **Estimule as pessoas a compartilhar suas histórias.** Algumas empresas de grande porte criam fóruns de discussão ou *chats* em grupo para que seus funcionários compartilhem experiências sobre o que estão fazendo com seu tempo livre. Lugares menores podem fazer isso de um jeito rápido e informal. Essas ferramentas podem ser úteis para organizar grupos informais (como os montanhistas de Munro), descobrir como as outras pessoas aproveitam suas sextas-feiras ou simplesmente garantir que, ao contrário do que diz a cultura *workaholic*, não há problema algum em tirar um dia de descanso.

Claro, essa é uma descrição idealizada do processo como um todo. Nos casos concretos, improvisos e repetições são mais comuns. Há um vai-e-volta entre *brainstorming*, estabelecimento de metas, prototipagem e testes, e cada um desses estágios pode ser reformulado e remixado conforme as necessidades específicas de um setor ou empresa. Algumas firmas percebem logo no início do experimento que a semana mais curta é boa demais para ser deixada de lado. O que cada uma delas diz aos seus clientes varia muito, e firmas menores podem compartilhar seus resultados e testar novas ideias de um jeito mais informal que as grandes organizações. É importante se apropriar do processo para que ele sirva aos seus propósitos.

6
COMPARTILHAMENTO

A última etapa do processo de *design thinking* consiste em contar a história do processo para criar uma nova visão da jornada de seu produto. Compartilhar sua história é uma forma de apresentar um produto aos usuários e ajudar outros designers a aprender com sua experiência.

Começarei este capítulo compartilhando a história de como a semana de quatro dias deu novos ares a um estabelecimento onde isso era especialmente improvável: Jinya, uma pousada japonesa tradicional que se tornou mais próspera depois de reduzir a jornada. A Jinya é conhecida pela inovação técnica e pelos esforços para se tornar um setor tradicional atrativo para trabalhadores modernos.

Esses esforços revelam um aspecto importante da história das empresas que migram para a semana de quatro dias: suas soluções abrigam as sementes de uma revolução no mundo dos negócios, uma mudança de paradigma para o modo como pensamos sobre trabalho, produtividade, tempo e tecnologia.

Essa mudança de paradigma, como veremos na seção final, traz a promessa de um futuro melhor para o trabalho. Ela poderia contribuir para a solução de problemas persistentes, como o envelhecimento da força produtiva, as mudanças climáticas, a automação e a inteligência artificial.

TSURUMAKIKITA, HADANO, JAPÃO

O *ryokan* Jinya é uma pequena pousada localizada em Kanagawa, a cerca de uma hora de Tóquio. Um *ryokan* é uma pousada decorada ao modo tradicional: almofadas *futon* sobre tatames, banhos de águas termais, refeições com rodízios *kaiseki* e jardins bem cuidados. Alguns *ryokans* não têm apenas o aspecto tradicional: eles são genuinamente medievais. O *ryokan* mais antigo está em operação há 1300 anos. O Jinya não é tão antigo: a propriedade e os edifícios mais antigos só foram construídos no século XII.

Os proprietários Tomio e Tomoko Miyazaki administram a pousada desde 2009, quando Tomio a herdou de seu pai. Tomio foi criado ali, mas nem ele, nem Tomoko tinham experiência no ramo hoteleiro quando assumiram o comando. O primeiro ano foi difícil: a pousada estava muito endividada, os custos operacionais puxavam os balanços para baixo e a folha de pagamento incluía cem funcionários em período parcial. Alguns meses depois de eles se mudarem para lá, a crise financeira global começou a atingir o setor. As receitas do Jinya despencaram 40% no primeiro ano.

Mas a pousada também tinha muitas coisas pesando a seu favor. Construída por uma família samurai proeminente, ela tinha todos os ingredientes necessários para propiciar aos seus hóspedes uma ótima experiência: localização extraordinária, perto de Tóquio e Yokohama, um grande salão para eventos especiais, construído no final dos anos 1800 para acolher uma visita do Imperador Meiji, um pitoresco altar Shinto e oito acres de terras e jardins inspiradores. (Quando criança, Hayao, primo de Tomio, costumava brincar em um grande canforeiro no jardim. Mais tarde, a árvore serviria de inspiração para o clássico filme de desenho animado *Meu vizinho Totoro*.) Os Miyazakis estabilizaram as finanças da pousada nos anos seguintes e começaram a modernizar as operações.

"Todos os procedimentos eram muito analógicos" quando eles assumiram o controle, conta Tomio. "Só um de nossos funcionários sabia usar o computador." As reservas ainda eram anotadas em um grande livro de registros. "Se outra pessoa estivesse usando o livro, era impossível marcar novas reservas", relembrou Tomoko em 2017, e a mãe de Tomio mantinha o registro dos clientes que já haviam estado ali apenas em sua memória. A contabilidade era uma bagunça. A comunicação interna na propriedade de oito acres era errática, e os hóspedes reclamavam com frequência da demora nos serviços. O fato de que o *ryokan* inteiro funcionava na era pré-digital significava que havia muito trabalho a ser feito, mas também era a brecha para que Tomio integrasse todos os elementos, desde as reservas até a comunicação interna, passando pelas cobranças, em uma única plataforma digital.

O problema é que não existia uma plataforma assim. Os *ryokans* não são grandes o suficiente para atrair a atenção das grandes empresas de TI, e a maioria deles são negócios tocados por famílias tradicionais e pouco ligadas à tecnologia. Por isso, Tomio, que havia estudado engenharia na Universidade de Keio e pesquisava células de combustível antes de se tornar hoteleiro, decidiu criar uma. Ele construiu um aplicativo em nuvem a partir do Salesforce Connect que combina inventários, contabilidade, reservas on-line, informações dos clientes, cobranças e uma função de *chat*. A equipe podia acessá-lo por meio de tablets e smartphones. Alguns funcionários tiveram dificuldades com o novo sistema, mas depois da integração da folha de pagamento e da exigência de que todos registrassem seu ponto nele, a aderência decolou.

O impacto sobre a gerência e os serviços para os clientes foi imediato. Tomio e Tomoko agora podem monitorar as vendas e reservas e ter uma noção da saúde financeira da pousada praticamente em tempo real. O sistema de *chat* on-line eliminou a necessidade de quase todas as reuniões de equipe. Os pedidos dos clientes podem ser atendidos em ordem e compartilhados com toda a equipe (uma funcionalidade muito útil, conforme descobriram, para clientes estrangeiros que não sabem se comunicar em japonês). Pedidos especiais e reservas de jantar podem ser registrados em encontros casuais com os funcionários no saguão ou durante passeios no jardim. Informações sobre alergias ou preferências alimentares dos hóspedes são exibidas em um monitor na cozinha para que os cozinheiros possam preparar refeições personalizadas.

Além disso, com a comunicação em tempo real, os funcionários podem desempenhar diversas funções concomitantes, e isso permitiu à pousada converter algumas funções de meio período em vagas permanentes. Por outro lado, os Miyazaki não queriam que o sistema centralizasse as decisões. Tradicionalmente, pousadas são tocadas como matriarcados: os funcionários esperam as ordens que devem cumprir, os papéis são muito bem definidos e a iniciativa própria é desencorajada. Os Miyazakis, porém, queriam um sistema mais difuso, em que os funcionários pudessem exercer o próprio julgamento e trabalhar juntos para satisfazer as demandas dos hóspedes. Eles logo perceberam que o sistema de Tomio captava informações sobre as preferências e experiências de cada hóspede que podiam ser utilizadas para aprimorar o serviço caso eles retornassem um dia. A economia de tempo com entrega de mensagens e tarefas antes demoradas também permitiu à equipe interagir mais com os hóspedes e atender a pedidos especiais.

No Japão, existe um conceito chamado *omotenashi*, que significa antever as necessidades de um convidado e realizá-las sem que ele precise solicitar. Com a criação de uma rede de transmissão em tempo real das necessidades dos hóspedes para a equipe e a consolidação de uma memória institucional referente a cada estadia, a plataforma digital ampliou a capacidade da pousada de oferecer *omotenashi*.

Estabilizar as finanças da pousada, treinar a equipe para o novo sistema e aprimorar os serviços foi uma tarefa árdua, e depois de muitos anos, Tomoko, que havia assumido as operações diárias, estava exausta. Por isso, em 2014, tendo invertido a trajetória das finanças e tornado o negócio rentável, eles decidiram fechar nos períodos de menor movimento – as noites de terça e quarta. As receitas anuais caíram 8%, mas os gastos menores com gás e eletricidade mais do que compensavam essas perdas. O serviço também melhorou: a equipe, contratada em tempo integral, sentia-se menos cansada e a rotatividade caiu. A pousada também eliminou muitos postos de meio período, converteu outros em funções de tempo integral e começou a oferecer a seus funcionários férias remuneradas, uma novidade no setor do *ryokan*.

Dois anos mais tarde, em janeiro de 2016, a Jinya começou a fechar também nas noites de segunda-feira. Trabalhar em uma escala mais enxuta, de apenas quatro noites, permitiu que o balanço financeiro, os serviços e a satisfação dos consumidores e funcionários melhorassem ainda mais. As diversas datas com portas fechadas criaram uma oportunidade para que a equipe se qualificasse junta, cumprisse tarefas de manutenção e disponibilizasse o *ryokan* para equipes de cinema e TV sem que isso perturbasse os hóspedes. Os cozinheiros encontraram tempo para refinar seus pratos e melhorar seu trabalho. Tomoko elaborou um negócio bastante rentável de casamentos e recepções. E agora todos têm mais oportunidades para descansar.

Tomio rebatizou a plataforma de TI de Jinya Connect, tornou-a um produto comercial e passou a vendê-la para outros estabelecimentos, cobrando uma taxa de instalação de 100 mil ienes e uma tarifa mensal de 3.500 ienes por usuário. Hoje, o sistema em nuvem é utilizado em outras 300 pousadas, rende mais de 200 milhões de ienes por ano e emprega dezoito engenheiros. Funcionalidades de reconhecimento e transcrição de voz foram acrescidas em 2016, tornando mais fácil para a equipe gravar e compartilhar anotações; além disso, o sistema monitora postagens de hóspedes sobre suas visitas em redes sociais. Os visitantes também são beneficiados: viajantes que estão cruzando o país podem usar o sistema para fazer reservas em diversos estabelecimentos de uma vez só.

Essas 300 pousadas também integram a Jinya Expo, rede social e plataforma de vendas on-line. A Expo fornece a pousadas pequenas e familiares (em geral isoladas e desconectadas em termos geográficos) uma forma de compartilhar conselhos, vender inventários e postar anúncios de emprego. Ela também viabilizou formas mais complexas e interessantes de colaboração. Algumas pousadas de uma região se agrupam para comprar suprimentos em grande volume, com tarifas melhores. Alguns estabelecimentos sazonais chegam a compartilhar a equipe: resorts de verão e estações de ski, por exemplo, firmaram acordos para usar a mesma equipe de cozinha, permitindo que chefs e assistentes trabalhem juntos durante a maior parte do ano.

Os experimentos não se limitaram a softwares e dispositivos móveis. Por trás dos jardins mantidos com afinco e dos quartos de decoração tradicional, Tomio acrescentou sensores que ajudam a equipe a gerenciar a propriedade e os hóspedes. Um leitor de placas automobilísticas identifica os hóspedes já em sua chegada e emite alertas para o porteiro e o recepcionista, que assim conseguem cumprimentá-los pelo nome e fazer seu check-in de forma automática. Sensores monitoram o número de pessoas utilizando o *onsen* (um banho público alimentado por águas termais na propriedade) e alertam a equipe caso seja necessário repor toalhas ou haja algum problema de temperatura ou nível de água. Sensores no saguão alertam os funcionários quando os hóspedes estão partindo, para que se despeçam de forma adequada. Tomio firmou uma parceria para desenvolver sistemas comerciais de TI para hotéis e outros pequenos empreendimentos.

Como resultado, as receitas da pousada cresceram e se diversificaram. Ela faturou 290 milhões de ienes em 2009, valor oriundo em sua quase totalidade dos hóspedes. Em 2018, o lucro foi de 614 milhões entre hóspedes, banquetes e eventos especiais. Mesmo que agora eles cobrem mais pelo pernoite, a ocupação média da pousada subiu para 76%, quase o dobro da média nacional. O Jinya Connect e o Expo renderam mais 200 milhões de ienes. E embora o número de funcionários fixos tenha crescido – a média salarial subiu de 2,88 para 3,98 milhões de ienes (bastante superior à média do setor) –, os custos totais com pessoal caíram 25% e a rotatividade dos funcionários se mantém abaixo dos 4%.

Receitas da Jinya

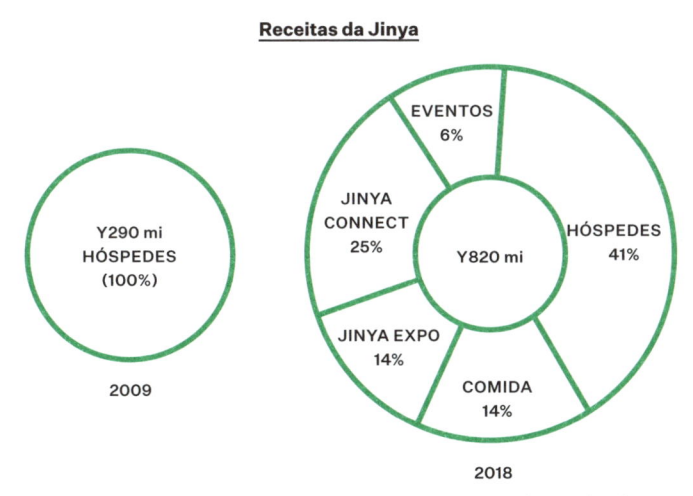

Receitas da Jinya, por categoria. A pousada não apenas sobreviveu depois de adotar a semana de quatro dias: ela foi capaz de diversificar e prosperar *porque* adotou a semana de quatro dias.

Uma pousada cujas raízes remontam à Idade Média europeia pode não ser uma escolha óbvia de local para prototipar o futuro. É mais ou menos como abrir uma incubadora de tecnologia ou um espaço *maker* na Torre de Londres. Mas a Jinya ilustra como as empresas que adotaram a semana de quatro dias têm explorado o tempo livre para aprimorar seus serviços e sua equipe, conceber novos produtos e prototipar um futuro de trabalho mais feliz, justo e focado em longo prazo.

Uma década depois de escapar por um triz da bancarrota, os Miyazakis hoje encaram sua pousada como uma plataforma de testes para novos softwares. "Quero promover uma forma de trabalho que possa se adequar a diferentes momentos de nossa vida, como a criação dos filhos e os cuidados com idosos, e que possa ser adotada em todo o setor", Tomoko disse a um repórter em 2018. "Minha meta é fazer com que as pessoas queiram trabalhar em pousadas."

CONSTRUINDO UM NOVO PARADIGMA DE TRABALHO

A transformação de Tomoko, de uma hoteleira em apuros a uma evangelista do espaço de trabalho, não é atípica. Muitas de minhas entrevistas com fundadores e líderes de empresas começaram como uma conversa calcada em realidades práticas, estratégia e operações, mas acabaram desaguando em termos mais culturais e filosóficos. Tanto Mark Merrywest como Emily West me explicaram que a jornada de seis horas da flocc é apenas uma das manifestações da busca da empresa por *lagom*, termo sueco que pode ser vagamente traduzido como "nem demais, nem de menos". Henrik Stenmann afirmou que a semana de quatro dias da IIH Nordic já não diz respeito "apenas a fechar nas sextas-feiras. Mais que isso, trata-se de uma forma nórdica de trabalhar. O crucial são os elementos que tornam viável trabalhar apenas quatro dias, trabalhar em condições melhores e com ferramentas melhores, e não apenas trabalhar menos". Pernille Garde Abildgaard, jornalista dinamarquesa que escreveu sobre a empresa, observa que ali a semana de quatro dias é moldada por (e ao mesmo tempo reforça) "valores caros à maioria dos espaços de trabalho nórdicos: confiança entre chefe e funcionários, hierarquia horizontal, grande foco no equilíbrio entre vida profissional e pessoal, desejo por estruturas estáveis e busca por soluções coletivas. Quase nada deve ser imposto: as melhores soluções são descobertas em conjunto".

Algumas pessoas mencionam as jornadas mais curtas como forma de amenizar o *ethos* "todos contra todos" do capitalismo contemporâneo. Durante a maior parte de nossa conversa, Stephan Aarstol, fundador da Tower Paddle Boards, soou como um CEO desprovido de sentimentos e sedento por lucros. "Sou um capitalista, encaro a jornada de cinco horas como um proprietário que deseja extrair o máximo possível de produtividade da minha equipe", ele disse em determinado momento. Mas até ele se preocupa com o fato de que muitas empresas "tentam pagar cada vez menos aos trabalhadores, para então automatizar todas as funções que puderem e extrair ainda mais deles, defendendo sempre que trabalhar sessenta horas por semana faz de você um verdadeiro americano". Uma semana mais curta, reflete ele, é o tipo de "benefício muito tangível" de que os trabalhadores precisam depois de décadas sem aumentos reais de salário e crescente desigualdade no país. (De fato, mesmo depois da entrada da Amazon no mercado ter feito com que as vendas de pranchas da Tower despencassem de 7,5 milhões de dólares em 2015 para 1,5 milhão em 2019, Aarstol se negou a abandonar de todo a jornada de cinco horas. Em vez disso, ele adotou um modelo de "horário de verão", trabalhando cinco horas diárias de junho a setembro, e diversificou sua atuação para outros ramos. Ele transformou parte do edifício onde fica o escritório, com vista para o porto, em um espaço de eventos, entrou no mercado de bicicletas elétricas e lançou uma nova plataforma de vendas para outras empresas de vendas diretas ao consumidor.)

Não raro, o ato de redesenhar a jornada de trabalho estimula uma reflexão mais ampla dentro das empresas sobre como e por que nós trabalhamos. Os líderes que desejarem implementar a semana de quatro dias devem estar dispostos a "repensar tudo o que consideram ser verdades absolutas, para então se disporem a testar essas suposições, desafiá-las e conferir se estão mesmo corretas", diz Marei Wollersberger. "A semana de cinco dias é apenas um desses preceitos." Uma vez aberta a porta para esse tipo de reformulação radical, continua ela, "os diretores devem criar o espaço, o tempo e o ambiente necessários para que as pessoas possam experimentar e descobrir o que funciona para elas".

Para muitos, aquilo que começa como um exercício de caráter prático para resolver problemas urgentes e pontuais de recrutamento e rotatividade, equilíbrio entre vida pessoal e profissional, desigualdade de gênero e sustentabilidade acaba promovendo novas maneiras de pensar sobre trabalho, tempo e liderança e novas relações entre empresa, trabalhadores e tecnologia. Encarar esse problema como se fosse um projeto de design nos ajuda a elaborar cronogramas melhores, administrar o negócio mais minuciosamente, comunicar-nos de modo mais direto e criar ferramentas mais inteligentes. A implementação dessas mudanças, por sua vez, faz com que as empresas mudem seu modo de pensar sobre atenção, tempo e tecnologia. No processo de redução da semana de trabalho, as empresas acabam consolidando a base para uma revolução do trabalho.

Isso pode soar dramático demais, mas a história nos ensina que as revoluções só são repentinas, barulhentas e violentas no campo da política. Nos negócios, na arte, na tecnologia e na ciência elas costumam ser mais gradativas. Na maioria dos casos, as revoluções partem de soluções. Essa ideia me ocorreu quando eu estava na Liverpool Street Station, uma estação ferroviária da era vitoriana situada a algumas quadras da Normally. Em meados do século XIX, os arquitetos dedicavam a maior parte de sua atenção a saguões de passageiros no estilo clássico ou gótico e enclausuravam os trens e trilhos em câmaras utilitaristas, construídas com ferro e vidro. Eles não tentavam inventar uma nova linguagem visual para uma era de acelerações, tampouco criar uma justaposição irônica de estilos: apenas atendiam às exigências de gosto do público e, ao mesmo tempo, tentavam resolver problemas complexos de engenharia utilizando os meios mais práticos e econômicos disponíveis. Mas para arquitetos como Rennie Mackintosh e Frank Lloyd Wright, que emergiram ao final daquele século, os galpões escondidos nos fundos eram a parte mais interessante daquela composição: eles demonstravam como o ferro e o vidro poderiam ser usados para criar um novo estilo arquitetônico, livre da carga do passado – uma arquitetura racional, científica e totalmente moderna. O trabalho de Mackintosh e Wright acabaria inspirando o minimalismo e funcionalismo radicais da Bauhaus e da International Style nos anos 1920 e 1930. O resultado foi uma revolução nos estilos arquitetônicos. Essa revolução, contudo, se deu de forma gradual ao longo de décadas.

As estações ferroviárias também eram a faceta visível de um sistema logístico e comercial de tamanho e complexidade sem precedentes que desencadeou revoluções no gerenciamento de informações, finanças e leis. A necessidade de coordenar milhões de passageiros, milhares de trens, entregas diárias de carga e combustível, capital e uma massa de trabalhadores gerou demanda por novas ferramentas administrativas e tecnologias informacionais. As ferrovias foram pioneiras na adoção de novidades como o telégrafo elétrico, o papel carbono e os sistemas de abastecimento e contribuíram para o surgimento de mercados modernos de capitais, agências reguladoras e leis antitruste – outras inovações revolucionárias que se deram de forma gradual.

Por fim, as ferrovias mudaram o modo como pensamos o tempo. A fim de coordenar escalas e evitar colisões, as ferrovias impulsionaram a adoção de fusos horários e horários comerciais padronizados. O tempo deixou de ser um fenômeno local. Seattle e San Diego, Londres e Lisboa, Munique e Milão agora partilhavam todas do mesmo tempo. O desafio de coordenar o tempo ao longo de milhares de quilômetros e fazer com que todos os relógios de determinada rede marcassem as horas no mesmo exato instante – e a certeza de que tudo estava certo – acabou se revelando excepcionalmente difícil, e a construção de sistemas horários para as ferrovias centralizou os esforços de muitos relojoeiros, sobretudo na Suíça. Esses designs passaram pelo escritório de patentes de Bern, onde foram lidos por um jovem examinador com grande interesse pelo tempo. Albert Einstein viu que o esforço dos relojoeiros levantava questões profundas sobre a relação entre tempo e espaço. Quando publicou seu famoso artigo sobre a Teoria Especial da Relatividade, Einstein usou o desafio de coordenar o tempo na rede ferroviária como exemplo de um problema mais amplo – mensurar o tempo e o espaço.

Depois de resolver problemas mais imediatos como recrutamento, equilíbrio entre vida pessoal e profissional e aumento de produtividade, as empresas que redesenharam seu horário de trabalho passam a conceber novas estruturas temporais, elaborar novas regras de trabalho e transformar a maneira como resolvemos problemas no ambiente de trabalho e compartilhamos os frutos de eventuais soluções. Elas estão criando um novo paradigma de negócios.

Quais são as características desse novo paradigma?

1 Líderes apontam os problemas; todos encontram soluções.

As empresas não podem reduzir a jornada de trabalho sem o apoio de seus líderes, mas os líderes não podem reduzir a carga horária se os trabalhadores não se engajarem. Ninguém sabe o bastante para alcançar sozinho o sucesso no desafio de redesenhar a jornada de uma empresa: é preciso que todos se envolvam. Em contrapartida, ninguém além do CEO ou do proprietário pode propor a semana mais curta em uma empresa e tomar uma decisão final sobre adotá-la ou não em definitivo. Esse é o modelo para um estilo mais fluido e contingente de estratégia e tomada de decisão, no qual os comandantes estabelecem objetivos, mas as equipes descobrem como executá-los.

2 Mais valem horas focadas que horas em excesso.

Hoje, no mundo de negócios, achamos que os melhores funcionários e os mais dedicados são aqueles que trabalham muitas e muitas horas em frente a suas escrivaninhas, e os melhores gerentes são aqueles capazes de motivar os funcionários a ficar no escritório até tarde. É uma visão ultrapassada. Qualquer um é capaz de ficar doze horas sentado em uma cadeira, e funcionários que cumprem muitas horas precisam otimizar seu tempo, e não receber prêmios. As empresas que reduzem sua jornada de trabalho priorizam o foco ao tempo: algumas horas de concentração intensa ou trabalho em equipe altamente eficaz valem muito mais que uma jornada longa, mas sem foco. Eles também entendem a eficácia de sincronizar tarefas e escalas aos ritmos circadianos, a ascensão e o declínio naturais de nossa capacidade de nos concentrar e tomar decisões. O tempo é valioso, mas nem todas as horas têm o mesmo valor.

3 Limites são bons.

Reconhecer o valor do foco implica reconhecer também a importância do distanciamento e de dar às pessoas tempo de descanso. Durante o dia, limites claros entre o tempo de foco total, atividades menos intensas e períodos de socialização aumentam a qualidade das três coisas. De modo semelhante, tanto os dias de trabalho como os dias de folga melhorarão se você não estiver sempre conectado e não precisar levar trabalho para casa. Por fim, os limites ajudam a acalmar os ânimos, reduzem o ritmo de cansaço e estimulam as pessoas a encarar a carreira de modo mais sustentável.

4 A atenção é um fenômeno social.

Normalmente, pensamos na atenção como algo que acontece em algum ponto entre nossos cérebros, olhos e telas. Mas, na verdade, a atenção é um fenômeno social que requer períodos ininterruptos, contínuos, imperturbados e livres de intervenções externas. Minha capacidade de focar depende de sua disposição para não me interromper, e vice-versa. As empresas que não conseguem criar ambientes de atenção, fragmentam o dia de trabalho com reuniões e eventos e colocam seus trabalhadores em espaços físicos e virtuais que estimulam as distrações acabam sabotando os esforços dos trabalhadores em focar nas tarefas mais importantes. Em ambientes de trabalho que valorizam a atenção, as interrupções são o novo equivalente a fumar em espaço fechado.

5 Os ganhos de eficiência pertencem aos trabalhadores.

Empresas que adotam a semana de quatro dias firmam um contrato social com seus funcionários: se você descobrir como redesenhar sua jornada e trabalhar de forma mais eficiente, poderá ficar com o tempo economizado. Isso serve de incentivo para que os trabalhadores aprimorem as próprias capacidades, aprendam a usar tecnologias existentes de forma mais eficaz e colaborem com os colegas para redefinir processos, calendários e cronogramas. Trata-se de uma garantia de que os trabalhadores não se tornarão supérfluos caso consigam automatizar as partes mais triviais de seu trabalho. Isso também permite que eles se tornem funcionários mais valiosos ao empregar tecnologias para potencializar suas tarefas mais desafiadoras.

6 Construa superestruturas, mas não superpoderes.

No ambiente de trabalho contemporâneo, aprendemos a buscar soluções pessoais e customizadas para problemas referentes ao equilíbrio entre vida pessoal e profissional, o *burnout* e a produtividade. O problema é que tais soluções acabam distribuídas de forma desigual (profissionais e executivos têm mais chance de desfrutar delas), abrigam consequências indesejadas (pergunte a qualquer mulher que luta contra o estigma da flexibilidade) e nos forçam a assumir responsabilidade individual por eventuais fracassos, garantindo ao mesmo tempo que o sistema não precisará prestar contas. Para fazer da semana de quatro dias um sucesso, devemos reconhecer que todos estão enfrentando os mesmos desafios, e que podemos resolvê-los de forma mais eficaz – para todos – se alterarmos o sistema. A ação coletiva é mais importante do que o aprimoramento pessoal. Jornadas mais curtas exigem que todos trabalhem de forma mais eficiente, atuem melhor em conjunto e recompensem todos de forma igualitária. Não tente se impor, tente organizar.

7 Faça perguntas, e, então, encontre respostas.

A adoção de uma semana mais curta estimula você a desafiar o senso comum, fazer perguntas básicas e extirpar a lógica obsoleta por trás de todos os produtos e práticas que nos parecem óbvios e corriqueiros. Mas ela também lhe dá a chance – ou mesmo a obrigação – de responder a essas perguntas. Você deve reclamar menos e prototipar mais.

8 Os clientes são seus aliados.

Via de regra, os clientes terão muitas perguntas sobre o teste, mas se você souber explicar bem eles podem se tornar aliados importantes na saga da carga horária reduzida, auxiliando-o durante os testes, ajudando-o a se manter na linha e fornecendo retornos valiosos sobre o seu trabalho. Hoje em dia, todos nos deparamos com o desafio de equilibrar vida pessoal e profissional, desenvolver talentos e promover a sustentabilidade, além de nutrirmos preocupações acerca de rupturas ainda maiores que despontam no horizonte. O fato de que você está prototipando uma solução para esses problemas irá torná-lo mais valioso do que nunca.

9 Comunique-se de forma aberta e inteligente.

Redesenhar a semana de trabalho é um esforço coletivo que requer muito diálogo sobre desde a logística até o aprimoramento de velhas práticas, passando por normas sociais e cultura empresarial. As equipes precisam se comunicar bem no dia a dia para coordenar seu trabalho mais rápido e se tornar mais eficientes. Mas também precisam refletir bastante: se feita na hora errada, a comunicação pode se tornar uma distração.

10 Nunca pare de evoluir.

Empresas nunca param de mudar: pessoas vão e vêm, novos concorrentes surgem, os gostos mudam e os mercados evoluem. Líderes inteligentes reconhecem isso e buscam sempre impulsionar sua empresa para evitar o conformismo e manter-se aberto a novidades. Um dos benefícios do processo de *design thinking* é que ele ajuda pessoas e empresas a se sentir confortáveis com mudanças constantes.

Esse novo paradigma não é um mero conjunto de princípios para que líderes e empresas aprimorem o espaço de trabalho e a vida profissional nos dias de hoje: ele também ajuda a encarar alguns dos problemas mais prementes que nós, as empresas e o mundo do trabalho como um todo enfrentaremos no futuro.

UM FUTURO MELHOR PARA O TRABALHO

A ideia de inovar o uso do tempo e da tecnologia para aprimorar o trabalho não poderia ser mais necessária, tampouco surgir em momento mais adequado. Existe um incômodo bastante disseminado com a maneira como o trabalho evoluiu nas últimas décadas e o que acontecerá com ele. Todos os dias, enfrentamos problemas como o excesso de trabalho, o desequilíbrio entre vida pessoal e profissional, a precarização do trabalho, a conciliação entre demandas laborais e familiares e o descompasso entre a motivação esperada dos funcionários e o nível de fidelidade que as empresas estão dispostas a oferecer em troca.

Isso está relacionado a problemas mais amplos referentes à globalização e à desigualdade. A globalização elevou o padrão de vida de muita gente, mas também arruinou setores tradicionais, dizimou a economia e os prospectos de regiões inteiras e possibilitou a ascensão de elites que se tornaram incrivelmente ricas e se blindaram contra os principais problemas e predações da economia global.

Também precisamos lidar com o efeito rebote da globalização e do neoliberalismo, que se manifesta na forma de populismo, crescimento do nacionalismo e novas modalidades de autoritarismo. As mudanças climáticas e a destruição ambiental são problemas que precisamos começar a enfrentar já, e com o qual nós e nossos filhos teremos que lidar pelas próximas décadas. Além disso, as ameaças da inteligência artificial e da robótica pairam no horizonte e estão fadadas a transformar nossos escritórios, empregos, empresas e cotidianos, bem como os mercados e a economia como um todo.

Vivemos uma época em que é crucial pensar o futuro do trabalho, como os indivíduos e a sociedade pensam seus empregos, o papel do trabalho em nossas vidas e o modo como compartilhamos os frutos do trabalho, da produtividade e da automação.

A semana de quatro dias pode nos ajudar a enfrentar todas essas questões. Ela combate muitos problemas laborais que fazem parte de nosso cotidiano, e por isso pode integrar estratégias de combate à desigualdade de riqueza entre os trabalhadores e a elite, à distribuição injusta da riqueza entre diferentes regiões geográficas e aos desafios que o envelhecimento da força produtiva deverá impor ao sistema econômico. A semana mais curta pode nos ajudar a aliviar o impacto do trabalho sobre o ambiente e o consumo de energia, além de oferecer um modelo de utilização da inteligência artificial e da robótica com o objetivo de ampliar e incrementar a produtividade, melhorar a vida dos trabalhadores e conservar empregos, em vez de destruí-los.

SAÚDE E FELICIDADE

As semanas de quatro dias poderiam melhorar a saúde física e mental da população de países desenvolvidos. Já não fumamos no escritório como nos dias de *Mad Men*, mas mesmo livres de fumaça os ambientes atuais expõem os trabalhadores a outros riscos: mau gerenciamento, falta de estabilidade econômica, excesso de trabalho, conflitos entre trabalho e família e *burnout* contribuem para níveis elevados de hipertensão, estresse crônico, ansiedade, consumo de drogas e álcool e doenças cardíacas.

As semanas de quatro dias melhoram a saúde das pessoas dando a elas mais tempo para se recuperar, praticar exercícios e cuidar de si mesmas. Elas aumentam a felicidade reduzindo conflitos entre casa e trabalho e dando às pessoas mais tempo para os amigos e atividades sociais.

Redesenhar o trabalho também resulta em ambientes de trabalho mais saudáveis, organizados e bem geridos. Ao aumentar o controle das pessoas sobre o modo como trabalham, a semana de quatro dias também aumenta os índices de felicidade e satisfação com o emprego. Estudos realizados junto a profissionais cujas ocupações implicam altos níveis de pressão descobriram que as pessoas com maior controle sobre o próprio trabalho são mais felizes e menos estressadas do que aquelas com menos controle. (Isso vale até mesmo para profissões de risco: durante a Segunda Guerra, embora tivessem taxas de mortalidade muito mais altas, os pilotos de caça tinham mais confiança que os de bombardeiros. Por quê? Os pilotos de caças tinham maior controle sobre como e onde voavam, se comparado aos pilotos de bombardeiros.)

Redesenhar a jornada de trabalho para garantir períodos exclusivos de trabalho focado também pode ter um efeito indireto sobre a felicidade dos funcionários. Uma série de estudos realizados pelo professor de administração da Universidade de York Ronald Burke e seus alunos ajuda a explicar por quê. Ao estudar trabalhadores turcos e egípcios, eles descobriram que a intensidade do trabalho – por exemplo, o grau de dedicação, em vez do número de horas dedicadas a ele – pode ter um efeito positivo sobre o bem-estar dos funcionários. Outro estudo, dessa vez realizado com gerentes de hotel chineses, pediu para que as pessoas que dedicam setenta horas semanais classificassem sua relação com o trabalho num escala com critérios como "paixão" ou "vício" em relação às pessoas que cumprem escalas normais. As pessoas que alegam ter maior "paixão" são menos obsessivas e mais satisfeitas com seus empregos, além de terem vidas pessoais e profissionais mais felizes do que aquelas que alegaram ter maior "vício". Ao criar empregos que priorizam de forma explícita a intensidade ao excesso de trabalho e estimulam as pessoas a buscar trabalhar de alguma forma que intensifique (em vez de esgotar) sua paixão, as empresas com escalas de quatro dias acabam gerando profissionais mais felizes.

Uma pesquisa com a seguradora neozelandesa Perpetual Guardian também exemplifica como a semana de quatro dias influencia fatores sociais e psicológicos ligados ao trabalho, à performance e ao bem-estar. Jarrod Haar, professor da Universidade de Auckland, entrevistou executivos e funcionários antes e depois do período de testes. Ele descobriu que o capital psicossocial e a coesão da equipe – ambos fatores que indicam a capacidade dos grupos de trabalhar em conjunto de forma produtiva, bem como a satisfação com o trabalho e o bem-estar – eram mais altos após o teste da semana de quatro dias, fator também observado em relação à criatividade da equipe. Os funcionários relataram índices maiores de disposição a mudanças, satisfação com o trabalho e engajamento e aumento da capacidade de conciliar vida pessoal e profissional. Todos esses elementos tornaram o ambiente de trabalho ainda mais feliz.

Reduzir a semana de trabalho também pode melhorar a vida e o bem-estar de empreendedores. O empreendedorismo pode impor desafios substanciais à saúde mental. Uma equipe liderada pelo professor da Universidade da Califórnia Michael Freeman descobriu que metade dos empreendedores tem ao menos um problema de saúde mental e apresenta índices substancialmente acima da média de depressão e outras enfermidades. O *burnout* de fundadores de empresas é um fator grave em 65% das jovens empresas que vão à falência.

O psicoterapeuta clínico Paul Hokemeyer estima que até 80% dos empreendedores "lutam contra uma miríade de distúrbios de personalidade como narcisismo, síndrome da riqueza repentina e síndrome de impostor", segundo escreveu em 2019.

**Fundadores têm maior probabilidade de lidar com
enfermidades mentais graves:***

DEPRESSÃO	30%	2×
DÉFICIT DE ATENÇÃO	30%	2×
ANSIEDADE	27%	IGUAL
ABUSO DE SUBSTÂNCIAS	12%	3×
TRANSTORNO BIPOLAR	11%	10×

*comparados à população em geral

Fundadores de empresas podem sofrer de graves enfermidades mentais e são muito mais
suscetíveis a certos problemas do que a média da população.

Aparentemente, exigir longas jornadas e grandes sacrifícios dos funcionários, lidar com a imensa pressão de investidores para entregar lucros gigantescos, viver em meio a imensas incertezas e isolamento social, tratar o *burnout* como osso do ofício e o autocuidado como uma fraqueza desprezível até ser atingido de repente pelo reconhecimento e pela riqueza de uma estrela do rock não é um bom cenário para a saúde mental.

Como uma jornada mais curta pode ajudar a melhorar a saúde mental de empreendedores? Com frequência, os fundadores de empresas relatam passar mais tempo com a família depois de aderir à semana de quatro dias, e afirmam praticar exercícios com maior frequência. Um estudo com empreendedores suecos explica por que essa é uma estratégia sensata. Kristina Gunnarsson e Malin Josephson monitoraram a felicidade e o bem-estar de um grupo de 246 empreendedores suecos durante 5 anos, medindo sua saúde física e mental, seu nível de satisfação com o trabalho, sua carga horária e o modo como usavam o tempo livre fora do trabalho. Eles descobriram que o fator mais importante para a felicidade era a vida social: um círculo amplo de amizades e vida social ativa se traduziam em níveis mais elevados de apoio social – algo especialmente importante para chefes de empresas com poucos colegas na mesma escala hierárquica – e maior habilidade para se desligar mentalmente do trabalho. O segundo mais importante era o exercício.

ENVELHECIMENTO DA SOCIEDADE E DA FORÇA DE TRABALHO

A semana de quatro dias pode ser boa para países e forças de trabalho em processo de envelhecimento. Nos países desenvolvidos, a idade média dos trabalhadores vem subindo, ao passo que as taxas de natalidade caem, a longevidade aumenta e a aposentadoria se torna menos previsível. No nível global, a porcentagem de pessoas com 65 anos ou mais inseridas no mercado de trabalho cresceu drasticamente entre 1990 e 2015, e a maior participação de idosos na força de trabalho é especialmente notável em países como China, Estados Unidos e Reino Unido.

Enquanto cada vez mais trabalhadores idosos seguem em suas ocupações, as forças de trabalho nacionais estão envelhecendo. Nos Estados Unidos, de acordo com a Secretaria de Estatísticas Trabalhistas, a proporção de trabalhadores estadunidenses com menos de 55 anos vem caindo desde meados dos anos 1990 (e a porcentagem de trabalhadores com menos de 25 anos atingiu seu ápice nos anos 1970). Em 2024, 8% da força de trabalho estadunidense será composta de pessoas com 65 anos ou mais, e 18% da força de trabalho terá 55 anos ou mais. Trabalhadores mais velhos permanecem por mais tempo em seu emprego e têm menor probabilidade de se aposentarem aos 65, seja porque não têm condições financeiras para tanto, seja porque não querem. O Ministério de Assuntos Interiores do Japão estimou em 2018 que 12,4% da força de trabalho japonesa já tem 65 anos ou mais, e 20% da população do país tem 70 anos ou mais.

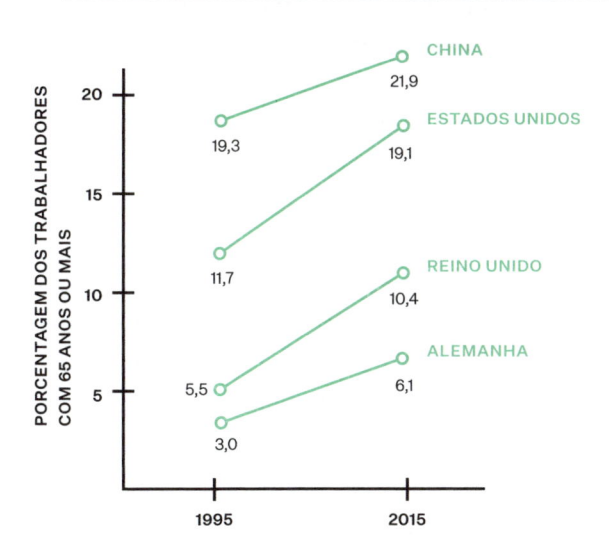

Envelhecimento da força de trabalho nas principais economias

A proporção de pessoas pertencentes à força de trabalho com 65 anos ou mais vem crescendo na maioria dos países desenvolvidos. Em parte, isso reflete mudanças demográficas: há menos trabalhadores jovens e mais pessoas velhas e saudáveis o suficiente para trabalhar. Mas o fenômeno também pode ser impulsionado por poupanças insuficientes para a aposentadoria, políticas trabalhistas que estimulam os trabalhadores mais velhos a seguir em suas ocupações e outros fatores.

Essas tendências permanecerão. De acordo com a Organização Mundial da Saúde, a expectativa de vida média cresceu de 66,5 anos em 2000 para 72 anos em 2016. Crianças nascidas no Japão e em Cingapura em 2019 têm expectativa de vida estimada em mais de 85 anos. Na maior parte dos países europeus, a expectativa da vida está acima de 80; nos Estados Unidos, é de 79. As pessoas não estão apenas vivendo mais: elas também desfrutam de maior qualidade de vida e mais saúde ao fim da vida. Nossas previsões sobre como vida, carreira e subsistência (com as pessoas concluindo sua educação formal na adolescência ou com 20 e poucos anos, trabalhando em tempo integral até os 60 e, então, vivendo de sua aposentadoria) já não funcionam muito bem, e cairão por terra completamente em um mundo onde as pessoas mantêm suas capacidades físicas e mentais até os 80 ou 90 e podem viver bem até os 100 anos. O modelo em que se trabalha um monte em jornadas extensas aos 20 e poucos anos em um esforço para se tornar rico o suficiente ali pelos 30 e se aposentar antes da exaustão aos 40 anos já não terá qualquer sentido.

Os economistas temem que os países em processo de envelhecimento precisem lidar com custos cada vez maiores de bem-estar social e níveis cada vez menores de produtividade interna. Ao retardar a aposentadoria e manter as pessoas saudáveis, a semana de quatro dias ajudaria a aliviar a pressão sobre a previdência e a reduzir os gastos com saúde. Se possibilitassem que as pessoas trabalhem por mais tempo, os níveis de produtividade subiriam.

Além disso, permitir às pessoas manter cargos e profissões de que gostam contribuiria mais para a felicidade do que forçá-las a se aposentar. Um bom trabalho pode ser uma imensa fonte de significado e satisfação na vida de uma pessoa. Como escreveu o violoncelista Pablo Casals em sua autobiografia, "trabalhar ajuda a evitar que fiquemos velhos". Mesmo aos 93, argumentou ele: "Um homem que trabalha e jamais se entedia nunca fica velho. O trabalho e o interesse por coisas que valem a pena são os melhores remédios para a idade".

Cientistas cognitivos cunharam a hipótese de "usar ou perder", segundo a qual as capacidades cognitivas são como músculos: se não as exercitarmos continuamente, elas se atrofiam, mas se forçarmos demais corremos risco de nos lesionarmos. Diversos estudos demonstraram que pessoas mais velhas que continuam trabalhando ou seguem ativas em algum outro sentido são física e mentalmente mais saudáveis que as inativas. Um estudo australiano sugere que trabalhar em escalas reduzidas não apenas ajuda trabalhadores mais velhos a se manter empregados e produtivos, mas também pode ter efeito positivo sobre o envelhecimento cognitivo – ou seja, o nível de declínio mental. Um estudo australiano de 2016 descobriu que pessoas acima dos 40 que trabalham até 25 horas semanais se saem melhor em testes de função cognitiva do que aquelas que trabalham em tempo integral ou não trabalham.

A diretora do Centro de Longevidade de Stanford Laura Carstensen argumenta que deveríamos encarar nossas carreiras como maratonas, e não corridas de 100 metros rasos, e que carreiras assim facilitariam nosso afastamento temporário e posterior retorno quando nossos filhos ainda são jovens ou nossos pais envelhecem, além de propiciar um vínculo mais duradouro com o empregador. A semana de quatro dias também viabilizaria isso ao nos permitir trabalhar de forma mais sustentável em um período mais longo de nossa vida. Ao tornar as longas jornadas e o excesso de trabalho menos desejáveis ou admiráveis, ela também criaria maior igualdade entre trabalhadores jovens e velhos.

Por fim, o desafio de descobrir o tempo toda novas maneiras de aliviar a carga horária (aprendendo novas ferramentas, automatizando processos rotineiros e tendo maior discernimento sobre como administramos nosso trabalho) pode ser especialmente benéfico para os trabalhadores mais velhos. Os sociólogos argumentam que esse "apuro do trabalho", a capacidade de mudar a forma como trabalhamos e o escopo de nossas funções, pode ajudar os profissionais mais velhos a ajustar seus trabalhos para que sigam engajados e produtivos.

TRÂNSITO E DESLOCAMENTO

Adotar uma semana mais curta pode ter um efeito significativo sobre o tempo de deslocamento e o trânsito.

Para os indivíduos, a semana de quatro dias pode implicar uma redução significativa do tempo perdido no trânsito. Quando o Toyota Center de Gotemburgo aderiu à jornada de seis horas, eles descobriram que o deslocamento em períodos fora do horário de pico cortou pela metade o tempo perdido diariamente pelos mecânicos no trânsito. Em cidades grandes como Nova York, Cidade do México, Rio de Janeiro e Los Angeles, as pessoas que vão ao trabalho de transporte público perdem duas horas ou mais por dia com deslocamento, e aquelas que trabalham em grandes prédios ainda podem perder alguns minutos a mais esperando pelos elevadores. Trabalhadores estadunidenses com uma média de deslocamento de 27 minutos (em cada trecho) economizariam cerca de dois dias inteiros por ano com deslocamento caso passassem da semana de cinco dias para a de quatro. Eles também gerariam menos poluição atmosférica (veículos individuais são responsáveis por cerca de 25% de toda a poluição do ar) e seriam mais saudáveis, pois ficariam menos expostos a ela.

A adoção regional ou nacional de uma jornada mais curta daria aos políticos uma ferramenta para reduzir a poluição e os congestionamentos. Muitas cidades já experimentaram implementar horários não convencionais em empresas e agências governamentais para reduzir o congestionamento, geralmente com sucesso parcial, mas até o momento ninguém tentou combinar essa iniciativa com a redução de jornada, que daria às empresas mais flexibilidade ao estabelecer o início e o fim da jornada de trabalho. Nas Filipinas, o governo discutiu uma lei que permitiria aos funcionários cumprir semanas de quatro dias para ajudá-los a reduzir os longos deslocamentos e engarrafamentos intermináveis em Manila. Em Mumbai, na Índia, onde três mil pessoas se machucam devido à superlotação dos trens todos os anos, o ministro de ferrovias sugeriu a adesão à semana de quatro dias e horários variados de trabalho para aliviar o congestionamento e tornar os deslocamentos mais seguros.

IMPACTOS AMBIENTAIS

A redução da jornada de trabalho também pode levar a reduções substanciais das emissões de carbono e do consumo de energia. Como alega um estudo sobre a relação entre uso energético e carga horária nos países da OCDE, "a carga horária têm uma correlação significativa com maiores danos ambientais". Conforme os países ampliam suas semanas de trabalho e as pessoas começam a trabalhar mais horas, eles consomem mais energia e intensificam sua pegada de carbono: um estudo descobriu que um aumento de 1% na carga horária eleva o consumo de energia em até 1,3%, a pegada de carbono em 1,3% e o impacto geral sobre o meio ambiente em 1,2%. Pesquisadores estimam que, ao reduzir o deslocamento e cortar o consumo energético no ambiente de trabalho, dentre outros efeitos, a adesão à semana de quatro dias poderia cortar as emissões de carbono de um país entre

16% e 30% (embora o índice máximo trabalhe com um cenário em que os salários também cairiam). Um estudo sueco concluiu que reduzir a jornada de trabalho para em média trinta horas semanais até 2040 "resultaria em um crescimento substancialmente menor da demanda energética, o que também tornaria mais fácil atingir as metas climáticas".

Um estudo feito nos Estados Unidos analisou o impacto das jornadas reduzidas sobre a temperatura média global de 2100 e estimou que reduzir a carga horária anual em 0,5% a cada ano "muito provavelmente reduziria entre um quarto e metade, se não mais, qualquer índice de aquecimento [global] ainda não consolidado" (ou seja, que já está destinado a acontecer nas próximas décadas, dada a quantia de carbono presente hoje na atmosfera) e reduziria a temperatura global entre 0,2 e 1,2 graus centígrados.

Mas mais tempo livre não significa mais tempo para atividades que exigem grande dispêndio de carbono e energia – como dirigir até as montanhas para esquiar, ir até a cidade para um fim de semana estendido ou pegar um voo para visitar a família? Os riscos são menores do que imaginaríamos, por diferentes razões. Em primeiro lugar, as pessoas gastam seu tempo livre recém-conquistado perto de casa, em coisas como tarefas rotineiras, exercícios e a companhia da família. Em segundo, estudos indicam que, como regra geral, as pessoas têm menor probabilidade de se envolver em atividades com alta demanda energética quando têm mais tempo livre. Um estudo de 2013 sobre consumo e horas de trabalho descobriu que trabalhar mais faz com que os lares consumam mais bens de alta demanda energética: eles consomem mais alimentos congelados e comidas processadas, pedem delivery com maior frequência e têm maior probabilidade de usar carros ou táxis. Quando as pessoas têm mais tempo livre, aumenta a probabilidade de que cozinhem as próprias refeições, caminhem ou andem de bicicleta e dediquem mais tempo a planejar atividades mais eficientes do ponto de vista energético.

A menor disponibilidade de tempo está correlacionada a índices maiores, e não menores, de atividades de lazer que exijam muitos recursos materiais e energéticos: as pessoas que trabalham muitas horas têm mais chance de tirar férias no exterior do que perto de casa e de participar de aventuras motorizadas em vez de fazer *trekking*. (Essas escolhas são reforçadas por normas sociais existentes nas empresas de estrutura engessada; em firmas de consultoria estratégica, é mais aceitável tirar férias de três semanas no Pacífico Sul que passar a tarde ao ar livre com as crianças.)

DESENVOLVIMENTO REGIONAL

Henrik Stenmann argumenta que as semanas de quatro dias na IIH Nordic representam um "estilo nórdico" de trabalho, que usa a tecnologia e o gerenciamento inteligente para atingir uma vida mais equilibrada. Para empresas em locais como a Tasmânia e o centro da Inglaterra, a semana de trabalho mais curta pode atrair trabalhadores dos centros metropolitanos. Isso indica o papel que a semana de quatro dias poderia desempenhar no futuro como ferramenta de diferenciação regional ou para atrair trabalhadores de volta a regiões em dificuldade econômica.

Na Coreia do Sul, um grupo de empresas de um *hub* industrial na província de Gyeongbuk, no sul do país, anunciou planos de aderir à semana de quatro dias para atrair trabalhadores de Seul. O governador da província descreveu a iniciativa como um esforço "para criar uma cultura progressista de trabalho e gerar novos empregos".

Uma empresa japonesa vê a semana de quatro dias como ferramenta para atrair as pessoas de volta a regiões rurais que vêm tendo dificuldades para manter empresas e trabalhadores. A Kunisaki Time, empresa de quinze pessoas que produz animais e manequins 3D e outros objetos em papelão, vem trabalhando com uma escala de quatro dias de oito horas desde 2013. Yuki Matsuoka desenvolveu seu método para aplicar a ferramenta CAD ao desenvolvimento de padrões que podem ser cortados a laser em papelão em 1995; depois de 3 anos tentando licenciar a patente, ele fundou a própria empresa, em 1998. Desde então, seus designs foram apresentados em comerciais e exposições de arte, museus e lojas de departamento em Tóquio, Berlim e Nova York.

Para Yuki, a decisão de implementar a semana de quatro dias na Kunisaki Time foi motivada em igual medida por questões filosóficas, geográficas e econômicas. A província rural e remota de Oita, onde Yuki nasceu e hoje fica a sede da Kunisaki Time, tornou-se mais conectada ao resto do Japão nas décadas recentes (Sony, Sharp e outras fabricantes de eletrônicos começaram a produzir semicondutores, *chips* e sensores ali na década de 1970), mas sua população está envelhecendo e diminuindo. Na verdade, a empresa está instalada em uma escola de ensino fundamental que fechou por falta de alunos. Yuki vê a semana de quatro dias como uma forma de atrair talentos que, de outra forma, prefeririam ficar em Tóquio, Kobe ou Nagoya.

Em um sentindo mais profundo, trata-se de uma forma de "criar uma 'vida nova' para [a próxima] geração", baseada na "cultura e no tempo singulares destas terras", atraindo novos talentos sem prejudicar o ritmo mais lento e natural da região, conforme Yuki disse a um varejista japonês. A semana de quatro dias também se adequa a setores criativos que se instalam no interior: ela proporciona às pessoas mais tempo para "fazer trilhas, pescar, ler ou fazer o que quiserem", ao mesmo tempo em que "leva ao desenvolvimento de habilidades individuais e melhora a eficiência dos negócios". Para Yuki, é uma forma de renovar a equipe, renovar o trabalho e renovar a região.

INOVAÇÃO TECNOLÓGICA

Como qualquer negócio, as empresas que aderiram à semana de quatro dias lançam mão da tecnologia para ajudar os trabalhadores a serem mais produtivos e eficientes, melhorar a comunicação e a cooperação entre os funcionários, munir os líderes dos dados de que precisam para administrar bem seus negócios e melhorar a sincronia com os clientes. Mas a adoção e o uso da tecnologia têm aspectos distintos dignos de nota, porque oferecem pistas sobre como podemos agir de forma mais humana e eficaz para incorporar novas tecnologias ao ambiente de trabalho do futuro.

Em primeiro lugar, elas usam a tecnologia para potencializar as habilidades físicas e cognitivas de seus funcionários, e não para substituí-los. Novas tecnologias podem ser utilizadas para ampliar e aguçar os sentidos, pontos fortes e habilidades de seres humanos, ajudando assim a preservar trabalhos e empregos, ou podem ser desenvolvidas com o intuito de replicar habilidades humanas, gerar competição entre pessoas e máquinas, reduzir a necessidade do capital por trabalho e, finalmente, extinguir produção e empregos humanos. Quando a Blue Street adotou a DocuSign, a Farnell Clarke migrou para sistemas contábeis em nuvem e a Normally empregou softwares colaborativos, elas o fizeram com o intuito de ajudar indivíduos e equipes a trabalhar mais rápido.

Em segundo lugar, como as empresas que aderem às semanas de quatro dias conferem aos seus funcionários autonomia para adotar e experimentar novas ferramentas, elas permitem que eles se apropriem dos meios de produção (e dados e algoritmos). A forma nada hierárquica como a IIH Nordic encara a inovação tecnológica, dando aos programadores a liberdade de testar novos métodos e práticas, confere aos trabalhadores muito poder no ambiente de trabalho. Quando os funcionários são donos das próprias tecnologias, é maior a chance de que eles prosperem, tornem-se mais capacitados com o tempo e busquem oportunidades de aprimorar seu trabalho. Além disso, dominar e utilizar tecnologias devidamente desenvolvidas é, em si, uma fonte de satisfação. O design voltado para a potencialização de habilidades não apenas reduz o desemprego causado pela tecnologia, como também gera trabalhadores melhores e mais felizes.

Vale a pena prestar atenção em técnicas que amplifiquem capacidades e possam ser apropriadas pelos trabalhadores, pois elas serão o modelo para a próxima geração de robôs e inteligência artificial. Durante os últimos anos, vem se desdobrando um debate fervoroso sobre o futuro do trabalho, cujo cerne é a desconfiança em relação a essas novas tecnologias: elas eliminarão empregos ou acabarão gerando novas e melhores formas de trabalho? Até agora, temos exemplos dos dois fenômenos. Pensemos no impacto muito distinto das novas tecnologias sobre duas especialidades médicas, a radiologia e a cirurgia. Tradicionalmente, os radiologistas estavam entre os médicos mais capacitados de uma equipe hospitalar, e as residências em radiologia eram muito disputadas. Mas sistemas on-line que permitem a médicos do outro lado do mundo ler raios-X por uma fração do custo de médicos estadunidenses e, mais recentemente, através de sistemas automáticos de visão (que têm se mostrado mais precisos que seres humanos) têm tornado a radiologia menos atrativa para os jovens médicos na hora de escolher sua especialidade.

Ao mesmo tempo, sistemas cirúrgicos robotizados têm permitido que especialistas operem pacientes a milhares de quilômetros de distância ou realizem cirurgias de emergência em hospitais de campanha. Mas eles não substituíram os cirurgiões: em vez disso, a tecnologia foi incorporada à prática cirúrgica, e novas especialidades referentes a cirurgias robóticas e laparoscópicas floresceram ao longo da última década. As cirurgias são empreitadas física e socialmente complexas: mesmo um procedimento cirúrgico de rotina requer o trabalho conjunto de equipes de médicos, enfermeiros e outros especialistas (até as pessoas que limpam as salas de operação podem precisar de treinamento especial).

Cozinhar ou trabalhar em uma nova campanha publicitária é como operar uma cirurgia: ambas exigem uma mescla de habilidades técnicas, colaboração e cooperação. Na verdade, muitos trabalhos aparentemente "simples" acabam se revelando incrivelmente complexos quando observados de perto. Para esse tipo de trabalho, os melhores caminhos em direção ao aumento de produtividade a partir de inovações tecnológicas consistem em desenvolver e aplicar ferramentas que ajudem trabalhadores já bastante capacitados a desempenhar melhor seu trabalho, em vez de criar ferramentas para substituí-los. As empresas que migraram para a semana de quatro dias mostram que, dando aos seus funcionários liberdade para inovar e assumir maior controle sobre o modo como as tecnologias são selecionadas e adotadas, é possível evitar um cenário distópico no qual novas tecnologias tornarão dezenas de milhões de empregos obsoletos para, em vez disso, criar um ambiente de trabalho que preserve empregos, aprimore o trabalho e torne as empresas mais produtivas.

A DIFUSÃO DO MOVIMENTO

No ano passado, o interesse pela semana de quatro dias cresceu consideravelmente. Parte desse interesse surgiu de exemplos bastante divulgados, como a Perpetual Guardian, da Nova Zelândia, cujo fundador Andrew Barnes se tornou um defensor público das jornadas reduzidas. A Perpetual Guardian experimentou a semana de quatro dias pela primeira vez em março de 2018 e aderiu a ela em caráter permanente em julho. Passados nove meses, outras dezoito empresas neozelandesas pertencentes a diversos setores já haviam adotado a semana de quatro dias. Dezenas de empresas contataram Tash Walker depois da publicação do relatório da The Mix sobre sua experiência com a jornada menor, e, dessas, "umas vinte ou trinta", segundo ela, haviam feito suas próprias tentativas até julho de 2019. Também vêm surgindo casos de grupos de empresas implementando jornadas mais curtas de forma conjunta. Em Edimburgo, dois restaurantes seguiram o exemplo do Aizle e adotaram as semanas de quatro dias em 2019: o 21212, detentor de uma estrela Michelin, e o novo restaurante Fhior. A cidade de Norwich, na Inglaterra, tem três empresas – Farnell Clarke, flocc e Curveball – que adotaram a jornada de seis horas, e as três compartilharam entre si observações sobre suas respectivas experiências. A cidade de Gotemburgo, na Suécia, testemunhou experimentos com jornadas de seis horas no governo municipal, em um hospital acadêmico, em uma clínica de repouso e na oficina da Toyota.

As semanas de quatro dias também vêm se espalhando de forma orgânica dentro dos setores. No ramo dos restaurantes, chefs que descobriram a semana de quatro dias ao trabalhar em locais como o Noma e o L'Astrance mais tarde abriram os próprios restaurantes, levando a semana de quatro dias para a cena gastronômica de outras cidades. Agora, os testes com jornadas mais curtas estão se espalhando por restaurantes mais simples. O Baumhower's Victory Grille é uma rede estadunidense de restaurantes com temática esportiva pertencente ao ex-jogador profissional de futebol americano Bob Baumhower. No final de 2018, ao se deparar com a dificuldade de manter uma boa equipe de cozinha e atendimento – problema que afeta todo o setor –, a rede começou a oferecer semanas de quatro dias aos seus cozinheiros e gerentes. Como Baumhower disse em um artigo de 2018, "permitir que os nossos gerentes tenham seu tão desejado equilíbrio entre vida pessoal e profissional e, ao mesmo tempo, atendam melhor nossos clientes" na realidade "não é um bicho de sete cabeças. É engraçado como as ideias surgem, e então você se pergunta: 'Por que não fizemos isso anos atrás?'". A rede de *fast food* Shake Shack anunciou que testaria a semana de quatro dias com seus gerentes nas lojas de Las Vegas em março de 2019, e estendeu o programa para as demais lojas do leste dos Estados Unidos na primavera seguinte.

As empresas que descrevi adotaram a semana de quatro dias por seus próprios motivos: para melhorar o recrutamento, reduzir a rotatividade, apoiar o equilíbrio entre vida pessoal e profissional e a sustentabilidade, turbinar a criatividade e assim por diante. Políticas governamentais não tiveram nenhum peso nessas decisões, mas no futuro os estados podem vir a desempenhar um papel de estímulo à semana de quatro dias.

Na Europa, sindicatos e partidos políticos belgas, dinamarqueses e suecos propuseram uma transição para a semana de quatro dias ou trinta horas como resposta à automação ou para ajudar pais trabalhadores. O Congresso de Sindicatos do Comércio do Reino Unido defendeu a semana de quatro dias no final de 2018; no ano seguinte, correntes do Partido Trabalhista britânico propuseram que o partido abraçasse a causa. Em alguns países, acordos sindicais exigem que trabalhadores com jornadas semanais superiores a 35 horas tenham a opção de trabalhar em horários flexíveis.

Esses esforços podem fazer com que a semana de quatro dias se dissemine mais pelos países ocidentais. Mas o movimento ainda conta com uma grande carta na manga: a China. No início de 2019, a província de

Hebei, no norte do país, aventou junto a empresas e governos locais uma proposta para fechar nas tardes de sexta, em um esforço para estimular o consumo doméstico e os gastos com lazer. Isso foi um desdobramento da proposta da Academia Chinesa de Ciências Sociais datada de 2018, que propunha adequar o país inteiro à semana de quatro dias até 2030. Ela delineou um período de adaptação de 10 anos, no qual empreendimentos estatais em cidades como Xangai, Chongqing e Pequim migrariam para a semana de quatro dias a partir de 2020 e outras regiões e setores adotariam a nova escala a partir de 2025. O relatório defendia que a semana de quatro dias ajudaria a manter a produtividade conforme a força de trabalho fosse envelhecendo, induziria a população do país a gastar mais com o setor de serviços, lazer e turismo e tornaria mais fácil para pais e mães se manter no mercado de trabalho.

Até lá, preveem os economistas, a China terá uma população de 1,45 bilhão de pessoas. Ela será a maior economia do mundo, e a Ásia será o motor da economia global. (Das cinco maiores economias nacionais do mundo em 2030, quatro – China, Índia, Japão e Indonésia – poderão ser asiáticas.) A China estabelecerá um exemplo de crescimento econômico e conduta corporativa no século XXI, e se ela adotar a semana de quatro dias pode ser difícil para o resto do mundo não fazer o mesmo. Empresas estrangeiras que trabalham com companhias chinesas entrarão em sincronia com elas, enquanto a concorrência será pressionada a imitá-las. (Nos primeiros anos da nação, a semana de trabalho em Israel começava aos domingos e terminava nas tardes de sexta, antes do Shabat. Agora, contudo, a maioria das empresas de software israelenses trabalham de segunda a sexta para se alinhar a clientes europeus e estadunidenses.)

Se adaptar uma economia gigantesca a uma nova semana de trabalhos parece uma empreitada impossível, tenha em mente o seguinte: a China já fez isso antes, e nem faz muito tempo. Em 1º de maio de 1995, depois de 8 anos de estudos e um de testes, a semana de trabalho do país passou de seis para cinco dias, e a economia continuou a apresentar taxas de crescimento de dois dígitos. Países da Escandinávia, hoje famosos pelos horários flexíveis e o equilíbrio entre vida pessoal e profissional, adotaram oficialmente a semana de cinco dias apenas nos anos 1960. A Coreia do Sul migrou para a semana de cinco dias nos anos 1970, e em 2018 aprovou uma lei que impõe um limite de 52 horas para a maioria das semanas de trabalho. Assim como a semana de cinco dias e a jornada de oito horas se tornaram o padrão global no século XX, a adoção da semana de quatro dias pela China em 2030 a tornaria o padrão do século XXI.

CONCLUSÃO

Em entrevista concedida à escritora australiana Kura Antonello, Anna Ross, fundadora da Kester Black, disse: "Nós trabalhamos quatro dias por semana porque, com um fim de semana de três dias, tudo é possível". Por muito tempo, a semana de quatro dias parecia impossível. A onipresença do excesso de trabalho e a plena familiaridade com ele, assim como a diversidade de forças culturais, psicológicas, institucionais e econômicas que o provocam ou defendem e a inexistência de exceções notáveis ao culto da agenda cheia faziam o excesso de trabalho parecer natural e inevitável.

Mas as empresas estão descobrindo que é possível criar jeitos novos e mais equilibrados de trabalhar. Ao redesenhar suas jornadas e eliminar distrações e perda de tempo, fornecendo mais tempo ininterrupto para o trabalho intenso e focado, implementando projetos e processos de trabalho que evitem surpresas e a necessidade de horas extras, respeitando a necessidade de se desligar do trabalho e confiando que o tempo livre tornará os funcionários mais produtivos e eficientes, empresas como IIH Nordic, Zozo, Woowa Brothers, Noma, Normally e Cockroach Labs demonstram que é possível reduzir a jornada ou a semana de trabalho sem perder produtividade, sacrificar as receitas e a lucratividade ou ceder espaço à concorrência.

A semana de quatro dias também oferece benefícios internos e culturais. Ela é um incentivo atipicamente explícito para a experimentação com novas formas de trabalhar, a adoção de novas tecnologias, a busca por meios de automatizar tarefas cotidianas e a construção de uma cultura mais produtiva. Ela revela que a atenção e a satisfação com o trabalho têm uma dimensão social importante e, muitas vezes, pouco apreciada. Ela ajuda as pessoas a encarar o desafio de cuidar dos filhos e ter uma carreira ao mesmo tempo, assim como o de equilibrar vida pessoal e profissional, como questões estruturais, e não simples busca individual. Ela reorienta a postura dos líderes em relação ao tempo, estimulando-os a tratar as horas extras não como sinal de dedicação, mas como indicador de ineficiência ou sintoma de doença institucional. A semana de quatro dias permite a divisão dos ganhos de produtividade entre a empresa e seus trabalhadores, tornando a correlação entre trabalhar melhor e ter mais tempo perfeitamente clara. Em uma era na qual os críticos do neoliberalismo e da globalização apontam que os salários da classe média permanecem inalterados há décadas e até mesmo os trabalhadores especializados sofrem com a incerteza crescente, programas para reduzir a carga horária oferecem aos trabalhadores o único recurso verdadeiramente insubstituível: mais tempo.

A diversidade das empresas que já partiram para a semana de quatro dias, a variedade de setores aos quais pertencem e a gama de países onde ficam suas sedes mostram que, embora ainda seja pequeno, este é um movimento de caráter global em franco crescimento. (Dias antes de eu escrever esta conclusão, mais duas empresas anunciaram que estão começando testes com a semana de quatro dias!) Chegou a hora de tratarmos essas empresas como pioneiras, estudar seus exemplos e aprender com sua experiência. Chegou a hora de trabalhar quatro dias por semana, porque, quando fazemos isso, tudo é possível.

AGRADECIMENTOS

Um livro como este só é possível quando as pessoas estão dispostas a contar suas histórias, responder minhas perguntas, compartilhar documentos e me apresentar seus escritórios e restaurantes. Sou grato pela generosidade das pessoas que vêm fazendo da semana de quatro dias uma realidade: Stephan Aarstol, Rafat Ali, Jen Anderson, Helen Andrews, Iain Brown, Patrick Byrne, Lee Carnihan, Bruno e Christie Chemel, Jonathan Cook, Paul Corcoran, Ffyona Dawber, Gretchen DeVault, Chris Downs, Atemad El-Berjiji, Jonathan Elliot, Linus Feldt, Joi Foley, Alex Gafford, Eileen Gallagher, Steve Goodall, Lorraine Gray, Jessica Gregory, Jhanvi Gudka, Michael Honey, Warren Hutchinson, Jade Johnston, Vicki Kavanaugh, Frances e James Kay, Kenn Kelly, Bong-Jin Kim, Spencer Kimball, Marek Križ, Grace Lau, Lokman Lau, Oliver Lawer, Rich Leigh, Gemma Mitchell, Mark Merrywest, Natalie Nagele, Yumika Nakane, Ho Nam, Ikuo Nishina, Chad Pytel, John Peebles, Kay Pollingsworth, Stuart Ralston, Lasse Rheingans, David Rhoads, Georgina Robilliard, Anna Ross, Jin Ryu, Jan Schulz-Hofen, David Scott, John Sloyan, Daniel Spencer, Henrik Stenmann, Jason Stockwood, Ross Tavendale, Annie Tevelin, Chris Torres, Amritan Walia, Tash Walker, Rosie Warin, Sam Werngren, Emily West, Marei Wollersberger e Robert Yuen.

Também sou grato a Pernille Garde Abildgaard, Lawrence Ampofo, Hope Bastine, Isabel Behncke, Katie Bell, James Berman, Monika Cheney, Heejung Chung, Michael Aaron Dennis, Paul Dickinson, Maaike Dijkstra, Paula Ganhão, Nils Gilman, Alexandra Goldstein, Lynda Gratton, Adrian Harper, Lyn Jeffery, Paul Kim, Nataly Kogan, Christopher Lindholst, Hamish Macaskill, Gloria Mark, Jack Muirhead, Roy Pak, Mark Rice-Oxley, Lena Rübelmann, Bansri Shah, Daljit Singh, Thomas Söderqvist, Lord Dennis Stevenson, Will Stronge, Clive Thompson, Greg Vlahos, James Wallman, Ed Whiting e Juliana Wölfsberger por seus conselhos, comentários e estímulos. No Japão, Akira Takauchi e Momoku Tokushige me ajudaram imensamente com a logística e agendamentos locais. Na Coreia do Sul, Hyungsub Choi atuou como intérprete e guia local, enquanto Angela Kim traduziu diversos artigos.

Como sempre, meus agradecimentos a Zoë Pagnamenta, Alison Lewis e Jess Hoare da Zoë Pagnamenta Agency. Colleen Lawrie da PublicAffairs e Martina O'Sullivan da Penguin Business ofereceram conselhos críticos fundamentais da primeira à última palavra.

Por fim, minha eterna gratidão à minha esposa Heather e aos meus filhos, Elizabeth e Daniel, que, espero, poderão trabalhar em um mundo onde a semana de quatro dias será o de praxe.

APÊNDICE

EMPRESAS ESTUDADAS PARA ESTE LIVRO

Esta lista inclui as empresas pesquisadas e descritas neste livro. Empresas com asterisco (*) ao lado do nome testaram jornadas mais curtas, mas retomaram a escala normal.

As empresas operam em jornadas de oito horas, quatro vezes por semana (totalizando 32 horas por semana), exceto quando indicado. Também sinalizei empresas que combinam jornadas menores e escalas flexíveis ou combinam a semana de quatro dias com Sextas Livres – dias em que o escritório abre e as pessoas ficam livres para trabalhar em projetos pessoais ou de desenvolvimento profissional.

Embora os restaurantes incluídos nesta lista operem em semanas de quatro dias, suas jornadas muitas vezes ultrapassam em muito as oito horas – mas trabalhar doze horas em quatro dias ainda é um grande avanço em relação a fazê-lo em cinco ou seis.

Empresa	País	Ramo	Escala
21212	Reino Unido	restaurante	semana de quatro dias
10 Minds Breo	Coreia do Sul	O2O	semana de 35 horas
Administrate	Reino Unido	softwares	semana de quatro dias
Advice Direct Scotland	Reino Unido	call center	semana de quatro dias
AE Harris	Reino Unido	fabricação	semana de quatro dias (36 horas)
Agent Marketing*	Reino Unido	marketing	semana de quatro dias
Aizle	Reino Unido	restaurante	semana de quatro dias
Aloha Hospitality	EUA	restaurante	semana de quatro dias
Aniar	Irlanda	restaurante	semana de quatro dias
AO Pasta	Canadá	restaurante	semana de quatro dias
APV*	Hong Kong	agência de vídeo	semana de quatro dias
atrain	Hong Kong	consultoria	semana de quatro dias
Attica	Austrália	restaurante	semana de quatro dias
Background	Suécia	softwares	semana de 30 horas
Barley Publishing House	Coreia do Sul	editora	semana de quatro dias
Bauman Lyons*	Reino Unido	arquitetura	semana de quatro dias

Baumé	EUA	restaurante	semana de quatro dias
Bell Curve	EUA	softwares	semana de quatro dias
Big Potato Games	Reino Unido	jogos de tabuleiro	semana de quatro dias
Bike Citizens	Áustria	revista	semana de quatro dias
Blue Street Capital	EUA	finanças	semana de 25 horas
Brath AB	Suécia	softwares	semana de 35 horas
Century Office	Reino Unido	móveis	semana de 32 horas e meia
CLiCKLAB	Dinamarca	marketing digital	semana de quatro dias
Cockroach Labs	EUA	softwares	semana de quatro dias + Sextas Livres
Collective Campus	Austrália	incubadora	semana de 30 horas
Collins SBA	Austrália	contabilidade	semana de 25 horas
Creative Mas	Coreia do Sul	publicidade	semana de quatro dias
Curveball Media	Reino Unido	filmes e animações	semana de 30 horas
Cybozu	Japão	software	semana de quatro dias + flexibilidade
Devonshire Arms	Reino Unido	restaurante	semana de quatro dias
Devx	República Tcheca	softwares	semana de quatro dias
Doctor Travel	Coreia do Sul	O2O	semana de quatro dias
DVQ Studio*	EUA	marketing	semana de quatro dias
Elektra Lighting	Reino Unido	design	semana de quatro dias
Elisa	Estônia	telecomunicações	semana de 30 horas
ELSE	Reino Unido	design	semana de quatro dias + Sextas Livres
eMagnetix	Áustria	O2O	semana de 30 horas
Enesti	Coreia do Sul	cosméticos	semana de quatro dias
Enoteca Sociale	Canadá	restaurante	semana de quatro dias
eSmiley	Dinamarca	segurança alimentar	semana de quatro dias
Farnell Clarke	Reino Unido	contabilidade	semana de 30 horas + flexibilidade
Fhior	Reino Unido	restaurante	semana de quatro dias
Filimundus*	Suécia	softwares	semana de 30 horas
flocc	Reino Unido	marketing	semana de 30 horas
Geranium	Dinamarca	restaurante	semana de quatro dias

Gimm-Young Publishers	Coreia do Sul	editora	semana de 35 horas
Goodall Group	Reino Unido	marketing	semana de quatro dias
Graf Miville	Suíça	marketing	semana de quatro dias
Hugsmidjan	Islândia	marketing	semana de 30 horas
Icelab	Austrália	softwares	semana de quatro dias + flexibilidade
IIH Nordic	Dinamarca	softwares	semana de quatro dias
Indycube	Reino Unido	coworking	semana de quatro dias
Ingrid & Isabel*	EUA	moda	semana de quatro dias
Insured by Us	Austrália	seguradora	semana de quatro dias + flexibilidade
Intrepid Camera	Reino Unido	fabricação	semana de quatro dias
J & CoCeu	Coreia do Sul	cosméticos	semana de quatro dias
Jinya	Japão	hotelaria	semana de quatro dias
Kai Cafe	Irlanda	restaurante	semana de quatro dias
Kester Black	Austrália	cosméticos	semana de quatro dias
Kin&Co	Reino Unido	publicidade	semana de 35 horas
Kunisaki Time	Japão	fabricação	semana de quatro dias
Lara Intimates	Reino Unido	moda	semana de quatro dias
Maaemo	Noruega	restaurante	semana de quatro dias
Mahabis*	Reino Unido	moda	semana de quatro dias
Marquette	EUA	casa de repouso	semana de quatro dias
Model Milk	Canadá	restaurante	semana de quatro dias
Monograph	EUA	softwares	semana de quatro dias
MRL Consulting	Reino Unido	consultoria	semana de quatro dias
n/naka	EUA	restaurante	semana de quatro dias
Noma	Dinamarca	restaurante	semana de quatro dias
Normally	Reino Unido	agência criativa	semana de quatro dias
ntegrity	Austrália	marketing	semana de quatro dias
Ogada	Coreia do Sul	restaurante	semana de 35 horas
OX Restaurant	Irlanda do Norte	restaurante	semana de quatro dias
Perpetual Guardian	Nova Zelândia	serviços legais/ financeiros	semana de quatro dias
Pigeonhole	Canadá	restaurante	semana de quatro dias

Planio	Alemanha	softwares	semana de quatro dias
Pursuit Marketing	Reino Unido	*call center*	semana de quatro dias
Raby Hunt	Reino Unido	restaurante	semana de quatro dias
Radioactive PR	Reino Unido	marketing	semana de quatro dias
Reflect Digital	Reino Unido	marketing	semana de quatro dias
Relae	Dinamarca	restaurante	semana de quatro dias
Rheingans Digital Enabler	Alemanha	softwares	semana de 25 horas
Riordan	Coreia do Sul	vitaminas	semana de quatro dias
Rockwood Leadership Institute	EUA	sem fins lucrativos	semana de quatro dias
Sat Bains	Reino Unido	restaurante	semana de quatro dias
Satake Corporation	Japão	fabricação	semana de quatro dias
Shake Shack	EUA	restaurante	semana de quatro dias
Simply Business	Reino Unido	seguradora	semana de quatro dias
SkinOwl	EUA	cuidados com a pele	semana de 24 horas
Sugar Helsinki	Finlândia	marketing	semana de quatro dias + Sextas Livres
Suprema	Coreia do Sul	eletrônicos	semana de 35 horas
Svartedalens Nursing Home	Suécia	casa de repouso	semana de quatro dias
Synergy Vision	Reino Unido	saúde	semana de quatro dias
Team Elysium	Coreia do Sul	tecnologia médica	semana de quatro dias
The Glebe	EUA	casa de repouso	semana de 30 horas
The Mix	Reino Unido	agência criativa	semana de quatro dias
thoughtbot	EUA	softwares	semana de quatro dias + Sextas Livres
Tourism Marketing Agency*	Reino Unido	marketing	semana de 30 horas
Tower Paddle Boards	EUA	O2O	semana de 25 horas
Toyota Center Gothenburg	Suécia	automotiva	semana de 30 horas
Treehouse*	EUA	softwares	semana de quatro dias
Type A Media	Reino Unido	marketing	semana de quatro dias
Unterweger	Áustria	cosméticos	semana de quatro dias

Utah – governo do estado*	EUA	governo	semana de quatro dias (quarenta horas)
VERSA	Austrália	marketing	semana de quatro dias
Wildbit	EUA	softwares	semana de quatro dias + flexibilidade
With Innovation	Coreia do Sul	O2O	semana de 35 horas
Woowa Brothers	Coreia do Sul	O2O	semana de 35 horas
Work It Daily	EUA	recursos humanos	semana de 35 horas
Zipdoc	Coreia do Sul	O2O	semana de 35 horas
Zozo	Japão	O2O	semana de 30 horas

BIBLIOGRAFIA

Exceto quando indicado, citações de funcionários e fundadores são provenientes de entrevistas que conduzi com eles em 2018 e 2019. Outras fontes de citações, estatísticas e biografias estão listadas abaixo.

INTRODUÇÃO

Stephan Aarstol discute a transição da Tower Paddle Boards para a jornada de cinco horas em seu livro *The Five-Hour Workday: Live Differently, Unlock Productivity, and Find Happiness* (Lioncrest, 2016).

O problema do trabalho. Bertrand Russell escreve sobre o futuro do trabalho em "In Praise of Idleness", *Harper's*, outubro de 1932, disponível no site: https://harpers.org/archive/1932/10/in-praise-of-idleness. Acesso em 27 de abril de 2020.

As horas de trabalho entre 1870 e 1950 foram estimadas por Michael Huberman e Chris Minns, "The Times They Are Not Changin': Days and Hours of Work in Old and New Worlds, 1870-2000", *Explorations in Economic History* 44, n. 4 (outubro de 2007): 538-567, disponível em: https://personal.lse.ac.uk/minns/Huberman_Minns_EEH_2007.pdf. Acesso em 27 de abril de 2020. Estatísticas sobre trabalhos temporários, sem carga horária mííima ou informais provêm do Escritório de Estatísticas Laborais (Estados Unidos), Trade Union Council (Reino Unido), Lancers (Japão), Instituto Coreano de Trabalho e Sociedade (Coreia do Sul). Sobre os custos do excesso de trabalho para empresas e indivíduos, ver John Pencavel, "The Productivity of Working Hours", *Economic Journal* 125, n. 589 (dezembro de 2015): 2052-2076, disponível em: https://doi.org/10.1111/ecoj.12166. Acesso em 27 de abril de 2020, Jeffrey Pfeffer, *Dying for a Paycheck: How Modern Management Harms Employee Health and Company Performance—and What We Can Do About It* (Nova York: Harper Business, 2018). Estatísticas sobre o excesso do trabalho são fornecidas pelo OCDE Better Life Index, 2019, disponível em: http://www.oecdbetterlifeindex.org/topics/work-life-balance/. Acesso em 27 de abril de 2020. Sobre mulheres e o estresse de trabalhos de meio período, ver Tarani Chandola *et al.*, "Are Flexible Work Arrangements Associated with Lower Levels of Chronic Stress—Related Biomarkers? A Study of 6025 Employees in the UK Household Longitudinal Study", *Sociology* 53, n. 4 (agosto de 2019): 779-799, disponível em: https://doi.org/10.1177/0038038519826014. Acesso em 27 de abril de 2020. Sobre os índices de participação de mães na força de trabalho, ver "Labor Force Participation: What Has Happened Since the Peak?" *Monthly Labor Review* (setembro de 2016), imagem 8, disponível em: www.bls.gov/opub/mlr/2016/article/laborforce-participation-what-has-happened-since-the-peak.htm. Acesso em 27 de abril de 2020.

CAPÍTULO 1

Sowol-Ro, Seul, Coreia do Sul. Bong-Jin Kim conversou com Sam Kim em "Coming Soon to Seoul: Robot-Delivered Jajangmyeon Noodles", *Bloomberg*, 27 de fevereiro de 2019, disponível em: www.bloomberg.com/news/articles/2019-02-27/coming-soon-to-seoul-robot-delivered-jajangmyeon-noodles. Acesso em 27 de abril de 2020; ele fala sobre ser *designer* e CEO ao mesmo tempo em *Digital Insight Today*, www.ditoday.com/articles/articles_view.html?idno=14603, traduzido para o inglês por Angela Kim.

Design thinking. Tim Brown fornece boas instruções para o processo de *design thinking* em *Change by Design: How Design Thinking Transforms Organizations and Inspires Innovation* (Nova York: Harper Business, 2009), assim como Michael Lewrick, Patrick Link e Larry Leifer em *The Design Thinking Playbook: Mindful Digital Transformation of Teams, Products, Services, Businesses and Ecosystems* (Nova York: Wiley, 2018). O argumento em prol da redução de carga horária foi defendido recentemente no livro de Rutger Bregman *Utopia for Realists: How We Can Build the Ideal World* (Nova York: Little, Brown, 2017); por Stan De Spiegelaere e Agnieszka Piasna em *The Why and How of Working Time Reduction* (European Trade Union Institute, 2017); e em *The Shorter Working Week: A Radical and Pragmatic Proposal* (Autonomy, 2019), disponível em: http://autonomy.work/wp-content/uploads/2019/01/Shorter-working-week-final.pdf. Acesso em 27 de abril de 2020, editado por Will Stronge e Aidan Harper.

CAPÍTULO 2

As empresas. As agruras do ramo gastronômico são discutidas com frequência em revistas do setor. Um bom ponto de partida é o *site* Chefs with Issues (disponível em: http://chefswithissues.com. Acesso em 27 de abril de 2020), de Kat Kinsman. Sobre a pesquisa referente ao setor, ver Katherine Miller, "It's Time to Speak Out on the Kitchen's Toll: Addressing Mental Health in the Restaurant Industry", *James Beard Foundation website*, 20 de junho, 2018, disponível em: www.jamesbeard.org/blog/its-time-to-speak-out-on-the-kitchens-toll. Acesso em 27 de abril de 2020. Sobre o estresse no ramo da publicidade, ver Shareen Pathak, "No Slack on Weekends: Agencies Look for Ways to Tackle Employee Burnout", *Digiday*, 13 de março, 2019, disponível em: https://digiday.com/

marketing/agencies-employee-burnout. Acesso em 27 de abril de 2020; Pippa Chambers e Mariam Cheik-Hussein, "Reduce Stigma and Provide Support; Adland's Mental Health Task", *AdNews*, 9 de abril, 2019, disponível em: www.adnews.com.au/news/reduce-stigma-and-provide-support-adland-s-mental -health-task. Acesso em 27 de abril de 2020; Rebecca Stewart, "Two-Thirds of Marketers Have Considered Leaving Industry Because of Poor Workplace Wellbeing", *Drum*, 20 de fevereiro, 2018, www.thedrum.com/news/2018/02/20/ two-thirds-marketers-have-considered-leaving-industry-because-poor-workplace. Sobre a indústria da tecnologia, ver Nate Swanner, "Depression Far Too Common Among Tech Pros: Survey", *Dice*, 5 de dezembro, 2018, disponível em: https://insights.dice.com/2018/12/05/depression-tech-pros-common-study. Acesso em 27 de abril de 2020, e o Stack Overflow Developer Survey Results 2019, disponível em: https://insights.stackoverf low.com/survey/2019/. Acesso em 27 de abril de 2020.

Os líderes. As citações de Anna Ross em 2016 vêm de Kate Stanton, "From Unhappy Employee to Successful Entrepreneur", *BBC News*, 6 de março, 2016. Sobre Ryan Carson, ver Richard Feloni, "This Tech CEO and His Employees Only Work 4 Days a Week", *Business Insider*, 23 de junho, 2015; Ryan Carson, "Begin With the End in Mind", palestra apresentada na conferência Adobe's 99U, 5 e 6 de maio, 2016, disponível em: https://99u.adobe.com/videos/53977/ ryan-carson-begin-with-the-end-in-mind. Acesso em 27 de abril de 2020. Yoshihisa Aono, CEO da Cybozu, descreve suas ambições em Nicole Jones, "What a Radical Japanese Tech Company Can Teach Us About Retaining Happy Employees", postagem no *blog Kintone*, 25 de julho, 2016, disponível em: https://blog.kintone.com/business-with-heart/what-a-radical-japanese-tech-company-can-teach-us-about-keeping-employees-happy. Acesso em 27 de abril de 2020. As estatísticas do Ministério do Trabalho japonês sobre as semanas de quatro dias são citadas em Masumi Koizumi, "Japanese Companies Warming Up – Slowly – to Four-Day Workweek", *Japan Times*, 12 de fevereiro, 2019, disponível em: www.japantimes.co.jp/news/2019/02/12/reference/ japanese-companies-warming-slowly-four-day-workweek/#.XXaVOZNKhEI. Acesso em 27 de abril de 2020. A pesquisa realizada pela Gallup em 2017 sobre o uso de e-mail está resumida em Frank Newport, "Email Outside of Working Hours Not a Burden to U.S. Workers", *Gallup*, 10 de maio, 2017, disponível em: https://news.gallup.com/poll/210074/email-outside-working-hours-not -burden-workers.aspx. Acesso em 27 de abril de 2020. Esben Holmboe Bang discute a sustentabilidade em sua palestra de 2017 *Food on the Edge* 2017, disponível em: https://youtu.be/m3jasqTAZcQ. Acesso em 27 de abril de 2020. William Becker é citado em "Mere Expectation of Checking Work Email After Hours Harms Health of Workers and Families", *EurekAlert!/American Association for the Advancement of Science*, 10 de agosto, 2018, disponível em: www.eurekalert.org/pub_releases/2018-08/vt-meo080618.php. Acesso em 27 de abril de 2020.

CAPÍTULO 3

Rua Tanner, Londres, Inglaterra. Embora meu relato da experiência da The Mix se baseie em entrevistas e visitas *in loco*, Tash Walker e a The Mix também escreveram sobre sua experiência com a semana de quatro dias: ver Walker, "4 Days a Week", *LinkedIn*, 26 de julho, 2018, disponível em: www.linkedin.com/pulse/4-days-week-tash-walker/, e seu relatório de 2019, *Four: What Is It Good For?*, disponível em: http://themixlondon.com/fourdayweek. Acessos em 27 de abril de 2020.

Primeiras impressões. Sobre o projeto da Universidade de Cambridge sobre "The Employment Dosage" [Dosagem do emprego], número de horas trabalhadas e bem-estar, ver Daiga Kamerade *et al.*, "A Shorter Working Week for Everyone: How Much Paid Work Is Needed for Mental Health and Well-Being?" *Social Science & Medicine*, 18 de junho, 2019, disponível em: https://doi.org/10.1016/j.socscimed.2019.06.006. Ben Shewry descreve a transição na Attica em sua palestra "No More Cock-Rock", realizada no 2018 MAD Symposium: Food on the Edge, disponível em: www.madfeed.co/video/no-more-cock-rock-ben-shewry. Natasha Gillezeau escreve sobre "The Burnout Generation" [A Geração *Burnout*] no *Australian Financial Review*, 12 de julho, 2019, disponível em: www.afr.com/work-and-careers/careers/the-price-of-burnout-culture-20190531-p51t68. A enquete da Kin&Co sobre empresas e os comentários de Warin provêm de Phillip Inman e Jasper Jolly, "Productivity Woes? Why Giving Staff an Extra Day Off Can Be the Answer", *Guardian*, 17 de novembro, 2018, disponível em: www.theguardian.com/business/2018/nov/17/four-day-week-productivity-mcdonnell-labour-tuc e https://wednesdayoff-ternoon.com/the-research/. Acessos em 27 de abril de 2020.

Como escolher qual dia da semana cortar. Existe uma vasta literatura sobre o impacto da privação de sono no julgamento e na tomada de decisões, que resumo em meu livro *Rest: Why You Get More Done When You Work Less* (Basic, 2016), 280-282. O comentário de William Dement sobre agentes da lei vem de

Bryan Vila, *Tired Cops: The Importance of Managing Police Fatigue* (Washington, DC: Police Executive Research Forum, 2000), xiv. Sobre a economia de energia e carbono do governo do estado de Utah, nos Estados Unidos, durante sua semana de quatro dias, ver Jenny Brundin, "Utah Finds Surprising Benefits in Four-Day Workweek", *NPR Morning Edition*, 10 de abril, 2009, disponível em: www.npr.org/templates/story/story.php?storyId=102938615, e Alex Williams, "To Fight Climate Change, Institute Three-Day Weekends", *Quartz*, 10 de outubro, 2016, disponível em: https://qz.com/770758/how-three-day-weekends-can-help-save-the-world-and-us-too. Acessos em 27 de abril de 2020.

Perfil da empresa: AE Harris. Russell Luckock escreve sobre a AE Harris em Graeme Brown, "Post Columnist Russell Luckock Looks Back on 60 Years of the Newspaper", *Birmingham Post*, 17 de setembro, 2014, disponível em: www.business-live.co.uk/news/local-news/post-columnist-russell-luckock-looks-7839675, e Luckock, "Four-Day Week Has Triumphed", *Birmingham Post*, 10 de dezembro, 2010, disponível em: www.business-live.co.uk/business/russell-luckock-four-day-week-triumphed-3925111. Acessos em 27 de abril de 2020.

Sextas Livres. Sobre a visão global dos desenvolvedores de software, ver Clive Thompson, *Coders: The Making of a New Tribe and the Remaking of the World* (Nova York: Penguin, 2019), e Ellen Ullman, *Close to the Machine: Technophilia and Its Discontents* (Nova York: Picador, 2012).

Menos horas × horário flexível. O que penso sobre a jornada flexível e seus desafios é embasado pelo trabalho da socióloga Heejung Chung, sobretudo os textos "'Women's Work Penalty' in Access to Flexible Working Arrangements Across Europe", *European Journal of Industrial Relations* 25, n. 1 (março de 2019): 23-40, disponível em: https://doi.org/10.1177/0959680117752829; "Gender, Flexibility Stigma, and the Perceived Negative Consequences of Flexible Working in the UK", *Social Indicators Research* (novembro 2018): 1-25, disponível em: https://doi.org/10.1007/s11205-018-2036-7; Chung e Yvonne Lott, "Gender Discrepancies in the Outcomes of Schedule Control on Overtime Hours and Income in Germany", *European Sociological Review* 32, n. 6 (dezembro de 2016): 752-765, disponível em: https://doi.org/10.1093/esr/jcw032; Chung e Mariska van der Horst, "Women's Employment Patterns After Childbirth and the Perceived Access to and Use of Flexitime and Teleworking", *Human Relations* 71, n. 1 (janeiro de 2018): 47-72, disponível em: https://doi.org/10.1177/0018726717713828. Acessos em 27 de abril de 2020.

Métricas e Indicadores-chave de Desempenho (KPIs). Martin Banck descreve a semana de 32 horas no Toyota Center de Gotemburgo em sua palestra de 2015 na Woohoo's International Conference on Happiness at Work, "Introducing a 30-Hour Work Week at Toyota Gothenburg", disponível on-line em: https://youtu.be/aJUEXPPOHao; ver também Liz Alderman, "In Sweden, an Experiment Turns Shorter Workdays into Bigger Gains", *New York Times*, 20 de maio, 2016, disponível em: www.nytimes.com/2016/05/21/ business/international /in-sweden-an-experiment-turns-shorter-workdays -into-bigger-gains.html. Acessos em 27 de abril de 2020.

Cenários, perguntas frequentes e planos de contingência. Sobre a experiência do SK Group com a semana de quatro dias, ver Young-jin Oh, "4-Day Work Week in Korea: SK Starts with Hope, Doubt", *Korea Times*, 21 de maio, 2019, disponível em: www.koreatimes.co.kr/www/nation/2019/05/356_269248.html, and Jung Min-hee, "SK Group Introduces 4-day Workweek System", *Business Korea*, 22 de maio, 2019, disponível em: www.businesskorea.co.kr/news/articleView.html?idxno=32088. Acessos em 27 de abril de 2020. O flerte da Wellcome com a semana de quatro dias é relatado em Ed Whiting, "Investigating a Four Day Week – 3 Things We Did, 3 Things We Learned", *LinkedIn*, 25 de abril, 2019, disponível em: www.linkedin.com/pulse/investigating-four-day-week-3-things-we-did-learned-ed-whiting. Acesso em 27 de abril de 2020.

CAPÍTULO 4

Redesenhando a jornada de trabalho. Sobre os esforços para reduzir a semana de trabalho nos anos 1960, ver "Four-Day Week", *CQ Researcher*, 11 de agosto, 1971, disponível em: https://library.cqpress.com/cqresearcher/ document.php?id=cqresrre1971081100. Acesso em 27 de abril de 2020; Janice Neipert Hedges, "A Look at the Four-Day Workweek", *Monthly Labor Review* 94, n. 10 (outubro de 1971): 33-37. Para mais sobre reuniões durante caminhadas, ver Pang, *Rest*, 94-97, 275-276. Sobre as reuniões na Zozo, ver "Doubt the Obvious: Aiming to Introduce the Six-Hour Workday", Toyo Keizai, n.d., disponível em: https://toyokeizai.net/articles/-/18028 (traduzido para o autor por Alexander Steullet). Acesso em 27 de abril de 2020. Sobre o Roombot, ver o video "O3 Roombot: Keeping Meetings on Schedule" disponível em: https:// youtu.be/CdgjBYYKHRI. Acesso em 27 de abril de 2020.

Desfragmentando a jornada de trabalho. Para mais sobre a flocc, ver a palestra de Emily West no SyncNorwich, "Lagom – Just the Right Amount (Of Work!)", disponível em: https://youtu.be/HY7gLFCzK30. Acesso em 27 de abril de 2020. A relação entre os ritmos circadianos e o foco (e as diferentes maneiras como pessoas criativas adaptaram seus horários de trabalho a eles) é descrita em Pang, *Rest*, especialmente entre as páginas 53 e 92. Yeon-ju Ahn é citada em "Woowa Brothers: Elegant Goddesses", *Women Economy*, 31 de dezembro, 2017, disponível em: www.womaneconomy.kr/news/articleView.html?idxno=56240 (traduzido para a autora por Angela Kim). Acesso em 27 de abril de 2020. Sobre o julgamento em escritórios abertos, ver Art Markman, "Your Open Office Is Causing Your Coworkers to Judge You More Harshly", *Fast Company*, 24 de janeiro, 2019, disponível em: www.fastcompany.com/90295000/your-open-office-is-causing-your-coworkers-to-judge-you-more-harshly. A escala da Big Potato é descrita em Hazel Sheffield, "Why Four-Day Working Weeks May Not Be the Utopia They Seem", *Wired*, 16 de setembro, 2019, disponível em: www.wired.co.uk/article/four-day-work-week-analysis. Acessos em 27 de abril de 2020.

Redesenhando a tecnologia. Sobre e-mails e distrações, ver Gloria J. Mark *et al.*, "'A Pace Not Dictated by Electrons': An Empirical Study of Work Without Email" in *Proceedings of the SIGCHI Conference on Human Factors in Computing Systems* (Nova York: ACM, 2012).

Perfil da empresa: Farnell Clarke e a contabilidade em nuvem. Will Farnell discute o trabalho da Farnell Clarke em uma entrevista de 27 de maio de 2017, "Will Farnell from Farnell Clarke Accountants Talks About Company Culture", disponível em: https://youtu.be/m72uVR4ZDqc. Acesso em 27 de abril de 2020. A pesquisa de 2018 sobre amizades no trabalho realizada pela Gallup é descrita em Annamarie Mann, "Why We Need Best Friends at Work", Gallup, 15 de janeiro, 2018, disponível em: www.gallup.com/workplace/236213/why-need-best-friends-work.aspx. Acesso em 27 de abril de 2020.

Redesenhando as interações sociais. René Redzepi fala sobre as refeições conjuntas das equipes de restaurantes em "Culture of the Kitchen", MADfeed, 19 de agosto, 2015, disponível em: www.madfeed.co/2015/culture-of-the-kitchen-rene-redzepi/. A pesquisa sobre a postura em relação ao almoço no ambiente de trabalho é resumida em Joanna Hein e Weber Shandwick, "Tork Survey Reveals Lunch Break Impact on Workplace Engagement", Tork, 16 de maio, 2018, disponível em: www.torkusa.com/about/pressroom/tbtlb. Sobre refeições compartilhadas e o estado anímico em quartéis de bombeiros, ver Kevin M. Kniffin *et al.*, "Eating Together at the Firehouse: How Workplace Commensality Relates to the Performance of Firefighters", *Human Performance* 28, n. 4 (2015): 281-306, disponível em: https://doi.org/10.1080/08959285.2015.1021049. Acessos em 27 de abril de 2020.

Dando mais controle aos funcionários. Para mais sobre o efeito IKEA e exemplos em que o controle aumenta a satisfação, ver Michael I. Norton *et al.*, "The IKEA Effect: When Labor Leads to Love", *Journal of Consumer Psychology* 22, n. 3 (julho de 2012): 453-460, disponível em: https://doi.org/10.1016/j.jcps.2011.08.002; Farah Mohammed, "Why We Pay to Do Stuff Ourselves", *JSTOR Daily*, 16 de agosto, 2019, disponível em: https://daily.jstor.org/why-we-pay-to-do-stuff-ourselves; Craig Knight e S. Alexander Haslam, "The Relative Merits of Lean, Enriched, and Empowered Offices: An Experimental Examination of the Impact of Workspace Management Strategies on Well-Being and Productivity", *Journal of Experimental Psychology: Applied* 16, n. 2 (junho de 2010): 158-172, disponível em: http://dx.doi.org/10.1037/a0019292; John J. Zentner, *The Art of Wing Leadership and Aircrew Morale in Combat*, CADRE Paper 11 (Maxwell Air Force Base, AL: Air University Press, 2001), disponível em: https://media.defense.gov/2017/Nov/21/2001847044/-1/-1/0/CP_0011_ZENTNER_ART_OF_WING_LEADERSHIP.PDF. Acessos em 27 de abril de 2020.

CAPÍTULO 5

A reação dos clientes. O escritório de arquitetura Bauman Lyons documentou sua experiência com a semana de quatro dias, disponível em: https://baumanlyonsarchitects.wordpress.com. Acesso em 27 de abril de 2020.

Semanas de quatro dias melhoram o desempenho. A palestra de Esben Holmboe Bang de 2017, Food on the Edge, está disponível em: https://youtu.be/m3jasqTAZcQ. Acesso em 27 de abril de 2020.

Perfil da empresa: The Glebe: usando a semana de trinta horas para reduzir a rotatividade dos enfermeiros e melhorar os cuidados. Ellen D'Ardenne é citada em Tim Regan, "CCRC to Pay Full-Time for 30 Hours of Work for CNAs", *Senior Housing News*, 30 de março, 2018, disponível em: https://seniorhousingnews.com/2018/03/30/ccrc-pay-full-time-30-hours-work-cnas; ver também James M. Berklan, "Aid for Aides: 40 Hours' Pay for 30 Hours' Work", *McKnight's Long-Term Care News*, 5 de abril, 2018, disponível em: www.mcknights.com/daily-editors-notes/aid-for-aides-40-hours-pay-for-30-hours-work; Lois A. Bowers, "CCRC Tests 8-Hour Pay for 6-Hour Day", *McKnight's Senior Living*, 3 de abril, 2018, disponível em: www.mcknightsseniorliving.com/home/news/ccrc-tests-8-hour-pay-for-6-hour-day. Acessos em 27 de abril de 2020. Emilie Telander é citada em Maddy Savage, "What Really Happened When Swedes Tried Six-Hour Days?" BBC News, 8 de fevereiro, 2017, disponível em: www.bbc.com/news/business-38843341. Acesso em 27 de abril de 2020. Sobre escritórios de advocacia, horários flexíveis e retenção, ver Cynthia Thomas Calvert *et al.*, *Reduced Hours, Full Success: Part-Time Partners in U.S. Law Firms* (The Project for Attorney Retention, 2009); Ivana Djak, "The Case for Not 'Accommodating' Women at Large Law Firms: De-Stigmatizing Flexible Work Programs", *Georgetown Journal of Legal Ethics* 28 (2015): 521-546.

Jornadas mais curtas e pais e mães que retomam a carreira. Sobre os desafios e penalizações financeiras causadas pelo trabalho flexível e hiatos na carreira, o estudo da Timewise é citado em "Two Thirds of Female Professionals Are Estimated to be Working Below Their Potential When They Return to Work from Career Breaks", informativo à imprensa da PwC, 14 de novembro, 2016, disponível em: pwc.blogs.com/press_room/2016/11/two-thirds-of-female-professionals-are-estimated-to-be-working-below-their-potential-when-they-retur.html. Acesso em 27 de abril de 2020; o estudo de 2017 da KPMG está resumido em "I Felt Like My Career Break Wiped Clean All of My Previous Achievements", Vodafone, 8 de março, 2018, www.vodafone.com/content/index/what/connected-she-can/i-felt-like-my-career-break-wiped-clean-all-of-my-previous-achievements.html. Sobre as mulheres trabalhadoras do Reino Unido, ver Yong Jing Teow e Priya Ravidran, *Women Returners: The £1 Billion Career Break Penalty for Professional Women* (PwC, novembro de 2016), disponível em: www.pwc.co.uk/economic-services/women-returners/pwc-research-women-returners-nov-2016.pdf. Sobre diferenças salariais ao longo do tempo, ver Marianne Bertrand *et al.*, "Dynamics of the Gender Gap for Young Professionals in the Financial and Corporate Sectors", *American Economic Journal: Applied Economics* 2, n. 3 (julho de 2010): 228-255, disponível em: www.aeaweb.org/articles?id=10.1257/app.2.3.228; Henrik Kleven *et al.*, "Children and Gender Inequality: Evidence from Denmark", *NBER Working Paper Series* 24219 (National Bureau of Economics, janeiro de 2018), disponível em: www.nber.org/papers/w24219. Acessos em 27 de abril de 2020. Arturo Perez é citado em Valérie Gauriat, "Sweden: Shorter Workdays, Happier and More Productive Staff?", *Euronews*, 10 de junho, 2016, disponível em: www.euronews.com/2016/10/06/sweden-shorter-workdays-happier-and-more-productive-staff. Acesso em 27 de abril de 2020.

Semanas de quatro dias turbinam a criatividade. Sobre a semana de quatro dias na Reusser Design, ver Andy Welfle, "Why We Switched to a Four-Day Work Week", Reusser Design, 25 de fevereiro, 2013, disponível em: https://

reusserdesign.com/resources/articles/why-we-switched-to-a-4-day-work-week; Jeanne Sahadi, "The Four-Day Workweek Is Real... for Employees at These Companies", CNN Money, 27 de abril, 2015, disponível em: https://money.cnn.com/2015/04/27/pf/4-day-work-week/. Acessos em 27 de abril de 2020. Cristian Rennella descreve sua experiência em Rennella, "Why Our Start-up Has No Bosses, No Office, and a Four-Day Work Week", *Quartz*, 6 de setembro, 2014, disponível em: https://qz.com/260846/why-our-start-up-has-no-bosses-no-off-ice-and-a-four-day-work-week. Acesso em 27 de abril de 2020. Maria Bråth é citada em David Crouch, "Efficiency Up, Turnover Down: Sweden Experiments with Six-Hour Working Day", *Guardian*, 17 de setembro, 2015, disponível em: www.theguardian.com/world/2015/sep/17/efficiency-up-turnover-down-sweden-experiments-with-six-hour-working-day. Iain Tate é citado em Patrick Coffee, "W+K London Experiments with Forcing Employees Not to Overexert Themselves", *Adweek*, 25 de março, 2016, disponível em: www.adweek.com/agencyspy/wk-london-experiments-with-forcing-employees-not-to-overexert-themselves/104813, e Tate, "Working Differently at W+K London", *Medium*, 15 de março, 2016, disponível em: https://medium.com/@iaintait/thoughts-about-working-differently-at-w-k-london-802b09763ec5. Acessos em 27 de abril de 2020. Sobre relaxamento, rede de modo padrão e criatividade, ver Pang, *Rest*, 33-50.

A semana de quatro dias turbina a felicidade e a satisfação com o trabalho a longo prazo. O estudo clássico sobre o Efeito Hawthorne é de Richard Gillespie, *Manufacturing Knowledge: A History of the Hawthorne Experiments* (Cambridge, Reino Unido: Cambridge University Press, 1991). O estudo sueco sobre redução da carga horária e felicidade está em Helena Schiller *et al.*, "Total Workload and Recovery in Relation to Worktime Reduction: A Randomised Controlled Intervention Study with Time-Use Data", *Occupational and Environmental Medicine* 75 (2018): 218-226, disponível em: https://oem.bmj.com/content/75/3/218. Acesso em 27 de abril de 2020.

A semana de quatro dias produz líderes melhores. Sobre Henrik Stenmann, treinamento e evolução, ver Mathilde Fischer Thomsen, "Virksomhed har 4-dages Arbejdsuge: 'Vi Passer pa Vores Medarbejdere'", TV 2 Lorry, 10 de fevereiro, 2017, disponível em: www.tv2lorry.dk/artikel/virksomhed-har-firdages-arbejdsuge-vi-passer-paa-vores-medarbejdere; "Her er Hemmeligheden Bag en 4-dages Arbejdsuge", StepStone, 21 de fevereiro, 2017, disponível em: www.stepstone.dk/virksomhed/videncenter/hr-og-rekruttering/her-er-hemmeligheden-bag-en-4-dages-arbejdsuge?lang=en. Acessos em 27 de abril de 2020. Sobre as reclamações de trabalhadores do setor de tecnologia sobre a liderança, ver "Tech Workers Say Poor Leadership Is Number One Cause for Burnout", Ladders, 30 de outubro, 2018, disponível em: www. theladders.com/career-advice/tech-workers-say-poor-leadership-is-number-one-cause-for-burnout; sobre empreendedores e dificuldades, ver M. A. Uy *et al.*, "Joint Effects of Prior Start-Up Experience and Coping Strategies on Entrepreneurs' Psychological Well-Being", *Journal of Business Venturing* 28 (2013): 583-597, disponível em: www.mawder.com/wp-content/uploads/2017/08/2013JBV.pdf. Acessos em 27 de abril de 2020.

CAPÍTULO 6

Tsurumakikita, Hadano, Japão. Tomoko Miyazaki é citado em Kazuyo Nakamura, "The Kindest Cut: Inn Reduces Work Hours–Yet Staff Pay Rises 40%", *Straits Times*, 16 de junho, 2018, disponível em: www.straitstimes.com/asia/east-asia/the-kindest-cut-inn-reduces-work-hours-yet-staff-pay-rises-40. Outros artigos sobre Jinya na imprensa de língua inglesa incluem Daisuke Yamazaki, "Engineer Saves Ryokan and Totoro Tree", *Tokyo Business Daily*, 3 de fevereiro, 2015, disponível em: https://toyokeizai.net/articles/-/58648; Michio Watanabe, "Time-Honored Japanese Inn Rebuilds Business Using Modern Technology", *Kyodo News*, 9 de dezembro, 2017, disponível em: https://english.kyodonews.net/news/2017/12/54607a19c365-feature-time-honored-japanese-inn-rebuilds-business-using-modern-technology.html; Kazuyo Nakamura, "IT, Four-Day Work Week Help Inn Cut Waste and Double Sales", *Asahi Shimbun*, 2 de fevereiro, 2018, disponível em: www.asahi.com/ajw/articles/AJ201802020011.html. Acessos em 27 de abril de 2020.

Construindo um novo paradigma de trabalho. Sobre ferrovias vitorianas e arquitetura moderna, ver Wolfgang Schivelbusch, *The Railway Journey: The Industrialization of Time and Space in the Nineteenth Century* (Oakland: University of California Press, 1986); Michael Freeman, *Railways and the Victorian Imagination* (New Haven, CT: Yale University Press, 1999); Reyner Banham, *Theory and Design in the First Machine Age* (Cambridge, MA: MIT Press, 1980); William Curtis, *Modern Architecture Since 1900* (Londres: Phaidon, 1982). A influência das tabelas horárias ferroviárias sobre o pensamento de Einstein é descrita por Peter Galison em "Einstein's Clocks: The Place of Time", *Critical Inquiry* 26, n. 2 (inverno de 2000): 355-389, disponível em: www.jstor.org/stable/1344127. Acesso em 27 de abril de 2020; e Galison, *Einstein's Clocks and Poincaré's Maps: Empires of Time* (Nova York: Norton, 2004).

Saúde e felicidade. Sobre o foco e a felicidade dos funcionários, ver Ronald J. Burke *et al.*, "Work Hours, Work Intensity, Satisfactions and Psychological Well-Being Among Turkish Manufacturing Managers", *Europe's Journal of Psychology* 5, n. 2 (2009): 12-30, disponível em: https://ejop.psychopen.eu/index.php/ejop/article/view/264; Burke *et al.*, "Work Motivations, Satisfaction and Well-Being Among Hotel Managers in China: Passion Versus Addiction", *Interdisciplinary Journal of Research in Business* 1, n. 1 (janeiro de 2011): 21-34, disponível em: http://citeseerx.ist.psu.edu/viewdoc/download?doi=10.1.1.472.6646&rep=rep1&type=pdf; e Parbudyal Sin *et al.*, "Recovery After Work Experiences, Employee Well-Being and Intent to Quit", *Personnel Review* 45, n. 2 (março de 2016): 232-254, disponível em: https://doi.org/10.1108/PR-07-2014-0154. Acessos em 27 de abril de 2020. O experimento com a semana de quatro dias na Perpetual Guardian foi estudado por Jarrod Haar, *Overview of the Perpetual Guardian 4-day (Paid 5) Work Trial* (manuscrito não publicado, 6 de junho, 2018), disponível em: https://static1.squarespace.com/static/5a93121d3917ee828d5f282b/t/5b4e4237352f53b0cc369c8b/1531855416866/Final+Perpetual+Guardian+report_Professor+Jarrod+Haar_July+2018.pdf. Sobre fundadores de empresas e saúde mental, ver Michael Freeman *et al.*, "The Prevalence and Co-occurrence of Psychiatric Conditions Among Entrepreneurs and Their Families", *Small Business Economics* (maio de 2018): 1-20, disponível em: www.researchgate.net/publication/325089478_The_prevalence_and_co-occurrence_of_psychiatric_conditions_among_entrepreneurs_and_their_families; Paul Hokemeyer é citado em Marcel Muenster e Hokemeyer, "There Is a Mental Health Crisis in Entrepreneurship. Here's How to Tackle It", Fórum Econômico Mundial, 22 de março, 2019, disponível em: https://www.weforum.org/agenda/2019/03/how-to-tackle-the-mental-health-crisis-in-entrepreneurship/; Kristina Gunnarsson e Malin Josephson, "Entrepreneurs' Self-Reported Health, Social Life, and Strategies for Maintaining Good Health", *Journal of OccupationalHealth* 53, n. 3 (março de 2011): 205-213, disponível em: www.researchgate.net/publication/50596291_Entrepreneurs'_Self-reported_Health_Social_Life_and_Strategies_for_Maintaining_Good_Health. Acessos em 27 de abril de 2020.

Envelhecimento da sociedade e da força de trabalho. Eu me baseei em Theodore Roszak, *Longevity Revolution: As Boomers Become Elders* (Berkeley Hills Books, 2001); Lynda Gratton e Andrew Scott, *The 100-Year Life: Living and Working in an Age of Longevity* (Londres: Bloomsbury Business, 2017). Pablo Casals discute o envelhecimento e o trabalho em Casals e Alfred E. Kahn, *Joys and Sorrows: Reflections* (Nova York: Simon and Schuster, 1970). Sobre envelhecimento, cognição e trabalho, ver Shinya Kajitani *et al.*, "Use It Too Much and Lose It? The Effect of Working Hours on Cognitive Ability", Melbourne Institute Working Paper N. 7/16 (2016), disponível em: https://melbourneinstitute.unimelb.edu.au/publications/working-papers/search/result?paper=2156560; Corinne Purtill, "A Stanford Researcher Says We Shouldn't Start Working Full Time Until Age 40", *Quartz at Work*, 27 de junho, 2018, disponível em: https://qz.com/work/1314988/stanford-psychologist-laura-carstensen-says-careers-should-be-mapped-for-longer-lifespans/. Acessos em 27 de abril de 2020. Sobre desenvolvimento de trabalhos, ver Dorien Kooij *et al.*, "Successful Aging at Work: The Role of Job Crafting", em *Aging Workers and the Employee-Employer Relationship* (Nova York: Springer, 2015), 145–161, disponível em: www.researchgate.net/publication/283807994_Successful_Aging_at_Work_The_Role_of_Job_Crafting; K. A. S. Wickrama *et al.*, "Is Working Later in Life Good or Bad for Health? An Investigation of Multiple Health Outcomes", *Journals of Gerontology, Series B: Psychological Sciences and Social Sciences* 68, n. 5 (setembro de 2013): 807-815, disponível em: https://doi.org/10.1093/geronb/gbt069. Acessos em 27 de abril de 2020.

Trânsito e deslocamento. Ver Gabriela Saldivia, "Stuck in Traffic? You're Not Alone. New Data Show American Commute Times Are Longer", *Here and Now*, 20 de setembro, 2018, disponível em: www.npr.org/2018/09/20/650061560/stuck-in-traffic-youre-not-alone-new-data-show-american-commute-times-are-longer; Helen Flores, "Government Urged to Try 4-Day Work Week Amid Traffic", *Philippine Star*, 20 de agosto, 2018, disponível em: www.philstar.com/headlines/2018/08/20/1844163/government-urged-try-4-day-work-week-amid-traffic; "4-Day Workweek Possible in BPO, Say Stakeholders", *Business Mirror*, 25 de setembro, 2018, disponível em: https://businessmirror.com.ph/2018/09/25/4-day-workweek-possible-in-bpo-say-stakeholders/. Acessos em 27 de abril de 2020.

Impactos ambientais. Ver Juliet Schor, "Sustainable Consumption and Worktime Reduction", Working Paper N. 0406, Johannes Kepler University of Linz, Department of Economics (2004), disponível em: www.econstor.eu/bitstream/10419/73279/1/wp0406.pdf; Anders Hayden e John M. Shandra, "Hours of Work and the Ecological Footprint of Nations: An Exploratory Analysis", *Local Environment* 14, n. 6 (2009): 575-600, disponível em: https://doi.org/10.1080/13549830902904185; François-Xavier Devetter e Sandrine Rousseau, "Working Hours and Sustainable Development", *Review of Social Economy* 69, n. 3 (2011): 333-355, disponível em: https://doi.org/10.1080/0034 6764.2011.563507; Carlo Aall *et al.*, "Leisure and Sustainable Development in

Norway: Part of the Solution and the Problem", *Leisure Studies* 30, n. 4 (2011): 453-476, disponível em: https://doi.org/10.1080/02614367.2011.589863; Kyle W. Knight *et al.*, "Could Working Less Reduce Pressures on the Environment? A Cross-National Panel Analysis of OECD Countries, 1970-2007", *Global Environmental Change* 23, n. 4 (agosto de 2013): 691-700, disponível em: https://doi.org/10.1016/j.gloenvcha.2013.02.017; Martin Pullinger, "Working Time Reduction Policy in a Sustainable Economy: Criteria and Options for Its Design", *Ecological Economics* 103 (julho de 2014): 11-19, disponível em: https://doi.org/10.1016/j.ecolecon.2014.04.009; David Frayne, "Stepping Outside the Circle: The Ecological Promise of Shorter Working Hours", *Green Letters: Studies in Ecocriticism* 20, n. 2 (2016): 197-212, disponível em: https://doi.org/10.1080/14688417.2016.11 60793; Giorgos Kallis *et al.*, "'Friday Off': Reducing Working Hours in Europe", *Sustainability* 5, n. 4 (abril de 2013): 1545-1567, disponível em: www.researchgate.net/publication/273220828_Friday_off_Reducing_Working_Hours_in_Europe; Qinglong Shao, "Effect of Working Time on Environmental Pressures: Empirical Evidence from EU-15, 1970-2010", *Chinese Journal of Population Resources and Environment* 13, n. 3 (2015): 231-239, disponível em: https://doi.org/10.1080/100 42857.2015.1033803; Lewis C. King e Jeroen C. J. M. van den Bergh, "Worktime Reduction as a Solution to Climate Change: Five Scenarios Compared for the UK", *Ecological Economics* 132 (fevereiro de 2017): 124-134, disponível em: https://doi.org/10.1016/j.ecolecon.2016.10.011. Acessos em 27 de abril de 2020.

Desenvolvimento regional. Yuki Matsuoka é citado em "FLATS by Kunisaki-time", Alexicious, disponível em: www.alexcious.com/brands/detail101.html; ver também "Flexible Work Hours Can Be an Aid to Motivation", *Gulf News*, 23 de janeiro, 2015, disponível em: https://gulfnews.com/how-to/employment/f lexible-work-hours-can-be-an-aid-to-motivation-1.1445238. Acessos em 27 de abril de 2020.

Inovação tecnológica. Automação nos campos da radiologia e cirurgia são objeto de uma vasta literatura; para análises recentes, ver Ahmed Hosny *et al.*, "Artificial Intelligence in Radiology", *Nature Reviews Cancer* 18 (agosto de 2018): 500-510, disponível em: www.ncbi.nlm.nih.gov/pmc/articles/ PMC6268174; Brian S. Peters et al., "Review of Emerging Surgical Robotic Technology", *Surgical Endoscopy* 32, n. 4 (2018): 1636-1655, disponível em: https:// doi.org/10.1007/s00464-018-6079-2. Acessos em 27 de abril de 2020. Da mesma forma, a literatura sobre automação, robótica e o futuro do trabalho é imensa; Erik Brynjolfsson e Andrew McAfee, *The Second Machine Age: Work, Progress, and Prosperity in a Time of Brilliant Technologies* (Nova York: Norton, 2014) e

Martin Ford, *Rise of the Robots: Technology and the Threat of a Jobless Future* (Nova York: Basic Books, 2015) fornecem uma introdução acessível ao tema. **A difusão do movimento.** Bob Baumhower é citado em "Alabama's Aloha Hospitality Launches 4-Day Workweek", *AL.com*, 28 de março, 2019, disponível em: www.al.com/press-releases/2018/10/alabamas_aloha_hospitality_lau. html. Sobre sindicatos e a defesa da semana de quatro dias, ver Guy Chazan, "Germany's Union Wins Right to 28-Hour Working Week and 4,3% Pay Rise", *Financial Times*, 6 de fevereiro, 2018, disponível em: www.ft.com/ content / e7f0490e-0b1c-11e8-8eb7-42f857ea9f09; Benjamin Kentish, "Give Workers Four-Day Week and More Pay, Unions Urge Businesses", *Independent*, 9 de setembro de 2018, disponível em: www.independent.co.uk/news/uk/politics/ four-day-week-uk-technology-tuc-frances-ogrady-amazon-a8530386.html; Rebecca Wearn, "Unions Call for Four-Day Working Week", BBC News, 10 de setembro, 2018, www.bbc.com/news/business-45463868; Sonia Sodha, "How to Make a Four-Day Week Reality", *Guardian*, 26 de outubro, 2018, disponível em: www.theguardian.com/commentisfree/2018/oct/16/four-day-week-parents. Acessos em 27 de abril de 2020. Sobre a demanda por semanas de quatro dias na China, ver Weida Li, "Four-Day Week Proposed in China as Free Time Decreases", *GB Times*, 16 de julho, 2018, disponível em: https://gbtimes.com/ average-leisure-time-for-chinese-people-decreased-in-2017; Cheng Si, "Study: Leisure Life Adds to Happiness", *China Daily*, 16 de julho, 2018, disponível em: www.chinadaily.com.cn/a/201807/16/WS5b4bf247a310796df4df68f7.html; Cao Zinan, "Four-Day Workweek by 2030 Called for in China", *China Daily*, 16 de julho, 2018, disponível em: www.chinadaily.com.cn/a/201807/16/WS5b-4c7373a310796df4df6b95.html; Richard Macauley, "China Wants a 4.5-Day Work Week – To Boost Its Economy", *Quartz*, 8 de dezembro, 2015, disponível em: https://qz.com/568349/china-wants-a-4-5-day-work-week-to-boost-its-e-conomy; "Is the Four-Day Workweek Proposal Feasible? The Proposal of a Four-Day Weekday Stirs Up a Lot of Debate", *Beijing Review*, 2 de agosto, 2018, disponível em: www.bjreview.com/Lifestyle/201807/t20180730_800136855. html; Alex Soojung-Kim Pang, "Why Companies Should Say Goodbye to the 996 Work Culture, and Hello to 4-Day Weeks", *South China Morning Post*, 20 de abril, 2019, disponível em: www.scmp.com/comment/insight-opinion/article/3006873/why-companies-should-say-goodbye-996-work-culture-and -hello. Acessos em 27 de abril de 2020. Anna Ross é citada por Kura Antonello, "Anna Ross: Founder & Director, Kester Black", The Cool Career, disponível em: www.thecoolcareer.com/anna-ross. Acesso em 27 de abril de 2020.

FONTES Tiempos, Untitled, Action Condensed
PAPEL   Alta alvura 90 g/m²
IMPRESSÃO   RR Donnelley